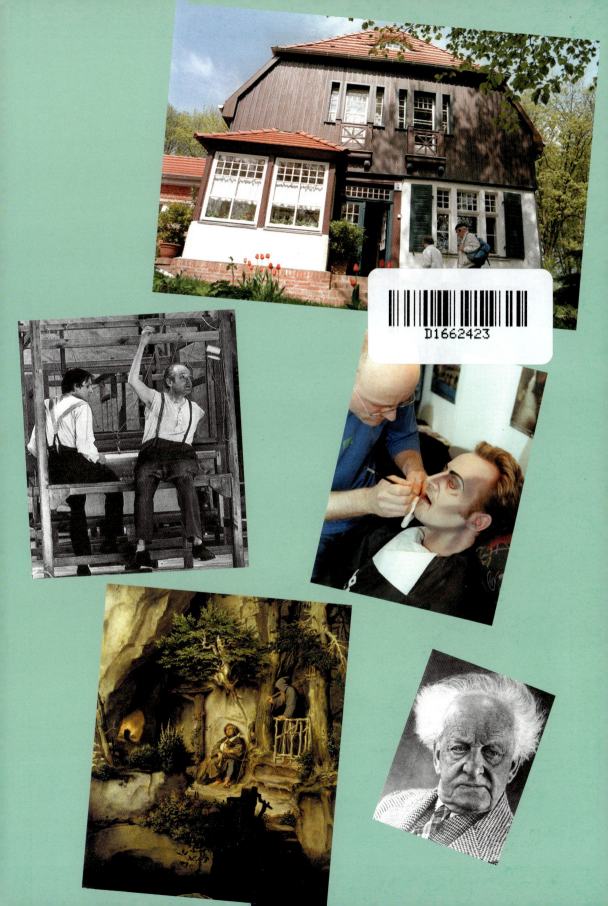

SPRACHE
gestalten

R 9

Sprachbuch Deutsch
Jahrgangsstufe 9

Herausgegeben von Hans Hertel

Verfasst von Hans Hertel, Anne-Rose Hofmann,
Iris Kaulich, Peter Rehfeld,
Herbert Woerlein, Hans Wunderlich

Illustriert von Hans-Jürgen Feldhaus

Oldenbourg
C. C. Buchner

Impressum

Legende

✶ 1 ✶ d Zusatzaufgabe zum weiteren Üben und Vertiefen der Lerninhalte oder als Alternative zu den anderen Aufgaben

| | Tipp- und Ergebniskasten | | Regelkasten |
| | informierender Einstiegskasten | | Erklärung einer Textsorte/einer Literaturepoche |

▶ **G** Querverweis auf Grammatik
▶ **R** Querverweis auf Rechtschreiben
▶ inhaltlicher Querverweis

Das Symbol zeigt dir, dass diese Texte Fehler enthalten und verbessert werden müssen.

Max und Lena zeigen dir das Grundwissen der 9. Jgst.

© 2003 Oldenbourg Schulbuchverlag GmbH, München
www.oldenbourg-bsv.de
C. C. Buchners Verlag, Bamberg
www.ccbuchner.de

Das Werk und seine Teile sind urheberrechtlich geschützt. Jede Verwertung in anderen als den gesetzlich zugelassenen Fällen bedarf deshalb der schriftlichen Einwilligung des Verlages. Hinweis zu § 52 a UrhG: Weder das Werk noch seine Teile dürfen ohne eine solche Einwilligung eingescannt und in ein Netzwerk eingestellt werden. Dies gilt auch für Intranets von Schulen und sonstigen Bildungseinrichtungen. Der Verlag übernimmt für die Inhalte, die Sicherheit und die Gebührenfreiheit der in diesem Werk genannten externen Links keine Verantwortung. Der Verlag schließt seine Haftung für Schäden aller Art aus. Ebenso kann der Verlag keine Gewähr für Veränderungen eines Internetlinks übernehmen.

Dieses Werk folgt der reformierten Rechtschreibung und Zeichensetzung.

1. Auflage 2003 R 06
Druck 13 12 11 10 09
Die letzte Zahl bezeichnet das Jahr des Drucks.

Alle Drucke dieser Auflage sind untereinander unverändert und im Unterricht nebeneinander verwendbar.

Das Papier ist aus chlorfrei gebleichtem Zellstoff hergestellt, ist säurefrei und recyclingfähig.

Umschlagkonzept: Mendell & Oberer, München
Umschlaggestaltung: Lutz Siebert-Wendt
Lektorat: Ruth Bornefeld, Elisabeth Dorner
Herstellung: Christa Neukirchinger
Illustrationen: Hans-Jürgen Feldhaus, Münster
Satz und Reproduktion: Franzis print & media GmbH, München
Druck: Tutte Druckerei GmbH, Salzweg bei Passau

Oldenbourg ISBN 978-3-637-82199-6   C.C. Buchner ISBN 978-3-7661-**3729**-6

Inhalt

suche@ausbildungsplatz.job 7

Was kann ich, was will ich, was ist möglich? 8
Das wollen junge Leute vom Beruf 9
Sich richtig einschätzen 10
Arbeitsplan für eine Erörterung 12
Berufsbild Mediengestalter/-in für Digital- und Printmedien 13

Da möchte ich hin! 14
Stellenanzeigen lesen 14
Telefonisch anfragen 15
Zum freiwilligen Betriebspraktikum schreiben 16

Jetzt geht's los: sich bewerben 18
Ein Bewerbungsschreiben verfassen 18
Einen Lebenslauf schreiben 20
Checkliste zu den Bewerbungsunterlagen 21
Neun Tipps für eine Online-Bewerbung .. 22

Keine Angst vor dem Vorstellungsgespräch 23
Ratschläge einer Personalchefin 23
Ein gescheitertes Vorstellungsgespräch .. 25
Gruppengespräch 26
Vorschlag für ein Projekt „Bewerbung" .. 28

Sehr geehrte Damen und Herren, … 29
Reklamieren 29
Anfragen 30
Tipps für sachliche Briefe 32

Überlegen, argumentieren, überzeugen 33

Mit besseren Argumenten punkten 34
Die eigene Meinung vertreten 34
Eine Argumentation aufbauen 37
Ein Anliegen schriftlich vorbringen 40

Erörterungen gestalten 42
Rote Karte für die Themaverfehlung ... 43
Material und Argumente sammeln und ordnen 45
Argumentationen verknüpfen 47
Gliedern 49
Einen Aufsatz beginnen und abschließen . 51

Erörterungen üben und überarbeiten 54
Einleitung und Schluss verbessern 54
Argumentationen überarbeiten 56

Erörtern (Zusammenfassung) 58

Inhalt

Gelesen und gesehen 59

Schwarz auf weiß 60
Kurz oder ausführlich: Bericht und
  Reportage vergleichen 60
Reportagen beschreiben 64
Textgebundener Aufsatz 70

Meine Meinung, deine Meinung: kommentierende Textsorten 72
Der Kommentar zum Bericht 72
Fernsehen und Zeitung vergleichen 74
Einen Kommentar schreiben 75
Textgebundener Aufsatz zu Sach- und
  Gebrauchstexten 76

Im Team geht's besser: Lernspirale Zeitung und Fernsehen 77
Was ihr schon kennt: Zeitungen 78
Neues erarbeiten: Fernsehkonsum und
  Fernsehangebot untersuchen 80
Gelerntes anwenden: Fernsehen und
  Zeitung vergleichen und bewerten 82
Evaluation der Lernspirale 83
Materialien 83

Wir besuchen eine Zeitungsredaktion 87
Die Entstehung einer Tageszeitung 87
Vorschlag für ein Projekt: Besuch einer
  Zeitungsredaktion 88

18:20: Daily Soap 89
Vorschlag für ein Projekt: Daily Soaps ... 89

Im Namen des Volkes 91
Projekt: Besuch einer Verhandlung
  vor dem Verkehrsgericht 91

Dichtung und Wirklichkeit 95

Mondbeglänzte Zaubernacht ... 96
„Mondbeglänzte Zaubernacht" 96
„Hörst du, wie die Brunnen rauschen?" .. 96
„Die Weiber von Winsperg" 97
„Aus dem Leben eines Taugenichts" 99
Märchenstunde 101
Die Romantik 101

Der Schimmelreiter 102
Der Dichter Theodor Storm 102
„Der Schimmelreiter" 102
Die Novelle 107
In der Literaturwerkstatt 108
Poetischer Realismus 109

Alles nur Theater? 110
Das Landestheater Coburg 110
Schulplatzmiete 111
Projekt: Theaterwerkstatt 112

Die Weber – ein naturalistisches Drama 113
Historischer Hintergrund 113
„Die Weber, Drama in fünf Akten" 113
Der Naturalismus 115
Zum Werk „Die Weber" von Gerhart
  Hauptmann 117
Aus zeitgenössischen Theaterkritiken 118

Augenblicke, die verändern – Kurzgeschichten 119
Den Inhalt erfassen: Wolfgang Borchert,
  „Die Küchenuhr" 119
Form und Sprache untersuchen 121
Sich über den Verfasser informieren 122
Aufträge für die Schreibwerkstatt 122

Einen Text beschreiben: Josef Reding,
  „Generalvertreter Ellebracht begeht
  Fahrerflucht" 123
Aus einem Schüleraufsatz 126
Neue Aufträge für die Schreibwerkstatt .. 127
Literarische Texte beschreiben 128

Stimmungen einfangen 129

Sonnenaufgang 129
Tipps zum Vorbereiten des Schilderns ... 130
Sonntagmorgen in der Stadt 130
Ein Rockkonzert 131
Bewegter Alltag 131
Eine Stunde auf dem Balkon 132
Tipps zum Aufbau einer Schilderung 132
Ein Beispielaufsatz 133
Themen für Schilderungen 134
Tipps zur Sprache der Schilderung 134

Meine Sprache – deine Sprache 135

Alle Jahre wieder: Wortarten, Satzglieder 136
Wortarten: Eine Anekdote zu Goethe
  und Schiller 136
Satzglieder: Eine Anekdote vom
  Sonnenkönig 137

Sprache auf allen Ebenen 139
Sprache im Internet 139
Geh' zu, komm her! – Umgangssprache
  und Standardsprache 141

Kann ich das so sagen? 144
Unsere SMV im Nominal- und Verbalstil 144
Aus Schüleraufsätzen – Satzbau ver-
  feinern 146
Alles hängt zusammen: Satzteile und Sätze
  verknüpfen 149
Die richtigen Beziehungen herstellen 153
Klare Verhältnisse durch Präpositionen .. 155
Wiederholungen vermeiden 157
Nicht so einfach! Differenziert
  argumentieren 160

Rechtschreibmeister/-in ... 161

Lass dir helfen! ... 162
Gewusst, wo! Richtig und effektiv nachschlagen ... 162
Weiß der Computer alles? ... 165
Die eigenen Fehlerschwerpunkte erkennen ... 168

Immer wieder: Wiederholung ... 170
Groß- und Kleinschreibung ... 170
Zusammen- und Getrenntschreibung ... 173

Schwierige Rechtschreibfälle leicht gemacht ... 175
Adjektive mit Präpositionen ... 175
Mehrteilige Konjunktionen, Präpositionen und Pronomen ... 176

Ein Zeichen setzen ... 178
Komma vor entgegensetzenden Konjunktionen ... 178
Kommas in längeren Sätzen ... 180

Immigranten – Fremdwörter ... 183
Lernzirkel ... 183

Das solltest du wissen und können ... 187
Texte verfassen ... 187
Textsorten ... 192
Literaturepochen ... 196
Arbeitstechniken ... 198
Grammatik ... 202

Anhang ... 217
Stichwortregister ... 217
Textquellenverzeichnis ... 222
Bildquellenverzeichnis ... 224

suche@ausbildungsplatz.job

Es gibt viele Berufe, für die du mit dem Realschulabschluss eine wichtige Voraussetzung erwirbst – Berufe, die du vielleicht noch gar nicht kennst oder über die du nicht viel weißt. Es ist daher wichtig, dass du dich eingehend orientierst. Das solltest du rechtzeitig tun, denn viele Ausbildungsplätze werden schon im Jahr vor dem Realschulabschluss vergeben.

suche@ausbildungsplatz.job

Was kann ich, was will ich, was ist möglich?

Wenn du dich informiert hast, welche Berufe du mit Realschulabschluss ergreifen kannst, solltest du dir klarwerden, für welche Berufe du besonders geeignet bist und in welchen Bereichen du gern arbeiten würdest. Du wirst dir also viele Fragen stellen müssen. Das folgende Kapitel soll dir helfen, die richtigen Antworten zu finden.

1
MERIT: Hi, Britta, wie war's beim Berufsberater?
BRITTA: Hallo Merit, ich glaube, es hat sich gelohnt. Ich blick jetzt viel besser durch als vorher. Ich hab gar nicht gewusst, dass es für Realschüler so viele Berufe gibt. Jetzt muss ich mich nur noch entscheiden. Das wird bestimmt nicht leicht sein. Aber ich will mich möglichst bald bewerben.
MERIT: Willst du dir wirklich diesen Stress antun? Das hat doch noch Zeit! Ich bin jetzt schon ein Jahr aus der Realschule und denke gar nicht an einen Ausbildungsplatz. Schließlich will ich meine Freiheit noch möglichst lange genießen. Und mit Jobben ist auch 'ne Menge Geld verdient. Ich geh im „Easy" kellnern, da zahlen sie spitze!

a Was würdest du Merit antworten?

b

Warum ist eine Berufsausbildung wichtig? Bereitet eine Diskussion vor!

c Was spricht dafür, eine Berufsausbildung zu machen? Schreibe eine Erörterung!

▶ S. 58, Erörtern

▶ S. 16, Clustern

Eigene Fähigkeiten einschätzen und aufschreiben

3

a Wo ordnest du dich ein? Begründe! Wie sieht das Ergebnis in der Klasse aus?

b Florian hat die Informationen aus dem Schaubild in einen Text umgesetzt:

> Der Statistik kann man entnehmen, dass es für 90 % aller Schulabgänger am wichtigsten ist, Spaß am Beruf zu haben. Drei Viertel wünschen sich für ihren Beruf die entsprechende Eignung mitzubringen. Mehr als die Hälfte ist schon zufrieden, wenn sie überhaupt einen Ausbildungsplatz bekommt, und 46 % halten die Sicherheit des Arbeitsplatzes für vorrangig. Ein gutes Drittel möchte im Beruf aufsteigen und für 32 % ist es von großer Bedeutung, Menschen helfen zu können. Immerhin ein Viertel der zukünftigen Azubis lehnt es ab, Schmutzarbeit zu verrichten. Überraschenderweise steht ein guter Verdienst nur für 16 % aller Berufsanfänger im Vordergrund und nur 14 % erwarten sich vor allem Ansehen von ihrem Beruf.

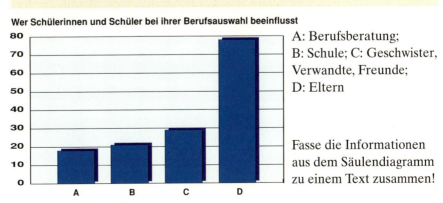

Wer Schülerinnen und Schüler bei ihrer Berufsauswahl beeinflusst

A: Berufsberatung;
B: Schule; C: Geschwister, Verwandte, Freunde;
D: Eltern

Fasse die Informationen aus dem Säulendiagramm zu einem Text zusammen!

*c Stellt die Informationen aus dem Schaubild auf S. 9 in einem Säulen- oder Balkendiagramm am PC dar! Fügt eure Ergebnisse aus Aufgabe 3a, S. 9, als weitere Säulen/Balken in das Diagramm ein!

*d Erörtere deine Berufsvorstellungen in einem zusammenhängenden Text! Ordne die Argumente in einer sinnvollen Reihenfolge!

▶ S. 58, Erörtern

4 Sich richtig einschätzen

Für die Berufswahl wichtige Fähigkeiten

	stark ausgeprägt				schwach ausgeprägt		
	+3	+2	+1	0	−1	−2	−3
räumliches Vorstellungsvermögen							
Fähigkeit zur Kommunikation							

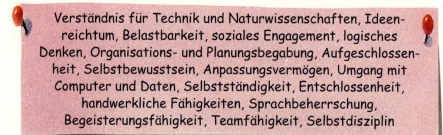

Verständnis für Technik und Naturwissenschaften, Ideenreichtum, Belastbarkeit, soziales Engagement, logisches Denken, Organisations- und Planungsbegabung, Aufgeschlossenheit, Selbstbewusstsein, Anpassungsvermögen, Umgang mit Computer und Daten, Selbstständigkeit, Entschlossenheit, handwerkliche Fähigkeiten, Sprachbeherrschung, Begeisterungsfähigkeit, Teamfähigkeit, Selbstdisziplin

a Übertrage den Einschätzungstext in dein Heft! Setze die Tabelle fort und verwende dazu die im Wortspeicher angegebenen Begriffe!

b Was stellt ihr euch unter den Begriffen vor? Findet in Partnerarbeit Beispiele!

c Führe den Test für dich durch!
Du kannst dich auch von einem Mitschüler/einer Mitschülerin, einem Freund/einer Freundin oder einer/einem Verwandten einschätzen lassen.

*d Vergleicht eure Ergebnisse und sprecht darüber!

Eigene Fähigkeiten einschätzen und aufschreiben

 Berufsfelder

 = Handwerklicher bzw. technischer Bereich, z. B. metallverarbeitende Berufe, Maler, Installateure, Elektro- oder Baubranche, Kfz-Mechaniker

 = Sozialer bzw. pädagogischer Bereich, z. B. Kinderbetreuung, Sozialarbeit, Altersheim, Krankenpflege, Ernährungsberatung

 = Umwelt/Gesundheit/Naturwissenschaft, z. B. als Apotheken-, Arzt- bzw. Zahnarzthelfer/-in, Hebamme, Medizinisch-Technische/-r Assistent/-in, im Bereich Umwelttechnik, Gartenbau

 = Verwaltung/Organisation/Büro/Datenverarbeitung, z. B. als Sekretär/-in, Datenverarbeitungskauffrau/-mann, als Verwaltungsfachangestellte/-r, im Hotelbereich, Rechtsanwalts- und Notargehilfe/-gehilfin

 = Handel/Verkauf, z. B. Banken, Versicherungen, Groß- und Einzelhandel, Innen-/Außendienst

 = Medien/Sprache, z. B. im Verlagswesen, Buchhandel, bei Zeitungen, beim Radio, TV, als Übersetzer/-in

 = Kreativer Bereich, z. B. Kunsthandwerk, Fotografie, Grafik, Werbung, als Maskenbildner/-in, Schneider/-in

 = IT-Berufe, z. B. Informations- und Kommunikationsbereich, Organisation und Koordination von Datenverarbeitung, Beratung und Installation von Informations- und Kommunikationssystemen

Auf welche Fähigkeiten kommt es deiner Meinung nach in den einzelnen Berufen besonders an? Welche Fähigkeiten aus dem Wortspeicher auf S. 10 sind für das jeweilige Berufsfeld von großer Bedeutung?

Tipp

Mit dem „future-check" unter
www.job-future.de
könnt ihr herausfinden,
welcher Beruf
zu euch passen könnte.

11

suche@ausbildungsplatz.job

5 Arbeitsplan für eine Erörterung

Welche Fähigkeiten sollte ein/-e Auszubildende/-r mitbringen?
- A. Es gibt eine Vielzahl von Ausbildungsberufen für Realschüler und Realschülerinnen
- B. Fähigkeiten, die ein/-e Auszubildende/-r mitbringen sollte
    - I. Fähigkeiten in Bezug auf die Ausbildungsanforderungen
        1. Lern- und Leistungsbereitschaft
        2. Kreativität und Flexibilität
        3. Sorgfalt und Gewissenhaftigkeit
        4. Verantwortungsgefühl und Selbstständigkeit
        5. Ausdauer und Durchhaltevermögen
    - II. Fähigkeiten in Bezug auf den Umgang mit Vorgesetzten und Arbeitskollegen
        1. Teamfähigkeit
        2. Fähigkeit zu Kritik und Selbstkritik
        3. Konfliktfähigkeit
        4. Höflichkeit und Freundlichkeit
        5. Zuverlässigkeit
- C. Es ist ratsam, frühzeitig mit dem Trainieren solcher Fähigkeiten zu beginnen

▶ S. 46 ff., 127, Gliederung, Arbeitsplan

a Sebastian hat zu dem Thema eine Erörterung geschrieben und Punkt I.3 folgendermaßen erläutert:

> In allen Berufen kommt es darauf an, **sorgfältig** und **gewissenhaft** zu sein. Der Auszubildende sollte von Anfang an darauf achten, seine Unterlagen und seinen Arbeitsplatz in Ordnung zu halten, damit er Materialien, die er zur Arbeit braucht, schnell wiederfindet. Nur so kann er eine Aufgabe, die ihm gestellt wurde, erfolgreich bewältigen und seinen Vorgesetzten zeigen, dass er seine Ausbildung ernst nimmt. Dazu gehört auch, dass man Aufträge pünktlich erfüllt und die Arbeit nicht einfach abbricht, weil man keine Lust mehr hat. Das kostet manchmal sicher Überwindung, doch zeigt der Jugendliche damit, dass er an seiner Ausbildung interessiert ist und nicht alles „locker" sieht.

Führt in Gruppenarbeit die Punkte der Gliederung in ähnlicher Weise aus! Jede Gruppe erläutert zwei Fähigkeiten.

b Entwerft Einleitung und Schluss und führt eure Argumentationen in einer Schreibkonferenz am PC zu einem Musteraufsatz zusammen!

▶ S. 58, Erörtern
▶ S. 50 ff., 53, 54 f., Einleitung, Schluss

Einen Beruf vorstellen

c Welche Fähigkeiten hältst du in deinem Wunschberuf für besonders wichtig? Entscheide dich für drei Antworten!

*d Inwiefern könnt ihr diese Fähigkeiten bereits in der Schule einüben?

*6 Berufsbild Mediengestalter/-in für Digital- und Printmedien

Auszubildende beim Aufkleben der einzuscannenden Fotos in der Druckerei des Allgäuer Zeitungsverlags, Kempten

Ausbildung: drei Jahre – Tätigkeitsbereich: Informationsverarbeitung und Kommunikationsproduktherstellung, zum Beispiel bei Werbe- und Multimedia-Agenturen, Verlagen, Druckereien – Voraussetzungen: guter Realschulabschluss oder (Fach-)Abitur – vorteilhaft: Vorkenntnisse im Umgang mit Computern und dem Internet – Aufgaben, zum Beispiel des Mediendesigners/der Mediendesignerin: Entwicklung eigener Gestaltungskonzepte; rechnergestützte Gestaltung von Text, Bild, Grafik für Printmedien, ebenso für multimediale Produkte, Beratung von Kunden bei der Gestaltung von Medienprodukten, Erstellung und Gestaltung von Presseerzeugnissen nach redaktionellen Vorgaben – Berufsaussichten: sehr gut – Weiterbildung: Fortbildung zum Medienfachwirt

> **Tipp**
> Mehr Informationen für Ausbildungsplatzsuchende unter
> www.Einsteiger.de

a Klärt die Fachbegriffe!

b Informiere die Klasse über den Beruf der Mediengestalterin/des Mediengestalters mithilfe der Stichpunkte in einem zusammenhängenden Text!

c In welchem Berufsfeld würdest du gerne arbeiten? Stelle einen Beruf dieses Bereichs vor!

suche@ausbildungsplatz.job

Da möchte ich hin!

1 Stellenanzeigen lesen

Suchen | Callcenter | Impressum | © 2000 TBV

Verlag Kaktus

Überblick | Volltext-Suche

2 Ausbildungsplätze, nicht in jedem Jahr

**Ausbildung: Mediengestalter Digital und Print
Fachrichtung Medienoperating**

Dies ist ein ganz neuer, zukunftsträchtiger Beruf, den sicher noch nicht viele kennen. Es gibt vier verschiedene Fachrichtungen, die durch Wahlmodule ergänzt werden, sodass die Ausbildung auf die individuellen Bedürfnisse und Möglichkeiten des Betriebes abgestimmt werden kann.

Von den vier Fachrichtungen Medienberatung, Mediendesign, Medienoperating und Medientechnik bieten wir Medienoperating an.

In der Berufsverordnung steht über die Aufgaben des Medienoperators:

- planen von Produktionsabläufen
- übernehmen, transferieren und konvertieren von Daten für die Mehrfachnutzung
- kombinieren von Text-, Bild-, Grafik-, Bewegtbild- und Audiodaten für multimediale Produkte und deren Ausgabe auf verschiedene Datenträger und verschiedene Medien
- beraten von Kunden bei der Gestaltung von Daten zur Mehrfachnutzung
- erstellen von Internet-Auftritten
- Web-Seiten konzipieren
- bei der CD-ROM-Produktion mitwirken
- Vernetzungen durchführen
- Telekommunikation nutzen

Bei uns habt ihr die Möglichkeit, den Schwerpunkt digitale Bildbearbeitung oder Redaktionstechnik zu belegen.

Wir erwarten von euch passable Noten, mindestens Mittlere Reife, gute Deutsch- und Englischkenntnisse, Freude am Umgang mit dem Computer und Teamfähigkeit.

Sendet eure Bewerbung an:
Kaktus Verlag GmbH
Petra Personal
Beispielstr. 7–11
90000 Nürnberg
Telefon 09 00/11 11-2 30
E-Mail: Petra Personal

Ausbildung zum Verlagskaufmann/zur Verlagskauffrau
Ausbildung zum Fachinformatiker, Fachrichtung Anwendungsentwicklung

Volltext-Suche

Hier können Sie die Web-Seite des Kaktus Verlags durchsuchen.

Suchbegriff

▶ suchen

Ihre berufliche Chance ABCD Versicherungen

Wir sind ein expandierendes Unternehmen mit einer bedeutenden Marktposition.
Unsere Beitragseinnahmen liegen bei ca. 3 Mrd. Euro.

Berufsausbildung mit Zukunft
Versicherungskauffrau/-mann

Wir bieten:
- eine qualifizierte und abwechslungsreiche Berufsausbildung in Praxis und Theorie
- Umgang mit moderner Bürokommunikation
- Fort- und Weiterbildungsmöglichkeiten
- Umfangreiche betriebliche Sozialleistungen
- Chancen zum beruflichen Aufstieg

Sie bieten:
- Mittlere Reife/Abitur
- Engagement, Lernbereitschaft

Wählen Sie den richtigen Partner und lernen Sie uns kennen. Bitte senden Sie Ihre Bewerbungsunterlagen (Bewerbungsschreiben, Lebenslauf mit Lichtbild sowie die letzten beiden Schulzeugnisse) an:

ABCD Versicherungen, Regionaldirektion,
Beispielstraße 1, 80001 München,
Ansprechpartner: Herr Muster, 089/1 23 45-678

Stellenanzeigen auswerten / telefonisch anfragen

a
① Welche schulischen Voraussetzungen muss der Bewerber/die Bewerberin mitbringen?
② Was wird darüber hinaus erwartet?
③ Was wird über künftige Aufgaben und Arbeitsbedingungen gesagt?
④ Wie muss man sich bewerben?
⑤ Wie stellt sich der Betrieb selbst dar?
⑥ Was bietet der Betrieb?
⑦ Was kann man den Anzeigen nicht entnehmen?

Welche der Fragen kannst du mit den Stellenanzeigen beantworten?

Tipp: Teilt die Klasse in zwei Gruppen! Jede Gruppe untersucht in Partnerarbeit eine Anzeige.

b Sammelt in den Tageszeitungen Ausbildungsplatzangebote! Ordnet die Annoncen nach Berufsbereichen und erstellt eine Wandzeitung!

c Warum stellen immer mehr Firmen ihre Anzeigen auch ins Internet? Was versprichst du dir von einer Online-Bewerbung?

▶ S. 22, Online-Bewerbung

d Weitere Informationen über Ausbildungsplätze im Internet:
www.arbeitsamt.de, www.it.berufe.de, www.neue-ausbildungsberufe.de

2 Telefonisch anfragen

Martin interessiert sich für einen Ausbildungsplatz als Feinoptiker. Er hat erfahren, dass Lehrstellen angeboten werden und nimmt erste Kontakte zu einer Firma auf. Auf einem Stichpunktzettel notiert er sich die wichtigsten Punkte:

suche@ausbildungsplatz.job

> Anliegen vorbringen – sich vorstellen – Rückfragen beantworten – nach Ansprechpartnern fragen – Termin zur persönlichen Abgabe der Bewerbungsunterlagen erfragen – Frage nach den erforderlichen Bewerbungsunterlagen – fragen, wann genau Auszubildende eingestellt werden – Verabschiedung – begrüßen

a Bringe die Stichpunkte in eine sinnvolle Reihenfolge!

Tipps zur telefonischen Kontaktaufnahme
- Lege Papier und Bleistift zurecht!
- Notiere dir vor dem Gespräch die Reihenfolge deiner Äußerungen!
- Schreibe wichtige Auskünfte, die du von der Firma erhältst, mit (Namen, Termine, Adressen).
- Sprich mit freundlicher Stimme und mache eine gute Miene: Freundlichkeit kann man hören!
- Es gilt der Grundsatz: denken – wählen – sprechen.

*b Spielt das Telefongespräch! Ein Mitschüler ist der Auszubildende. Eine Mitschülerin übernimmt die Rolle der Personalchefin. Eine Mitschülerin spielt die Assistentin in der Telefonzentrale, die Martin verbindet.

3 Zum freiwilligen Betriebspraktikum schreiben

Sandras Erwartungen an ihr freiwilliges Betriebspraktikum

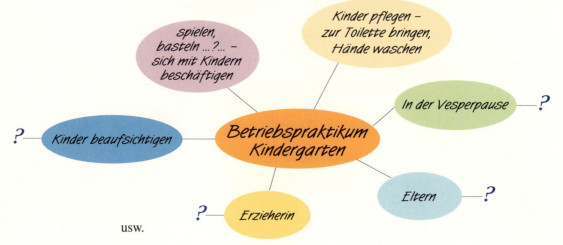

usw.

Über das Betriebspraktikum schreiben

Sandra hat aus ihrem Cluster einen Text erstellt:

> Ich mache mein Praktikum im evangelischen Kindergarten unserer Kirchengemeinde. Eigentlich gehe ich gern mit Kindern um, aber mit Dreijährigen habe ich noch nicht viel Erfahrung. Hoffentlich komme ich mit ihnen zurecht. Morgens muss ich schon um Viertel vor sieben da sein. Um zwölf Uhr werden die meisten Kinder abgeholt. Einige bleiben bis zum späten Nachmittag. Ich stelle es mir schwer vor, die Kinder den ganzen Tag sinnvoll zu beschäftigen. Man könnte mit ihnen ...

a Was erwartest du von deinem Betriebspraktikum? Erstelle einen Cluster!

b Schreibe einen zusammenhängenden Text! Formuliere deine eigenen Erwartungen, Hoffnungen, Ängste!

c Die Schülerinnen und Schüler, die schon ein Betriebspraktikum absolviert haben, informieren die Klasse. Ihr könnt euren Vortrag mit Material veranschaulichen, das in einer Informationsmappe gesammelt wird.

d Vorteile des Betriebspraktikums: Erörtere!

▶ S. 58, Erörtern

suche@ausbildungsplatz.job

Jetzt geht's los: sich bewerben

Sich bewerben hat etwas mit werben zu tun. Bei der Suche nach einem Ausbildungsplatz kommt es auf die richtige (Be-)Werbung an. Darauf solltest du dich gründlich vorbereiten. Zunächst musst du dich schriftlich bewerben. Meist findet auch ein Vorstellungsgespräch statt. Manchmal müssen die Bewerber/die Bewerberinnen noch einen Auswahltest bestehen. Du kannst deine Chancen erhöhen, wenn du weißt, was bei der Bewerbung auf dich zukommt, und wenn du dich rechtzeitig darauf vorbereitest.

Bewerbungsunterlagen

Ein Bewerbungsschreiben verfassen

Christina Brenner   Würzburg, 25.08.200…

Renzstr. 17
97082 Würzburg
Tel. (09 31) 22 33 44

Reisebüro Weltweit
Herrn Jürgen Globus
Hauptstr. 18
97046 Würzburg

Bewerbung für einen Ausbildungsplatz zur Reiseverkehrskauffrau
Ihre Anzeige in der „Fränkischen Mainzeitung" vom 20. August 200…

Sehr geehrter Herr Globus,

auf Ihre Anzeige vom 20. August 200X in der „Fränkischen Mainzeitung" bewerbe ich mich um den von Ihnen zum 1. September nächsten Jahres ausgeschriebenen Ausbildungsplatz zur Reiseverkehrskauffrau.
Ich habe die 9. Klasse der Pestalozzi-Realschule in Würzburg erfolgreich abgeschlossen und werde im nächsten Schuljahr die Abschlussprüfung ablegen.
Durch ein vierwöchiges Praktikum im Reisebüro „Farewell" in Volkach habe ich mir bereits einen Überblick über das Berufsbild verschafft und Eindrücke von den Arbeitsanforderungen gewonnen. Da ich sehr aufgeschlossen bin, freue ich mich auf die Kundenberatung und -betreuung. Auch meine Sprach- und Computerkenntnisse kann ich sicher gut in die Arbeit einbringen.
Zu einem persönlichen Gespräch stehe ich Ihnen gerne zur Verfügung und würde mich über Ihre Einladung sehr freuen.

Mit freundlichen Grüßen

Christina Brenner

Anlagen: Lebenslauf, Zeugnis der Jahrgangsstufe 9
Bescheinigung über das Praktikum im Reisebüro „Farewell" in Volkach

Bewerbungsschreiben

a Wie ist das Bewerbungsschreiben inhaltlich aufgebaut?

b Wie ist es äußerlich gestaltet?

c Du sollst als Personalchefin oder als Personalchef anhand eines Bewerbungsschreibens erste Aussagen über einen Bewerber oder eine Bewerberin treffen. Worauf achtest du?

★d Ein weiteres Bewerbungsschreiben

FEHLER

> Stefan Emsig
> Klosterweg 7
> 81567 Heilingen
> Tel. 65 08 24
>
> An die Firma Ratko Maschinenbau
>
> Hallo,
> ich möchte mich auf Ihre Stelle bewerben. Sie suchen ja einen Industriekaufmann. Das wäre ein Superjob für mich, denn ich bin in Betriebswirtschaftslehre/Rechnungswesen und WR ziemlich gut. Außerdem kenne ich mich in dem Beruf schon ziemlich gut aus, weil mein Vater auch so etwas macht.
> Auch war ich im BIZ und habe dort die Berufsberater gelöchert.
> Ich könnte nächstes Jahr bei ihnen anfangen, denn dann habe ich hoffentlich den Realschulabschluss geschafft. Ich bin übrigens ein ziemlicher cooler Typ. Mich schmeißt so leicht nichts aus der Bahn.
> Wenn Sie Interesse haben, können Sie mich ja anrufen. Oben steht meine Telefonnummer.
>
> Bis demnächst und viele Grüße
> Ihr
> Stefan Emsig

Beurteile das Bewerbungsschreiben und überarbeite es anschließend!

e Entwirf und gestalte dein Bewerbungsschreiben!

Tipps für das Bewerbungsschreiben

- Schreibe fehlerfrei, sauber und ohne sichtbare Korrekturen!
- Formuliere kurze Sätze, vermeide „geschraubte" Redensarten!
- Beginne nach jedem wichtigen Gedanken eine neue Zeile!
- Begründe, warum du dich für diesen Beruf entschieden hast und warum du dich gerade bei dieser Frima bewirbst!
- Stelle deine Fähigkeiten positiv dar, aber ohne zu übertreiben!
- Richte dich bei der Gestaltung nach den DIN-Regeln, die für ein solches Schreiben gelten! Informationen dazu bekommst du in Textverarbeitung.

suche@ausbildungsplatz.job

▶ S. 22, Tipps für Online-Bewerbungen

∗f Überlege, welche Punkte für ein Bewerbungsschreiben verwendet werden können!

(1) abgelegtes Betriebspraktikum (2) Klassenleiter sagt, ich sei geeignet (3) gute Noten in Englisch und Deutsch (4) wenig Interesse an Mathematik (5) kann meinen Motorroller selber reparieren (6) bin sehr sportlich (7) Computerspezialist (8) fahre im Urlaub mit Freunden immer zum Zelten an die Nordsee (9) gute Kenntnisse in Textverarbeitung (10) mein Bruder hat den gleichen Beruf, hat mir viel erzählt

2 Einen Lebenslauf schreiben

Lebenslauf

Name, Vorname:	Hartmann, Anja
Geburtsdatum:	6.3.1988
Geburtsort:	Essen
Anschrift:	Gartenstraße 10
	81673 München
Staatsangehörigkeit:	deutsch
Vater:	Frank Hartmann
Mutter:	Manuela Hartmann, geb. Graf
Geschwister:	ein Bruder, eine Schwester
Schulbildung:	1992–1996 Pestalozzi-Schule Essen
	seit September 1996 Carl-von-Linde-Realschule München
	Realschulabschluss voraussichtlich Juli 2004
Lieblingsfächer:	Englisch, Kunst, Deutsch
Besondere Kenntnisse:	Textverarbeitung
Hobbys:	Lesen, Handball

München, den 15.7.2003

Anja Hartmann

a Schreibe deinen Lebenslauf auf ein unliniertes DIN-A4-Blatt! Für die Textgestaltung bekommst du Tipps im Textverarbeitungsunterricht.

Lebenslauf

b Folgende Angaben können zusätzlich in den Lebenslauf aufgenommen werden: Konfession, Beruf der Eltern, besuchte Wahlfächer, Arbeitsgemeinschaften oder Kurse außerhalb der Schule, besondere Fertigkeiten, ehrenamtliche Tätigkeiten

Wann sind solche Angaben sinnvoll?

∗c Manchmal wird ausdrücklich ein ausformulierter, handschriftlicher Lebenslauf verlangt. Warum?

d

Lebenslauf

Am 5. September 1988 wurde ich in Bad Bergzabern geboren. Meine Eltern sind Wolfgang Krug und seine Ehefrau Elisabeth, geb. Friedmann, ...

Schreibe deinen tabellarischen Lebenslauf in einen handgeschriebenen um!

Checkliste zu den Bewerbungsunterlagen
- ✔ Eigene Adresse (Name, Anschrift, Telefon) richtig geschrieben?
- ✔ Anschrift der Firma richtig und vollständig?
- ✔ Ansprechpartner (Anredeform, Berufsbezeichnung) und Name richtig geschrieben (wenn bekannt)?
- ✔ Rechtschreibung ohne Fehler? Schwierige Wörter oder bei Unsicherheiten im Wörterbuch nachschlagen!
- ✔ Bewerbungsschreiben unterschrieben?
- ✔ Anlagen vollständig beigefügt (in der Regel Lebenslauf, Zeugniskopie, vorteilhaftes Passfoto mit Namen auf der Rückseite)?
- ✔ Alle Unterlagen in einwandfreiem Zustand?
- ✔ Firmenadresse auf dem Bewerbungsschreiben und dem Umschlag stimmen überein?
- ✔ Alles in der richtigen Reihenfolge in einer Mappe (siehe S. 22) eingeheftet?
- ✔ Genügend Porto?

suche@ausbildungsplatz.job

Neun Tipps für eine Online-Bewerbung

1. Bewirb dich nur online, wenn aus der Anzeige hervorgeht, dass dies auch erwünscht ist.
2. Die Online-Bewerbung sollte möglichst an einen Ansprechpartner persönlich adressiert werden.
3. In der Betreffzeile steht, auf welche Anzeige sich die Mail bezieht und/oder für welche Stelle man sich bewirbt.
4. Der Bewerber/die Bewerberin sollte sich eindeutig auf das Unternehmen und den angestrebten Ausbildungsplatz beziehen.
5. Meist reicht es aus, nur einen Lebenslauf als Datei anzuhängen. Weitere Unterlagen werden auf Wunsch nachgeliefert.
6. Formuliere höflich und korrekt, in kurzen und präzisen Sätzen!
   Beachte: Der lässige Internet-Schreibstil ist in einer Bewerbung nicht angebracht.
7. Online-Bewerbungen sollten in einem gängigen Format (z. B. „doc" oder „rtf") abgespeichert und nicht aufwändig gestaltet sein.
8. Nach dem Abschicken sollte die Mailbox täglich abgerufen werden, um auf Rückfragen und Terminvorschläge für das Bewerbungsgespräch schnell reagieren zu können.
9. Eigene Anschrift und Telefonnummer nicht vergessen!

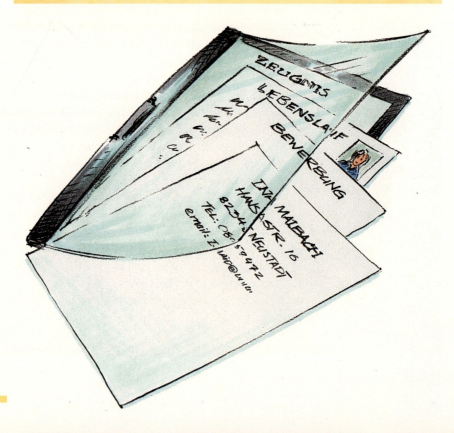

Keine Angst vor dem Vorstellungsgespräch

Wenn du dich schriftlich beworben hast und möglicherweise auch einen Test gemacht hast, ist das Vorstellungsgespräch die nächste Hürde, die du auf dem Weg zu deinem Ausbildungsplatz nehmen musst. In diesem Gespräch hast du die Gelegenheit, durch einen guten persönlichen Eindruck deine Chancen zu verbessern. Manche Betriebe machen sich auch bei einem Gruppengespräch oder in einem „Assessment Center" ein Bild von einer Bewerberin/einem Bewerber.

1 Ratschläge einer Personalchefin

„Für uns ist es wichtig zu sehen, wie sich der Bewerber oder die Bewerberin darstellt. Deshalb sehen wir es gern, wenn das Mädchen oder der Junge alleine kommt, also ohne seine Eltern. Natürlich ist die Situation für den Bewerber oder die Bewerberin fremd und er oder sie ist vielleicht aufgeregt. Aber
5 das ist normal und zeigt nur, dass der Jugendliche das Vorstellungsgespräch ernst nimmt. Allerdings sollte die Nervosität nicht dazu führen, dass man sich verkrampft und kein Wort mehr herausbringt. Schließlich wollen wir ja im Gespräch etwas über den Bewerber erfahren. Also locker bleiben und mit fester Stimme sprechen. Wir schätzen es durchaus, wenn ein Bewerber
10 selbstbewusst auftritt, doch ist Überheblichkeit fehl am Platz. Pünktlich sollte der Bewerber unbedingt sein und er oder sie sollten auch auf eine gepflegte Erscheinung achten. Aber auch hier gilt: keine Übertreibungen! Natürlichkeit ist angesagt. Das eigentliche Gespräch
15 kann man grob in zwei Teile gliedern. Zunächst sollte sich der Kandidat zurückhalten und warten, bis man das Wort an ihn richtet. Er sollte dann zusammenhängend erzählen können, zum Beispiel über
20 den Lebenslauf und die Schulbildung, Hobbys, Motive für die Berufswahl, Erwartungen, das aktuelle Tagesgeschehen. In der zweiten Hälfte wird er in der Regel aufgefordert, selbst Fragen zu stellen. Da
25 ist Eigeninitiative am Platz."

a Stellt aus den Ratschlägen der Personalchefin Tipps für Bewerber/Bewerberinnen zusammen!

b Fragen, auf die man vorbereitet sein sollte:
Erzählen Sie etwas über sich!
Warum haben Sie sich gerade hier beworben?
Was sind Ihre Stärken und Schwächen?
Wie stellen Sie sich die Arbeit vor?
Welche Gründe haben Sie für die Berufswahl?
Wie stellen Sie sich den idealen Mitarbeiter vor?
Was wissen Sie über unser Unternehmen?
Welche Hobbys haben Sie?
Welche Ziele wollen Sie in fünf Jahren erreichen?

Überlegt gemeinsam, was man antworten könnte!

∗c Schreibt die Fragen auf Kärtchen! Eine Mitschülerin spielt die Personalchefin, ein Mitschüler ist der Bewerber. Die Personalchefin zieht nacheinander einige Kärtchen und stellt dem Bewerber die Fragen. Anschließend werden die Rollen getauscht.

d Mögliche Fragen, die du dem Personalchef/der Personalchefin stellen kannst:
Wie viele …? Wie ist der Verlauf …? Wer ist für meine …? Gibt es …? Erfolgt der Berufsschulunterricht …? In welchem Ort …? Übernehmen Sie …? Gibt es …? Wie hoch ist …? Wie lange dauert …? Wie viel …? Findet die gesamte Ausbildung …?

… der Ausbildung, … Urlaub gibt es, … in Teilzeit oder als Blockunterricht, … die Auszubildenden nach der Ausbildung, … betrieblichen Unterricht, … ist die Berufsschule …, die Probezeit …, … Ausbildungsplätze hat die Firma, Ausbildung zuständig, … die Ausbildungsvergütung, … am gleichen Ort statt, … Weiterbildungsmöglichkeiten?

Vervollständige die Fragen mit Hilfe des Wortspeichers!

e Welche Fragen sollte man nicht gleich als Erstes stellen? Warum nicht?

∗f Gesprächs- und Verhaltensregeln

Die allgemeinen Umgangsformen bei der Begrüßung und Verabschiedung beachten, sich nicht ablenken lassen, nicht die Wände oder die eigenen Füße anstarren, sondern …

Sucht weitere Regeln!

Vorstellungsgespräch

★ **2** Ein gescheitertes Vorstellungsgespräch

FEHLER

HERR HÖFLICH:	Sie sind also Sebastian Fröhlich aus Neustadt. Bitte nehmen Sie Platz!
SEBASTIAN:	Ich habe an der Tür gelesen, dass sie Höflich heißen. Unsere Nachbarn heißen auch so. Sind Sie vielleicht mit denen verwandt?
HERR HÖFLICH:	Das glaube ich nicht.
SEBASTIAN:	Vier Kinder haben die, und die sind ganz schön frech.
HERR HÖFLICH:	So, so, das ist ja interessant. Aber um mir das zu erzählen sind Sie bestimmt nicht hergekommen. Vielmehr möchten Sie bei uns einen Ausbildungsplatz. Wann sind Sie denn mit der Schule fertig?
SEBASTIAN:	Im nächsten Jahr, Gott sei Dank! Darüber bin ich heilfroh!
HERR HÖFLICH:	Ihnen gefällt also die Schule nicht.
SEBASTIAN:	Nein! Ehrlich gesagt, ich hatte mit einigen Lehrern Zoff!
HERR HÖFLICH:	Das ist bedauerlich. Haben Sie denn Hobbys?
SEBASTIAN:	Na klar, ich bin beim FC Neustadt der beste Mann und trainiere schon in der A-Jugend mit. Ich muss deshalb zweimal in der Woche um vier Uhr weg. Das geht doch sicher? …

a Spielt dieses Bewerbungsgespräch zu Ende!
Wird Sebastian die Stelle bekommen? Begründet!

b In weiteren Rollenspielen ist der Bewerber/die Bewerberin

- gehemmt und wortkarg (die Arme sind vor dem Körper verschränkt, die Lippen aufeinandergepresst),
- nervös und redet zu viel (fuchtelt mit den Händen, rutscht unruhig auf dem Stuhl hin und her),
- vorlaut, großspurig (sitzt lässig da, mit bequem übereinandergeschlagenen Beinen und unterstreicht ihre/seine Äußerungen mit ausholenden Gesten),

– unterwürfig und versucht dem Gesprächspartner immer Recht zu geben (sitzt schlapp und leicht nach vorne gebeugt auf dem Stuhl, nickt ständig zustimmend mit dem Kopf),
– ohne Umgangsformen (grüßt nicht, stützt die Arme auf dem Tisch auf).

Verfolgt die Spielszenen genau! Diskutiert darüber, wie Verhalten und Körpersprache auf den Beobachter wirken! Tipps für die Rolle des Personalchefs bekommt ihr in Aufgabe 1b auf Seite 24.

c Versucht, die Fehler zu verbessern!

3 Gruppengespräch

a Manchmal werden die Bewerber auch zu einem Gruppengespräch eingeladen. Was beabsichtigen Personalchefs wohl damit?

b Damit auch wirklich ein Gespräch zwischen den Bewerbern zustande kommt, erhalten die Teilnehmer die Aufgabe, über ein bestimmtes Thema zu diskutieren.

> Beispielaufgabe für eine Gruppendiskussion – „Schulabschluss"

Anweisung
Du bist in der Abschlussklasse deiner Schule. Das letzte Schuljahr geht dem Ende entgegen und du wirst bald in die Berufswelt einsteigen. Die Klasse wird nach bestandener Prüfung auseinandergehen. Da ihr euch gut verstanden habt, wollt ihr den Abschluss mit einem besonderen Erlebnis gemeinsam gestalten. Darüber wird in den letzten Wochen diskutiert.
Einige Mitglieder aus deiner Klasse und du haben sich bereit erklärt, sich etwas auszudenken und zu organisieren. Ihr habt 300,– € in der Klassenkasse, der Elternbeirat ist bereit noch 150,– € zuzulegen, wenn ein origineller Vorschlag gemacht wird. Ihr könnt natürlich auch nach anderen Möglichkeiten suchen, um euren Etat aufzustocken.

Sich in einer Gruppe vorstellen

Konkrete Aufgaben

1. Jeder überlegt für sich, wie er dieses „gemeinsame Erlebnis" gestalten, organisieren und der Schulleitung präsentieren würde. Dabei können die nachstehenden Vorschläge verwendet werden, aber auch eigene Ideen eingebracht werden.

Zeit: 10 Minuten

2. Diskutiert bitte in der Gruppe die einzelnen Vorschläge und erarbeitet eine gemeinsame, verbindliche Lösung, die ihr eurer Schulleitung präsentieren könnt.

Zeit: 20 Minuten

Mofaverleih
Stunde pro Person
12,- €

Hubschrauberrundflug
15 Minuten pro Person
8,- €

Kostümverleih
pro Kleidungsstück und Tag
10,- €

Buffet
pro Person
5,- €

Tennisplatzmiete
pro Person
8,- €

Hausboot
pro Tag
125,- €

Führt die Gruppendiskussion mit fünf bis sieben Teilnehmern in der Klasse durch! Die anderen Mitschüler schlüpfen in die Rolle der Personalchefs. Sie beobachten und beurteilen das Verhalten der „Bewerber/-innen"! Legt euch dazu einen Bewertungsbogen an. Ihr könnt euch am Tippkasten orientieren.

Tipps und Regeln für das Gruppengespräch

- Anderen nicht ins Wort fallen – andere auch zu Wort kommen lassen
- Immer höflich bleiben
- Laut und deutlich sprechen, aber nie zu laut
- Nicht versuchen, anderen die eigene Meinung aufzuzwingen, sondern durch Argumente überzeugen
- Abweichende Meinungen nicht sofort ablehnen, sondern sie prüfen und sich mit ihnen auseinandersetzen
- Nicht nachgeben, nur um Konflikte zu vermeiden, sondern nur wenn jemand sachlich überzeugen kann

Vorschlag für ein Projekt „Bewerbung"

Beteiligte Fächer: Deutsch, Wirtschaft und Recht, Textverarbeitung

Teilnehmer: Personalchef/-in oder Ausbildungsleiter/-in einer Firma. Bank … (zum Beispiel Partnerfirma der Schule, ein Vater/eine Mutter in dieser Stellung), eure Klasse und Lehrer

Ziel des Projekts: das Bewerbungsverfahren realistisch durchspielen

Schritte:
① Bewerbungsschreiben und Lebenslauf erstellen (Deutsch und Textverarbeitung)
② Personalchef/-in prüft die Bewerbungsschreiben und lädt zum Vorstellungsgespräch ein
③ Übung im Vorstellungsgespräch (Deutsch/WR)
④ Vorstellungsgespräche mit Personalchef/-in; alle hören zu
⑤ Auswertung mit Personalchef/-in
⑥ Einen Ausbildungsvertrag und die dazugehörigen Gesetze lesen und auswerten (Deutsch/WR)
⑦ Projekt dokumentieren und auswerten (z. B. Videofilm, Bilderdokumentation, Tipps zum Bewerbungsverfahren schreiben, Bericht in der Schülerzeitung …)

Projekt Bewerbung / sachlicher Brief

Sehr geehrte Damen und Herren, ...

Du willst Prospektmaterial anfordern, dich beim Hersteller über ein defektes Gerät beschweren, einen Antrag bei einer Behörde stellen oder eine Auskunft einholen. In den meisten Fällen ist es ratsam, dies schriftlich zu tun. Für einen solchen „Geschäftsbrief" gibt es eine bestimmte Form und Regeln, die du einhalten solltest, damit du mit deinem Anliegen Erfolg hast. Was du beachten musst, erfährst du im folgenden Kapitel.

1

Yvonne Schneider   Straubing, 20.01.200...

Burggasse 15
94315 Straubing
Tel. 0 94 21/98 65 25
E-Mail: yvo@netz.de

Mediaversand Top-Ten plus
Landsberger Straße 110
81737 München

Meine Bestellung vom 06.12.200X
Mangelhafte Lieferung; KD-Nr.: 060 83674

Sehr geehrte Damen und Herren,

am 6. Dezember 2002 bestellte ich bei Ihnen online eine CD-Gesamtaufnahme der Gruppe „Network", die Sie in Ihrem Winterkatalog zum Weihnachtsvorzugspreis von 30,– € angeboten haben. Selbstverständlich war ich davon ausgegangen, die Ware rechtzeitig zum Weihnachtsfest zu erhalten, musste jedoch feststellen, dass die CDs erst am 7. Januar 2003 eintrafen. Das war sehr ärgerlich, denn die Aufnahmen hätten ein Weihnachtsgeschenk sein sollen. Dazu kam, dass die Packung aufgerissen und die CD-Box zerdrückt war, wodurch eine der CDs beschädigt wurde. Ich führe das auf die unzureichende Verpackung zurück, in der Sie die Ware verschickt haben. Die Sendung war also nicht einwandfrei. Deshalb geht sie mit gleicher Post an Sie zurück.
Den Betrag von 32,50 €, den ich bereits am 12.12.2002 an Sie bezahlt habe, bitte ich meinem Konto gutzuschreiben:

Tresorbank Straubing
Kto.-Nr. 8418635
BLZ 6501174
Yvonne Schneider

Bedauerlicherweise haben Sie meine Erwartungen hinsichtlich pünktlicher Lieferung und sorgfältiger Handhabung meines Auftrags nicht erfüllt. Deshalb werde ich auf Bestellungen bei Ihrem Versand künftig verzichten.

Mit freundlichen Grüßen
Yvonne Schneider

suche@ausbildungsplatz.job

a Welche Angaben sind im Briefkopf zu finden?

b Folgerung/Ergebnis – Forderung – Sachverhalt: Ordne die Begriffe dem Inhalt des Briefes zu!

c Das Schreiben soll möglichst genaue Angaben enthalten. Diese sollen vor allem auf die Fragen Wer …? Was …? Wann …? Wo …? Wie …? antworten.

Weise nach, dass die Schreiberin des Briefes diese Forderung berücksichtigt hat!

2

Florian Becker   Ingolstadt, 15.10.200…

Maximilianstr. 32
85051 Ingolstadt
Tel. (08 41) 86 21 15
E-Mail: flob@netz.de

Deutsche Profibank
Frankfurter Ring 115–136

80796 München

Bitte um Überlassung einer gebrauchten PC-Anlage

Sehr geehrte Damen und Herren,

ich bin Schüler der Comenius-Schule und arbeite im Team der Schülerzeitung unserer Schule mit.
Aus der Tageszeitung habe ich erfahren, dass die Filiale Ihrer Bank in der Kupferstraße bald in einen Neubau umzieht und dort mit modernster Technik ausgestattete Räume zur Verfügung stehen. Auch war zu lesen, dass die Einrichtung der alten Filiale nicht mehr gebraucht wird und die Filialleitung die überflüssigen technischen Geräte sozialen Einrichtungen zur Verfügung stellen möchte.
Deshalb erlaube ich mir höflich anzufragen, ob Sie unserer Schülerzeitungs-AG wohl eine Computeranlage überlassen würden. Ein PC könnte uns nämlich die Arbeit an der Schülerzeitung erheblich erleichtern.
Alle Mitarbeiter und Mitarbeiterinnen in unserer Gruppe wären Ihnen sehr dankbar, wenn Sie meiner Bitte entsprechen würden. Selbstverständlich würden wir den Transport des Gerätes selbstständig organisieren.
Für Ihre Bemühungen im Voraus herzlichen Dank!

Mit freundlichen Grüßen

Florian Becker

Anfragen, sich beschweren

a Vergleiche den Brief mit dem Schreiben aus Aufgabe 1! Welche Gemeinsamkeiten und Unterschiede bestehen?

∗b Du hast den Auftrag bekommen, für den nächsten Wandertag mit deiner Klasse eine Stadtführung in Regensburg zu organisieren. Schreibe einen Brief an das Fremdenverkehrsamt!

c Du brauchst für ein Referat zum Thema „Öffentlicher Nahverkehr in unserem Ballungsraum/Landkreis" Informationen. Verfasse ein Schreiben an die Zentrale des Verkehrsverbundes/an das Landratsamt, in dem du um die Zusendung von Unterlagen bittest!

∗d Deine Urlaubsreise nach Mallorca wurde zur großen Enttäuschung: Die Unterbringung war eine Zumutung, das Essen ungenießbar, der Fernseher defekt, die Dusche hat nicht funktioniert. Schreibe einen Beschwerdebrief an den Reiseveranstalter. Einzelheiten, mit denen du die Kritikpunkte erläuterst, musst du ergänzen!

3   FEHLER

Thorsten Krüger   20.9.200...
90451 Nürnberg
Eibacher Hauptstraße 14

Kartenbestellservice Quick

Berlin
Friedrichstraße

Sehr geehrte Herren,

seit ich 12 bin, schwärme ich für die Gruppe „Give me more" und ihren Superstar Gina. Ich habe alle CDs der Band von meinen Eltern geschenkt bekommen. Ich habe mir schon lange gewünscht, die Gruppe mal live zu erleben. Heuer im Sommer habe ich dann erfahren, dass die Gruppe endlich auch einmal nach Nürnberg kommt und in der Tafelhalle ein Konzert gibt. Ich habe mich gleich an den Computer gesetzt und online zwei Karten bestellt. Mein Freund wollte nämlich auch mit. Das hat dann auch mit der Bestellung gut geklappt und ich war froh, als Sie mir die Karten zugeschickt haben. Jetzt aber bin ich stinksauer, weil das Konzert überhaupt nicht so abgelaufen ist, wie ich mir das vorgestellt habe. Es war wahnsinnig überfüllt und wir wären fast nicht mehr reingekommen. Haben Sie wohl zu viele Karten verkauft, oder was? Das finde ich schwach von Ihnen. Aber noch viel gemeiner ist, dass der Auftritt meiner Lieblingsgruppe nur eine knappe halbe Stunde gedauert hat und Gina nur drei Titel gesungen hat. Die andere Zeit über haben andere Bands gespielt. Ich finde, das ist eine Schweinerei. Ich will mein Geld zurück.

Thorsten Krüger

suche@ausbildungsplatz.job

a Meinst du, Thorsten hat mit seinem Schreiben Erfolg? Begründe!

b Verbessert den Brief in Partnerarbeit! Fehlende Informationen müsst ihr ergänzen!

∗c Wie ist die Rechtslage? Klärt diese Frage im Fach Wirtschaft und Recht!

Tipps für sachliche Briefe
- Formuliere den Sachverhalt knapp und klar!
- Beschränke dich dabei auf das Wesentliche!
- Beantworte die W-Fragen!
- Bringe dein Anliegen und die daraus zu ziehenden Folgerungen höflich vor!
- Achte auf Vollständigkeit von Anschrift und Absender!
- Formatiere den Brief wie einen Geschäftsbrief!

Überlegen, argumentieren, überzeugen

Wenn du überlegst, in welcher Reihenfolge du deine Hausaufgaben erledigst oder wenn du dir einen Klingelton für dein Handy aussuchst – täglich stehst du vor vielen Entscheidungen. Manche triffst du spontan, bei wichtigen Entscheidungen solltest du das Für und Wider genau abwägen.
Da dir überzeugendes und faires Argumentieren im privaten und beruflichen Leben weiterhilft, beschäftigst du dich in der Schule mit dem Erörtern. Dabei kommt es darauf an, ein Problem von verschiedenen Standpunkten aus – also nicht nur aus deiner Sicht – zu durchdenken. Die Erörterung ist eine Übungsform, bei der du Argumente sammelst und gliederst, Argumentationen aufbaust und verknüpfst.

Überlegen, argumentieren, überzeugen

Mit besseren Argumenten punkten

Wenn du eine Debatte oder Talkshow verfolgst, entsteht leicht der Eindruck, Argumentieren sei eine „lockere Sache". Du darfst dabei aber nicht vergessen, dass die Diskussionsteilnehmer ihre Vorträge oder Beiträge und die darin angeführten Argumente gründlich vorbereitet haben. Dieses Kapitel zeigt dir, welche Arbeitsschritte du einhalten musst.

Die eigene Meinung vertreten

Ob in der Familie, in Schule oder Beruf, überall, wo Menschen zusammen leben und arbeiten, treffen verschiedene Standpunkte aufeinander. Wenn du mit deiner Meinung überzeugen willst, musst du sie im Gespräch verständlich ausdrücken und begründen können, denn nur wer die richtigen Argumente überzeugend vorträgt, hat im Ziel die Nase vorn.

1 Uschi will in einem Imbiss-Restaurant arbeiten

Ab Monatsmitte knapp mit Euros:
Dreimal pro Woche von 15:00 bis 19:30 Uhr im

Kochlöffel
und die Not hat ein Ende!

Unsere Imbisskette richtet sich in erster Linie an den Hunger junger Leute. Du hast es sowohl in unserem Team als auch bei den Gästen mit deiner Altersgruppe zu tun. Kontakt: Heidi Huber, Tel. 1 23 45 67

USCHI:	Ihr habt hoffentlich nichts dagegen, wenn Gitti und ich uns auf die Annonce im Stadtanzeiger melden.
HERR MÜLLER:	Du hast doch nun wirklich mit der Schule genug am Hals …
USCHI:	Moment, Papa, Gitti hat dort schon angerufen – es wäre auch möglich, dass wir nur an zwei Nachmittagen arbeiten.
MAX:	Ich lach' mich tot – ihr Schnecken im Kochlöffel – da verhungern die Leute ja!
FRAU MÜLLER:	Also, das kommt ja überhaupt nicht in Frage. Es ist doch sonnenklar, dass du dann die Hausaufgaben und das Lernen vernachlässigst.

Diskutieren, argumentieren

	USCHI:	Ihr müsstet doch froh sein, wenn ich euch finanziell entlaste. Wenn ich nach dem Abschluss auf die FOS gehe, dann liege ich euch noch zwei Jahre auf der Tasche.
	MAX:	Was – noch zwei Jahre! Und wann krieg ich 'nen schnelleren PC – im Internet bin ich auf der Standspur …
15	HERR MÜLLER:	Uschi hat nicht Unrecht: Den richtigen Umgang mit Geld lernt man eigentlich erst, wenn man selbst erlebt hat, wie schwer es zu verdienen ist.
	FRAU MÜLLER:	Das sehe ich anders. Hat Uschi erst einmal mehr Geld zur Verfügung, will sie es auch ausgeben. Je mehr man hat, desto größer ist die Gefahr, dass man es verschwendet. Außerdem entstehen dann immer neue und größere Wünsche.
20	USCHI:	Darf ich vielleicht auch mal wieder etwas sagen? Wenn ich zwei Monate im Kochlöffel arbeite, kann ich die Abschlussfahrt selbst bezahlen.
25	HERR MÜLLER:	Die bekommst du doch von Oma. Was mir nicht gefällt, ist, dass du so auf dem Präsentierteller an der Theke stehst. Da wirst du doch von den Jungs ständig blöd angemacht.
30	USCHI:	Aber ich mach' das doch mit Gitti zusammen! Wenn wir zu zweit sind, macht uns keiner blöd an.
	FRAU MÜLLER:	Dauernd jammerst du über den Schulstress. Und wann willst du dich erholen? Nach dem Imbiss bist du doch platt …
	MAX:	Und dann stinkt sie wie eine Frittenbude …
35	HERR MÜLLER:	Also, ich glaub', das können wir heute nicht mehr entscheiden. Schlafen wir erst einmal darüber. Und du rufst morgen mal an und fragst, ob man auch nur einen Nachmittag arbeiten kann.
	MAX:	Dann will ich aber auch im Kochlöffel arbeiten!

a Was hältst du von Uschis Idee? Begründe deine Meinung!

b Wie sehen Uschis Eltern den Wunsch der Tochter?

c Welche Argumente werden für und welche gegen einen Freizeitjob angeführt?

d Welche weiteren Argumente findet ihr?

∗e Ordne die Argumente:

Für einen Freizeitjob	Gegen einen Freizeitjob
…	…

∗f Spielt die Szene, ohne den Text abzulesen!

∗g Klärt in Wirtschaft und Recht, welche gesetzlichen Bestimmungen gelten!

Überlegen, argumentieren, überzeugen

2 Verhaltensweisen im Gespräch

> behaupten – Behauptungen einfach wiederholen – Beispiele bringen – nachfragen – nachgeben – Vorwürfe und Gegenvorwürfe erheben – bestreiten – beleidigen – ausweichen – provozieren – begründen – Vorschläge machen

a Welche Verhaltensweisen werden beim Gespräch in Aufgabe 1 angewandt? Welche fördern die Diskussion, welche stören sie?

b Spielt das Gespräch zwischen Uschi und ihren Eltern mit veränderten Verhaltensweisen! Beispiel: Uschi begründet ihre Behauptungen, Max hilft seiner Schwester ...
Lost jedem Gesprächsteilnehmer eine oder zwei Verhaltensweisen zu!

*3 PKW-Führerschein mit 16 – ja oder nein?

Notiert in Gruppenarbeit Argumente, die für bzw. gegen den PKW-Führerschein mit 16 sprechen! Jede Gruppe kann wählen, in welcher Form sie ihre Ergebnisse vorträgt (Streitgespräch wie bei 1; Diskussion mit Diskussionsleiter; Vortrag ...).

*4 Was hältst du davon?

(1) Ab 16 sollte man ohne Eltern in den Urlaub fahren.
(2) Mit 15 sollte man eine feste Freundin/einen festen Freund haben.
(3) Jeder Jugendliche braucht ein Handy.
(4) Hausaufgaben sind unnötig.
(5) Schuluniformen sind die richtige Kleidung für Schüler.
(6) Schülerinnen und Schüler haben ausreichend Möglichkeiten, das Schulleben mitzugestalten.
(7) Mitglied in einem Verein zu sein hat viele Vorteile.
(8) Aus Gründen des Umweltschutzes sollten Schulklassen nicht ins Skilager fahren.
(9) In der Schülerzeitung mitzuarbeiten bringt nur Ärger.
(10) Die Diskothek ist der ideale Ort, um einen Freund/eine Freundin zu finden.

Wähle Aussagen aus, nimm Stellung und begründe deine Meinung!

Tipps zur Vorbereitung einer Diskussion

- Schreibt in Partnerarbeit Argumente auf Karten!
- Pinnt die vorgetragenen Argumente an eine Stellwand!
- Verwendet die Karten nach der Diskussion weiter: ordnen, gewichten, Überschneidungen feststellen usw. !

Argumentation

Eine Argumentation aufbauen

„Der drischt doch nur Phrasen!" „Die schwätzt nur Unsinn." – Ein solcher Eindruck entsteht schnell, wenn jemand beim Sprechen oder Schreiben bloße Behauptungen aufstellt, die er/sie nicht beweisen oder erklären kann.
Wenn du deine stichpunktartig gesammelten Argumente zu Argumentationen ausformulieren willst, musst du die aufgestellten Behauptungen durch Erklärungen verdeutlichen. Dies kannst du in den folgenden Aufgaben üben.

 Argumentation

| argumentieren | = | behaupten + erläutern |

Musterbeispiele aus den Aufsätzen der Klasse 9b zum Thema „Welche Vorteile hat das Internet, welche Probleme können sich für den User ergeben?"

Argumente (Behauptungen)	**Erläuterungen**
(1) Das Internet bietet schnelle und umfassende Information.	(a) Unter den verschiedensten Adressen können beispielsweise Spiele und die neuesten *cheats* heruntergeladen werden, auch Demo-Versionen der Neuerscheinungen sind erhältlich. Man kann im Internet auch wie in einer Tageszeitung oder Illustrierten blättern und sich über das aktuelle Geschehen informieren oder sich Seiten ansehen, die einen aufgrund ihrer Aufmachung interessieren. Es ist aber weniger die passive Unterhaltung, die das Internet so interessant macht; vielmehr suchen Nutzer häufig den Kontakt zu anderen Menschen. Viele empfinden es als sehr angenehm, sich nicht wie im „normalen" Gespräch direkt gegenüberzustehen, sondern sich zunächst anonym in den Chatrooms mit anderen Leuten unterhalten zu können. Kommt beim Austausch über Interessen, Hobbys oder aktuelle Themen Sympathie auf, kann man vorschlagen, sich auch im realen Leben zu treffen. Viele Freundschaften und sogar Ehen und Partnerschaften sind über das Internet entstanden.

Überlegen, argumentieren, überzeugen

Argumente (Behauptungen)	Erläuterungen
(2) Das Internet ermöglicht eine bequeme Abwicklung von Geschäften und Dienstleistungen.	(b) Erfolgt die Nutzung nicht zielgerichtet, entstehen lange Nutzungszeiten, die am Monatsende in einer „deftigen" Rechnung zu Buche schlagen. So kann das stundenlange Surfen schnell zu einem teuren Hobby werden. Noch weitaus problematischer ist die Gefahr der Viren, die im Netz weit verbreitet sind. Sie können beim *Download* in die Systemdateien gelangen und diese und andere Programme und Dateien zerstören. Das Hinzuziehen eines Computerfachmanns ist dann immer eine kostspielige Angelegenheit und letztlich ist nicht gewährleistet, dass alles wiederhergestellt werden kann. So kommt zur hohen Rechnung auch noch der Ärger über verlorene Programme oder Dokumente hinzu.
(3) Durch den Anschluss ans Internet können dem Nutzer hohe Kosten entstehen.	(c) Durch das Netz sind täglich aktuelle Informationen aus der ganzen Welt verfügbar, wodurch der Nutzer immer auf dem neuesten Stand ist. Mit der Hilfe von Stichwortverzeichnissen kann er sich weltweit Informationen zu sämtlichen Themen verschaffen. Die Wetterberichte aus allen möglichen Regionen der Erde sind ebenso abrufbar wie die neuesten Nachrichten aus Wirtschaft und Politik. Am Schwarzen Brett der Newsgroups kann man über Lösungen bestimmter fachspezifischer Probleme diskutieren. Die Homepages der Firmen, Organisationen, Verbände oder öffentlicher Einrichtungen ermöglichen detaillierte Einblicke in die Aufgabenbereiche und den organisatorischen Aufbau.
(4) Aufgrund rechtlicher Unsicherheiten können Probleme für den Nutzer entstehen.	d) Was in Bezug auf die Fülle der Information ein entscheidender Vorteil des Internets ist, bedeutet im Hinblick auf die Rechtssicherheit einen klaren Nachteil. Trotz entsprechender Reglementierungsversuche ist das Internet nach wie vor ein rechtsfreier Raum, da alle Nationen am *World Wide Web* beteiligt sind. Vereinbarungen, die online getroffen wurden, können allein schon deshalb schwer eingefordert werden, weil kein entsprechender schriftlicher Nachweis der Vereinbarung vorliegt. Auch besteht keinerlei Kontrollmöglichkeit bezüglich der Inhalte der Internetauftritte: Jeder kann auf seiner Homepage zunächst einmal veröffentlichen, was er will. Dies kann weder auf inhaltliche Richtigkeit noch auf politische Neutralität hin überprüft werden. Einige Anbieter bleiben bewusst anonym und können daher für ihre Veröffentlichungen nicht zur Rechenschaft gezogen werden.

Argumentation

Argumente (Behauptungen)	Erläuterungen
(5) Langeweile und Einsamkeit können mit dem Internet wirksam bekämpft werden.	(e) Nehmen Eltern und Lehrkräfte ihre Kontrollfunktion nicht bewusst wahr, kann durch übertriebene und/oder unkontrollierte Internetnutzung das Freizeitverhalten oder gar die Psyche der Kinder und Jugendlichen negativ beeinflusst werden. Surfen Kinder und Jugendliche ohne Zeitbeschränkung, reißt der Kontakt zu den Gleichaltrigen ab. Auch die Bewegung an der frischen Luft oder die sportlichen Aktivitäten bleiben auf der Strecke. Nicht selten entstehen in solchen Fällen auch Probleme in der Schule. Auch können Kinder beim Surfen auf für Erwachsene bestimmte Inhalte stoßen. Dagegen gibt es zwar wirkungsvolle Sperren, aber auf den wenigsten Rechnern sind diese installiert. Die Begegnung mit pornografischen oder gewaltverherrlichenden Texten, Bildern oder Videoszenen belastet die Psyche junger Menschen stark, es kann in Einzelfällen sogar zu seelischen Störungen kommen. Im Frühjahr 2002 sorgten die Aussagen eines jugendlichen Gewaltverbrechers für Aufsehen, der bei der polizeilichen Vernehmung angab, durch Video und Internet Anregungen für den Mord an einer Elfjährigen erhalten zu haben.
(6) Die unkontrollierte Nutzung des Internets stellt eine Gefahr für Kinder und Jugendliche dar.	(f) Die rasche und direkte Übermittlung von Nachrichten in die ganze Welt per E-Mail ist ein wesentlicher Vorteil. Durch das Internet hat man aber auch direkten Kontakt zu Banken, wodurch man bequem von zu Hause aus seine Bankgeschäfte erledigen kann. Der zeitaufwändige persönliche Besuch in der Bank entfällt durch das Homebanking. Das Netz bietet auch Zugang zum Warenangebot vieler Firmen. Will der Kunde bestellen, so muss er lediglich einen Bestellschein online ausfüllen und seinen Auftrag per Mausklick erteilen. Unternehmer können komplette Dateien sicher und schnell an ihre Geschäftspartner übermitteln.

a Welche Erläuterung gehört zu welcher Behauptung?

b Wie werden die einzelnen Argumente erläutert? Überlegt in Gruppenarbeit, aus welchen Bereichen die Erläuterungen stammen und in welche Kategorien sie eingeteilt werden können!

c Findet weitere Argumente zu diesem Thema! Baut diese Argumente durch passende Erläuterungen zu Argumentationen aus!

d Überlegt euch gemeinsam eine wirkungsvolle Reihenfolge der Argumentationen und ordnet sie den „Vorteilen" bzw. „Problemen" zu!

∗e Übertrage die Argumentationen aus Aufgabe a sowie die Ergänzungen aus e als Musteraufsatz in dein Deutschheft!

Überlegen, argumentieren, überzeugen

Ein Anliegen schriftlich vorbringen

1 In einem Brief argumentieren

Brief der Klassensprecherversammlung an die Schulleiterin

Weilheim, 20.4.200…

Liebe Frau Huber,

in der Klassensprecherversammlung am 17.04. wurde ein Antrag der Klasse 9d zur Einrichtung eines Internetcafés an unserer Realschule behandelt und es wurde einstimmig beschlossen, Sie zu bitten, uns dabei zu unterstützen.
In der Diskussion wurde eine ganze Reihe von Argumenten genannt, die für die
5 Einrichtung eines Internetcafés sprechen.
Zum einen könnten damit jene Schüler und Schülerinnen, die zu Hause keinen Internetanschluss haben, selbst im Netz recherchieren. Dies betrifft beispielsweise die Hausaufgaben. Immer mehr Lehrer unserer Schule fordern die Schüler auf, bis zur nächsten Stunde bestimmte Informationen aus dem Internet zu be-
10 sorgen. Natürlich sagen sie immer dazu, dass solche Hausaufgaben nicht verpflichtend, sondern nur als Anregung gedacht seien. Für diejenigen unter uns, die zu Hause keinen Zugang zum Internet haben, ist das aber immer sehr frustrierend, weil sie sich als Außenseiter fühlen müssen.
Aber auch im Hinblick auf Projekte, die sich an unserer Schule ja großer Beliebt-
15 heit erfreuen, ist ein Internetzugang unbedingt notwendig. Wenn wir uns selbstständig Material beschaffen sollen, müssen wir auch die Gelegenheit dazu bekommen. Nicht alles, was man an aktuellen Daten braucht, kann man sich aus der Bibliothek besorgen. Ein Internetzugang in der Schule würde es uns möglich machen, auch gemeinsam in der Gruppe im Internet zu suchen und auch gleich
20 darüber zu diskutieren, welche Informationen brauchbar sind und welche nicht. Beim jetzigen Zustand müssen alle Seiten zu Hause ausgedruckt werden, damit man darüber sprechen kann. Das ist Papierverschwendung und kostet viel Zeit.
Mit einem Internetcafé könnte man vielleicht auch diejenigen für das Internet begeistern, die bisher etwas abseits stehen und davon nichts wissen wollen. In der
25 lockeren Atmosphäre eines Internetcafés, wo niemand gezwungen ist, tatsächlich den Computer zu benutzen, würden auch sie sich wohlfühlen. Indem sie den anderen „Surfern" über die Schulter schauen, fänden sie dann vielleicht Gefallen an diesem Medium und würden erkennen, welche Möglichkeiten hier geboten sind.
30 Überhaupt würde ein solches Internetcafé ganz wesentlich zu einem guten Schulklima beitragen. Viele Schülerinnen und Schüler, die heute noch nachmittags einen großen Bogen um die Schule machen, würden freiwillig und motiviert in der Schule bleiben oder dorthin zurückkehren. So könnte die Verbundenheit mit der Schule gestärkt werden und auch das Interesse am Unterricht ganz allge-
35 mein würde steigen. Darüber hinaus würde sich unsere Realschule mit einer solchen Einrichtung auch in der Öffentlichkeit sehr gut präsentieren können.
Einige Mitglieder der Klassensprecherversammlung haben sich spontan bereit erklärt, auch bei der Bewirtung in einem solchen Internetcafé mitzuwirken. Wir sind auch überzeugt, dass Lehrkräfte bereit wären, die Aufsicht zu übernehmen.
40 An den Elternbeirat werden wir uns erst wenden, wenn Sie entschieden haben, ob Sie unser Anliegen unterstützen wollen.

Mit freundlichen Grüßen

Andreas Meier, 1. Schülersprecher

Im Brief argumentieren

a Gibt es noch weitere Gründe, die für die Einrichtung eines Internetcafés an der Schule sprechen?

b Welche Bedenken/Gegenargumente könnte die Schulleiterin vorbringen?

c Untersucht die Argumentationen im Brief: Wie sind sie aufgebaut? Überzeugen sie euch?

▶ S. 29 ff., Sachliche Schreiben (Geschäftsbrief)

2 Sich in einem Brief beschweren

Stellt euch vor, das Internetcafé an eurer Schule soll geschlossen werden, da kein Lehrer mehr für die Aufsicht zur Verfügung steht. Entwerft einen Brief an die Schulleitung und an den Elternbeirat, in dem ihr für die Beibehaltung des Cafés eintretet. Nennt auch Vorschläge, auf welche Weise das Café weiterbetrieben werden kann.

▶ S. 29 ff., Sachliche Schreiben (Geschäftsbrief)

★3 Einen Aufruf gegen Fremdenhass schreiben

Auf dem Schulball wurden einige ausländische Mitschüler grundlos „angemacht". Es kam zu einem hässlichen Wortwechsel mit Schlägerei. Mehrere Schüler/-innen haben daraufhin den Schulball aus Protest verlassen.
Schreibt einen Aushang (eine DIN-A4-Seite), in dem sich die SMV von dem Vorfall distanziert und an das Zusammengehörigkeitsgefühl von deutschen und ausländischen Jugendlichen appelliert!

▶ S. 208, Konjunktiv

Tipps fürs Argumentieren

- Formuliere beim Sammeln und Zusammenstellen von Argumenten in einem Arbeitsplan oder einer Gliederung einheitlich: entweder in ganzen Sätzen (Verbalstil) oder in Stichworten (Nominalstil)!
- Ordne die Argumente so, dass sie logisch aufeinanderfolgen!
- Stelle bei der Argumentation eine Behauptung auf! Erläutere durch Begründungen, Beispiele, Zahlenmaterial usw.!
- Verknüpfe die einzelnen Argumentationen inhaltlich miteinander!

Überlegen, argumentieren, überzeugen

Erörterungen gestalten

Ein Haus wird nicht ohne Bauplan gebaut. Ähnlich verhält es sich bei deinen Erörterungen: Verschiedene Arbeitsschritte, die du in einer bestimmten Reihenfolge einhalten solltest, helfen dir über Schwierigkeiten hinweg.

Rote Karte für die Themaverfehlung

1 Themabegriff und Einschränkungen erkennen

Bevor Gitta mit ihrer Erörterung beginnt, hat sie einige Schlüsselbegriffe gekennzeichnet:

Übertriebener Fernsehkonsum von Kindern und Jugendlichen ist mit Gefahren verbunden!

Einschränkung des Themabegriffs:
Es geht nur um Fernsehkonsum, der weit über dem Normalmaß liegt.

Themabegriff:
Der grobe Rahmen des Themas wird festgelegt.

Einschränkung des Themabegriffs:
Es geht nicht um Fernsehkonsum allgemein, sondern um den von Kindern und Jugendlichen.

Einschränkung des Themas:
Nicht die Vorteile des Mediums Fernsehen, sondern die Gefahren des übertriebenen Fernsehkonsums von Kindern und Jugendlichen sind zu erörtern.

a Formuliere mit eigenen Worten, worüber Gitta schreiben soll und worüber nicht!

b Sammelt möglichst viele Argumente zum Thema!

Tipp: Dabei können euch eine Mindmap, ein Cluster oder Moderationskarten helfen!

▶ S. 16, Cluster; S. 170, Moderationskarten; S. 171, Mindmap

Ein Thema erschließen

„Neulich habe ich in der Zeitung gelesen, dass 14-Jährige mehr Zeit vor dem Fernseher verbringen als in der Schule."
„Ach ja, gestern Nacht kam auf Kanal 30 um 23.10 Uhr eine Sendung darüber. Ich habe aber kurz vorher abgeschaltet. War schon müde!"

2
(1) Warum ist Zivilcourage junger Menschen in der heutigen Zeit so wichtig?
(2) Welche Vorteile hat ein Jugendlicher, der ein Handy besitzt?
(3) Was spricht dafür, was dagegen, dass Jugendliche einen Freizeitjob annehmen?
(4) Wie kann der Sportunterricht an der Realschule noch interessanter gestaltet werden?
(5) Warum ist das Passivrauchen für Kinder und Jugendliche besonders gefährlich?
(6) Welche Vorteile hat die Mitgliedschaft in einem Sportverein?
(7) Welche ökologischen Probleme ergeben sich in Wintersportgebieten?
(8) Welche Möglichkeiten bieten sich einem Realschüler, das Schulleben aktiv mitzugestalten?
(9) Welche Vorteile und welche Nachteile ergeben sich, wenn Jugendliche mit ihren Eltern in den Urlaub fahren?

a Erschließt in Partnerarbeit die Themen wie in Aufgabe 1 a dargestellt und tragt eure Überlegungen der Klasse vor!

b Verändert die Themen durch Einschränkungen, Erweiterungen oder Verallgemeinerungen!

- Vor- und Nachteile der Haustierhaltung
- Schülerskikurse haben auch ihre Schattenseiten
- Der Videorekorder – Fluch oder Segen?
- Das Wandern ist des Schülers Lust – sind Wandertage noch zeitgemäß?
- Für Wandertage gibt es gute Gründe!
- Warum ist der Konsum von Gewaltvideos gefährlich?
- Welche ökologischen Probleme werden durch Schulskikurse verursacht?
- Haustierhaltung in der Wohnung ist problematisch
- Was spricht dagegen, sich ein Haustier zu halten?
- Inwieweit kann bei Schülern durch Wandertage das Verantwortungsbewusstsein für Natur und Umwelt gestärkt werden?
- Welche Gefahren drohen Kindern, die häufig Gewaltvideos sehen?
- Was spricht für Schulskikurse?

a Fasse jeweils drei inhaltlich zusammengehörige Themen zusammen und ordne sie nach dem Grad der Einschränkung!

b Formuliere die Themen, die nicht als Fragesätze gestellt sind, zu Fragen um!

Tipps zum Erschließen des Themas

- Lies dir das Thema mehrmals in Ruhe durch!
- Kläre unbekannte Wörter oder Wendungen!
- Suche den Themabegriff!
- Markiere den Themabegriff und weitere Schlüsselbegriffe, die den Themabegriff oder das Thema einschränken! Erschließe diese Begriffe, indem du sie definierst oder umschreibst! Ein Cluster kann dir dabei und bei der Abgrenzung zu anderen Begriffen helfen.
- Formuliere Themen, die nicht als Fragen gestellt sind, in eine oder zwei (bei zweigliedrigen Themen) Frage(n) um!
- Überlege, was zum Thema gehört! Führe dabei auch die „Probe" durch und mache dir klar, worüber du nicht zu schreiben brauchst!

Material sammeln

Material und Argumente sammeln und ordnen

Du kennst die Situation, wenn es dir nicht gelingen will, mit dem Aufsatzschreiben zu beginnen: grübeln, kritzeln, Eltern fragen … Wenn du aber systematisch nach festen Arbeitsschritten vorgehst, ist es nicht mehr schwer, passende Argumente zu deiner Erörterung zu finden und sie in eine sinnvolle Reihenfolge zu bringen.

1

a Welche dir bekannten Hilfen kannst du beim Argumentieren nutzen?

b In welchen Unterrichtsfächern werden Themenbereiche von Erörterungen angesprochen?

c „Ausländische Mitbürger in der Bundesrepublik Deutschland"
„Schullaufbahnen in Bayern"
„Gewässerschutz in deiner Heimatregion"
„Umweltschutz in deiner Stadt/Gemeinde"
Wo und wie kannst du dir Material zu diesen Themenbereichen besorgen?

∗d Sammle zu einem Themenbereich deiner Wahl 14 Tage lang Berichte und Informationen! Ordne das Material und trage deine Erkenntnisse in einem Kurzreferat vor!

e Wo würdest du ein treffendes Zitat suchen?

Überlegen, argumentieren, überzeugen

> **Anregungen für eine Materialsammlung**
>
> Am Ende der 10. Klasse wirst du die Abschlussprüfung auch im Fach Deutsch ablegen. Wenn du von jetzt an Stoff und Material sammelst, kann dich kein Erörterungsthema in Verlegenheit bringen. Wissenswerte Fakten erfährst du auch in anderen Fächern. In Sachbüchern und Nachschlagewerken sowie in Broschüren von Organisationen oder Behörden kannst du dich gezielt informieren. Ein besonders wichtiger „Stofflieferant" ist die Tageszeitung, die du am besten mit der Schere in der Hand liest.
>
> Du kannst deine Materialsammlung nach folgenden Themenkreisen ordnen: *Arbeitswelt*, Entwicklungsländer, Familie, *Rolle der Frau*, Freizeit, *Gesellschaft*, Gesundheit, Jugend, *Kultur, Lebensraum (Stadt, Land, Heimat), Medien*, Mitmensch, *Politik*, Randgruppen, Schule, Sport, Technik, Tier, Tourismus, *Umwelt*, Verkehr, Völkerverständigung/Europa, Wirtschaft
>
> Die kursiv gesetzten Bereiche waren seit der ersten zentralen Abschlussprüfung 1952 am häufigsten mit entsprechenden Themen vertreten.

2 Ordnen

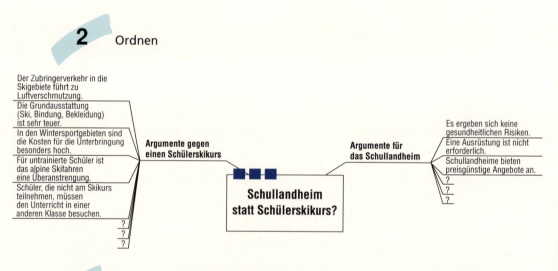

a Ergänzt die Mindmap!

b Mit dem Computer und einem Mindmap-Programm könnt ihr die Argumente sehr bequem ordnen: inhaltlich gleiche zusammenfassen, ähnliche unter Oberpunkten anordnen und eine sinnvolle Reihenfolge festlegen. Es geht aber auch mit traditionellen Farbstiften.

Argumentationen verknüpfen

Argumentationen verknüpfen

Eine Erörterung besteht aus einzelnen Argumentationen, doch sollte sie beim Lesen als einheitlicher Text wirken. Du musst also lernen, die Argumentationen zu verknüpfen. Dazu dienen vorwiegend Wortgruppen oder Wörter, die eine Überleitung von einer Argumentation zur nächsten schaffen.

1 Martina hat einen Aufsatz zum Thema „Warum haben viele Jugendliche ein Handy?" geschrieben:

Jugendliche wollen stets erreichbar sein, um nichts Wichtiges zu versäumen. Dazu ist ein Handy ideal. Von ganz wenigen Punkten abgesehen kann man fast überall in der zivili-
5 sierten Welt angerufen werden. Dabei spielt es keine Rolle mehr, ob man sich gerade zu Hause, in der freien Natur oder etwa im Freibad befindet. Auch der Anrufer muss nicht darüber nachdenken, wo und wann
10 man erreichbar sein könnte.
Darüber hinaus zeigt das Handy auch an, wer angerufen hat. Wenn man es also vorübergehend ausgeschaltet hat, zum Beispiel während des Unterrichts, kann man anschließend
15 feststellen, wer etwas von einem wollte, und kann dementsprechend zurückrufen. Einem ähnlichen Zweck dienen auch SMS. Der Absender kann damit auch bei ausgeschaltetem Handy eine kurze Nachricht hinterlassen, die
20 man bei passender Gelegenheit beantwortet. Solche Mitteilungen kann man auch zu den unmöglichsten Zeiten abschicken, zum Beispiel mitten in der Nacht, ohne den Angerufenen damit aufzuwecken.
25 Die ständige Erreichbarkeit durch ein Handy wissen auch die Eltern zu schätzen. Für sie ist es meist eine große Beruhigung, wenn sie sich jederzeit nach dem Wohlergehen ihrer Tochter oder ihres Sohnes erkundigen kön-
30 nen. Wenn man als Jugendlicher abends weg ist und vielleicht nicht ganz rechtzeitig nach Hause kommt, genügt den Eltern ein Anruf auf dem Handy, um ihre Sorgen zu zerstreuen. Für viele Eltern ist das auch der Grund,
35 warum sie schon den Kleinsten ein eigenes Handy mitgeben.
Ein Handy ist daneben auch deshalb recht praktisch, weil man sich damit jederzeit verabreden kann. Man ist unabhängig von
40 öffentlichen Telefonzellen und auch vom häuslichen Telefonapparat. Als mein Vater mich beispielsweise vor Kurzem von einem Konzert in der Olympiahalle in München abholen wollte, hatte er keine Chance, mich
45 in den Menschenmassen, die gleichzeitig herausströmten, zu finden. Mithilfe des Handys konnten wir uns dann aber gut absprechen und haben uns schnell gefunden.
Der wichtigste Vorteil eines Handys liegt je-
50 doch darin, dass man gerade in Notfällen jederzeit Hilfe herbeirufen kann. Ein solcher Notfall kann relativ harmlos sein, wie etwa, dass man mit dem Fahrrad einen Platten fährt und nicht mehr weiterkommt. Ein an-
55 deres Beispiel, das mir auch schon passiert ist, wäre die Unzuverlässigkeit der Bahn. Schon wiederholt musste ich vom Neustädter Bahnhof aus meine Eltern anrufen, damit sie

mich dort abholen, weil der Zug wieder mal
60 so viel Verspätung hatte, dass mir der Bus vor der Nase weggefahren ist. Daneben gibt es aber auch Situationen, die ganz und gar nicht harmlos sind und in denen ein Handy lebensrettend sein kann. Dazu zählen zum
65 Beispiel Verkehrsunfälle: Früher mussten die Leute, wenn sie zu einem Unfall kamen, manchmal erst viele Kilometer in die nächste Ortschaft fahren und dort eine Telefonzelle suchen, um Polizei und Rettungskräfte zu
70 informieren. Für die Verletzten bedeutete das, dass sie viele Minuten lang unversorgt blieben, manche sind in dieser Zeit sogar verstorben. Heute gibt es kaum noch einen Unfall, bei dem nicht wenigstens einer der
80 Beteiligten oder ein Passant mit einem Handy ausgerüstet ist und sofort die Polizei anrufen kann. Damit werden oft entscheidende Minuten gespart.

Gerade Jugendliche, die häufiger als andere
85 nachts unterwegs sind, wissen das Handy im Notfall zu schätzen. Das müssen nicht nur Unfälle sein, sondern man kann auch bedroht werden. Nachts allein in der S-Bahn oder in einer kaum beleuchteten Vorort-
90 straße kann es ganz schön unheimlich sein. Manche ängstlichere Naturen gehen dann dazu über, sich bereits während der Fahrt beziehungsweise während des Heimwegs mit Eltern oder Freunden per Handy zu unter-
95 halten und ihnen laufend zu berichten, wo sie sich gerade befinden. Viele Täter schreckt allein dies schon ab. Sollte sich die Situation trotzdem zuspitzen, kann man mit der Notruftaste am Handy immer noch – hoffentlich
100 rechtzeitig – Hilfe herbeirufen.

a Findet in Partnerarbeit die einzelnen Argumentationen heraus! Welche Behauptungen und Begründungen/Erläuterungen verwendet Martina?

b Wie sind die Argumentationen miteinander verknüpft?

Tipps zum Verknüpfen von Argumentationen

- Verknüpfe die Einzelargumentationen nach Möglichkeit inhaltlich miteinander!
- Du kannst dabei auch folgende Wörter und Wendungen benutzen: *darüber hinaus, auch, aber auch, sowohl ... als auch, nicht nur ..., sondern auch, ebenso, außerdem, gleichzeitig, ferner, hinzu kommt, nicht unterschätzt werden darf, zu berücksichtigen ist.*
- Vermeide floskelhafte Überleitungen („Ein weiterer Punkt wäre ..."; „Als Nächstes möchte ich ...") und achte auf Abwechslung!

Gliedern

1 Die Gliederung, dein Arbeitsplan

> Die Gliederung hilft dir in mehrfacher Hinsicht beim Erstellen des Aufsatzes. Beim Gliedern kannst du übersichtlich und schnell deine Argumente ordnen, das heißt, inhaltlich ähnliche zusammenfassen, zusammengehörige unter gemeinsamen Oberbegriffen anordnen und eine sinnvolle Reihenfolge festlegen. Die Gliederung ist aber auch ein Arbeitsplan, an dem du dich beim Ausformulieren des Textes orientierst und überprüfen kannst, ob du nichts vergessen hast. Dem Leser/der Leserin deines Textes dient sie zur schnellen Orientierung.

Eine ausführliche Mustergliederung zum Thema:
Was spricht dafür, statt eines Schülerskikurses einen Schullandheimaufenthalt durchzuführen?

A. (Einleitung) Diese Frage wurde in der vergangenen Woche im Schulforum kontrovers diskutiert

B. (Hauptteil)
 I. Was spricht gegen einen Schülerskikurs?
  1. Schulorganisatorische Probleme
   a) Die Skikursteilnehmer versäumen eine Woche Unterricht
   b) Lehrkräfte, die am Skikurs teilnehmen, müssen vertreten werden
   c) Schüler/-innen, die nicht am Skikurs teilnehmen, müssen den Unterricht in einer anderen Klasse besuchen
  2. Finanzieller Aufwand
   a) In den Wintersportgebieten ist die Unterbringung sehr teuer
   b) Die Grundausstattung ist sehr teuer
   c) Allein die Liftkosten für eine Woche betragen meist über 50 €
  3. Gesundheitliches Risiko
   a) Die körperliche Beanspruchung ist beim Skifahren sehr einseitig
   b) Für untrainierte Schüler ist das alpine Skifahren eine Überanstrengung
   c) Die Erkältungsgefahr ist beim Skikursbetrieb besonders hoch
  4. Ökologische Nachteile
   a) Der Zubringerverkehr in die Skigebiete führt zu Luftverschmutzung
   b) Rücksichtslose Skifahrer stören die Wildbestände
   c) Der Bau von Pisten und Liftanlagen zerstört das Landschaftsbild
   d) Die Grasnarbe wird zerstört, wenn Skifahrer die markierte Piste verlassen oder bei geringer Schneedecke fahren
  5. Soziale Aspekte
   a) Ein Schüler, der nicht teilnehmen kann oder will, gerät in eine Außenseiterrolle
   b) Unsportliche Schüler werden oft ausgelacht
   c) Die Klassengemeinschaft teilt sich im Vorfeld des Skikurses in Gegner und Befürworter

Überlegen, argumentieren, überzeugen

II. Was spricht für einen Schullandheimaufenthalt?
  1. Schulorganisatorische Fragen
    a) Im Schullandheim ergänzen sich Unterricht und praktische Erfahrung
    b) Die Lehrkräfte benötigen keine Ausbildung als Skilehrer/-in
  2. Finanzieller Aufwand
    a) Eine Ausrüstung ist nicht erforderlich
    b) Schullandheime und Jugendherbergen sind preisgünstig
  3. Gesundheitlicher Aspekt
    a) Sportliche Aktivitäten stärken Ausdauer und Gesundheit
    b) Es ergeben sich weniger gesundheitliche Risiken
  4. Ökologische Gesichtspunkte
    a) Die Schülergruppen verteilen sich auf verschiedene Regionen
    b) Die meisten Schullandheime können mit öffentlichen Verkehrsmitteln erreicht werden
    c) Beim Schullandheimaufenthalt erleben die Schüler/-innen praktischen Natur- und Umweltschutz

C. (Schluss) Für mich überwiegen die Vorteile eines Schullandheimaufenthalts

a Entwerft nach dieser ausführlichen Mustergliederung mit dem Thema und den Argumenten in Aufgabe 1, S. 37 ff., eine Gliederung (Partnerarbeit)! Fehlende Teile der Gliederung müsst ihr ergänzen. Vergleicht mehrere Ergebnisse!

b Formuliert die Gliederungspunkte des Hauptteils im Nominalstil (siehe S. 12, Aufgabe 5)! Besprecht Vor- und Nachteile beider Varianten!

c Erstellt zu Martinas Aufsatz, S. 47 ff., die Gliederung!

2 Aus den amtlichen Rechtschreibregeln:

Nach freistehenden Zeilen setzt man keinen Punkt. Dies betrifft unter anderem Überschriften und Werktitel […].

a Gliederungspunkte sind Überschriften. Was bedeutet das in Gliederungen für die Zeichensetzung und Groß- und Kleinschreibung der Anfangswörter eines Gliederungspunktes?

*b Ein anderes Gliederungsschema

  A Einleitung:
  B Hauptteil:
    1
    1.1
    1.1.1
    .....

– Wie geht dieses Schema weiter?
– Besprecht mit eurer Lehrkraft, welches Schema ihr verwenden dürft!

▶ S. 127, Arbeitsplan/Gliederung beim Textgebundenen Aufsatz

Einen Aufsatz beginnen und abschließen

Man fällt nicht mit der Tür ins Haus – dies gilt auch für die Erörterung! Der Leser/die Leserin soll in der Einleitung auf deine Argumentationen eingestimmt werden. Nach dem Hauptteil kannst du auch nicht einfach aufhören: Der Schluss soll deine Erörterung abrunden.

1 In ein Thema einführen

Warum haben viele Jugendliche ein Handy?

(1) Das Telefon als solches wurde zwar schon im 19. Jahrhundert erfunden, doch noch um die Mitte des 20. Jahrhunderts hatten nur ganz wenige Familien einen eigenen Anschluss. Mobile Telefone, bei uns Handys genannt, gibt es erst seit den 80er Jahren, ihre massenweise Verbreitung setzte dann in den 90er Jahren ein. Heute sind sie in fast allen Altersgruppen verbreitet. Besonders Jugendliche wollen unbedingt ein Handy besitzen. Die Gründe dafür sind vielfältig.

(2) Erst letzte Woche erhielt ein Schüler unserer Klasse von der Englischlehrerin einen Verweis, weil während der Unterrichtsstunde plötzlich sein Handy zu klingeln begonnen hatte. Dabei ist es an unserer Schule streng verboten, Handys überhaupt ins Klassenzimmer mitzubringen. Viele Schüler und Schülerinnen wollen aber nicht einmal während des Vormittags auf ihr geliebtes Handy verzichten. Es gibt eine Reihe von Gründen, warum Jugendliche unbedingt eines haben wollen.

(3) Wo immer man sich heutzutage aufhält, im Zug, in der Fußgängerzone, im Supermarkt, ja sogar im Kino oder bei Konzerten, wird man ständig aufgeschreckt durch das manchmal nervige Klingeln von Handys. Es ist lustig mitanzusehen, wie viele Leute dann gleichzeitig nach ihrem Handy suchen, um zu schauen, ob sie damit gemeint sind. Vor allem unter vielen Jugendlichen ist der Besitz eines Handys ein absolutes Muss. Dafür gibt es einige Gründe.

a Persönliche Erfahrung/eigenes Erlebnis, statistisches Zahlenmaterial, historischer Rückblick, Zitat, aktuelle Entwicklung, Erklärung des Themabegriffs: Welche dieser möglichen Einleitungsvarianten findest du in welcher Einleitung?

b Was haben alle diese Einleitungen gemeinsam?

Überlegen, argumentieren, überzeugen

2 Material für eine Einleitung auswerten

Aus einer Umfrage der Agentur für Jugendkommunikation unter Mädchen und Buben im Alter zwischen 13 und 20 Jahren über ihr Kommunikationsverhalten:

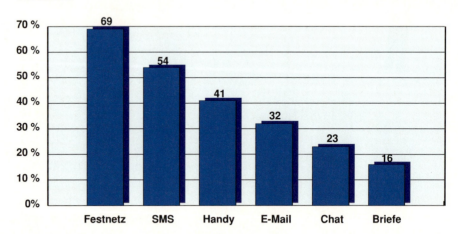

a Wo ordnet ihr euch ein?

b Wertet das Diagramm für eine Einleitung zum Thema „Warum haben viele Jugendliche ein Handy?" aus! Achtung: keine Punkte des Hauptteils vorwegnehmen!

∗c Sucht im Internet Informationen zur Verbreitung des Handys und zu seiner Entwicklung!

d Sucht in Gruppen Informationsmaterial zu den Themen „Welche Ursachen hat Gewalt an Schulen?", „Wie kann die Sicherheit auf dem Schulweg erhöht werden?" und „Notwendige Voraussetzungen zum Besuch der FOS"! Schreibt verschiedenartige Einleitungen und vergleicht!

Tipps für die Einleitung

- Überlege dir, welche Einleitungsmöglichkeit du wählen möchtest: eigenes Erlebnis/persönliche Erfahrung, historischer Rückblick, aktuelles Ereignis, Erklärung des Themabegriffs, statistisches Zahlenmaterial, Zitat …! Nutze dafür die neuen Medien, vor allem das Internet!
- Führe zielstrebig zum Thema hin! Am Ende der Einleitung steht die Themafrage oder ein entsprechender Aussagesatz. (Faustregel für die Einleitung: $1/2$ DIN-A4-Seite ist die oberste Grenze.)
- Nimm in der Einleitung keine Argumente aus dem Hauptteil vorweg!
- Vereinbart mit eurem Lehrer/eurer Lehrerin, ob ihr die Einleitungsmöglichkeit oder den Kerngedanken in die Gliederung schreibt!

Einen Aufsatz einleiten / abschließen

3 Ein Thema abschließen

Warum haben viele Jugendliche ein Handy?

(1) Wie man sehen kann, gibt es also zahlreiche Gründe, warum Jugendliche ein Handy haben wollen. Die Entwicklung auch dieses Kommunikationsmittels schreitet aber schon wieder rasant fort. Es wird nicht mehr lange dauern, dann hat man mit einem Handy auch unbeschränkten Zugang zum Internet. Vielleicht ersetzt eines Tages ein Gerät mit den Ausmaßen eines heutigen Handys sogar einen Laptop. Eine andere Vision wäre, dass man gar kein Gerät mehr zur Nachrichtenübermittlung braucht, sondern dass unser ganz normales Sprechen über Kehlkopfmikrofone an jeden beliebigen Adressaten irgendwo auf der Welt übertragen wird.

(2) Die meisten Jugendlichen haben mit diesen Argumenten ihre Eltern längst davon überzeugt, dass sie unbedingt ein eigenes Handy brauchen. Ich persönlich habe auch schon seit zwei Jahren ein eigenes *mobile phone*, das meine Mutter mir geschenkt hat, damit ich jederzeit für sie erreichbar bin und sie sich keine Sorgen machen muss. Ich nütze mein Handy aber so gut wie gar nicht, denn ich finde es viel zu teuer, was die Gespräche kosten. Vor allem auch das Versenden von SMS halte ich eher für kindisch, lieber spare ich mir mein Geld für ein gutes Buch.

a Diese beiden Varianten werden am häufigsten für den Schluss einer Erörterung verwendet. Was unterscheidet sie? Beschreibt in Stichworten ihren Inhalt!

b Welcher dieser Schlüsse würde sich jeweils für die Einleitungen auf S. 51 f. am besten eignen?

c Schreibt in der Gruppe selbst zwei unterschiedliche Schlussvarianten zu dem Thema „Warum sollte man gar nicht erst anfangen zu rauchen?".

Tipps für den Schluss

- Fasse die Argumente aus dem Hauptteil in einigen Sätzen zusammen, ohne einzelne Argumentationen zu wiederholen!
- Nimm persönlich Stellung zum Thema oder greife einen Gedanken der Einleitung nochmals auf! Damit rundest du deine Erörterung ab.
- Achte darauf, dass der Hauptteil abgeschlossen ist! Führe also keine zusätzlichen Argumente mehr an!
- Notiere deinen Schlussgedanken in der Gliederung oder im Arbeitsplan als Stichpunkt oder kurzen Satz!
  Vereinbart mit eurem Lehrer/eurer Lehrerin, in welcher Form ihr den zusammengefassten Inhalt des Schlusses festhalten sollt.

Erörterungen üben und überarbeiten

Bei der Erörterung musst du viele Arbeitsschritte in der richtigen Reihenfolge ausführen. Selten gelingt dabei alles auf Anhieb. Das Überarbeiten ist daher beim Erörtern eine besonders wichtige Aufgabe.

Einleitung und Schluss verbessern

Einleitung und Schluss sind wie Visitenkarten, denn hier zeigt sich auf einen Blick, ob du zielstrebig schreiben und prägnant zusammenfassen kannst. Die folgenden Übungen sollen dazu beitragen, dass du gute Karten hast.

1 Fehler bei der Einleitung erkennen und verbessern

FEHLER

(1) Vor etwa zwei Jahren bin ich nach Nürnberg getrampt. Das war eigentlich recht lustig. Bei meiner Abfahrt in München musste ich gar nicht lange warten, bis mich jemand mitgenommen hat. Dieser Jemand war ein Referendar, der auf dem Weg nach Hause war. Er erzählte mir von seiner Schule und was er dort so alles erlebt hatte. In der letzten Mathe-Schulaufgabe, die er gehalten hatte, hatten gleich vier Schüler eine Fünf. Auch musste er in der Woche zuvor zwei Verweise erteilen, weil er Schülerinnen beim Rauchen auf dem Schulgelände erwischt hatte. Dabei rauchte er im Auto selbst unentwegt. Welche Vor- und Nachteile hat das Trampen?

(2) Trampen ist seit vielen Jahren bei Jugendlichen sehr beliebt. Man kann von einem Ort zum anderen kommen, ohne dass man dafür bezahlen muss. Außerdem lernt man beim Trampen oft nette Leute kennen. Doch ist das Trampen nicht ganz ungefährlich, weil man sich in die Hand des Autofahrers begibt. Was spricht für und was gegen das Trampen?

(3) Trampen hat Vor- und Nachteile. Viele Jugendliche nehmen diese Möglichkeit des kostenlosen Reisens wahr. Was spricht eigentlich für, was gegen das Trampen?

(4) Der Begriff „Tramp" kommt aus dem Amerikanischen und bedeutet so viel wie „Landstreicher" oder „herumziehender Gelegenheitsarbeiter". Unter „trampen" versteht man bei uns das Reisen per Anhalter, das heißt, dass man sich an den Straßenrand stellt und mit ausgestrecktem Daumen den Autofahrern zeigt, dass man gern kostenlos mitgenommen werden möchte. Auf Autobahnen ist das Trampen verboten.

Einleitung und Schluss überarbeiten

a Beurteile die Einleitungen kritisch!
Welche Punkte aus dem Tippkasten S. 52 wurden jeweils missachtet?

b Verbessere Einleitung (4)!

c Schreibe selbst eine Einleitung zum Thema „Warum trampen viele Jugendliche? Welche Gefahren sind damit verbunden?".

2 Mögliche Fehler bei der Einleitung

Eine zweckmäßige Einleitung führt den Leser über die gewählte Einleitungsmöglichkeit zielstrebig zur Themafrage/zu den Themenfragen hin.

Mögliche Fehlerquellen sind:
(1) Zwischen Einleitungsgedanken und Themafrage gibt es einen Bruch.
(2) Die Einleitung holt zu weit aus.
(3) Die Einleitung passt inhaltlich nicht zum Thema.
(4) Die Einleitung nimmt Argumente aus dem Hauptteil vorweg.
(5) Mehrere Einleitungsmöglichkeiten werden vermischt.
(6) Die Einleitung ist zu kurz und nichtssagend.
(7) Die Einleitung führt nicht logisch zur Themafrage hin.

a Welche Fehler wurden bei den Einleitungen in Aufgabe 1 gemacht?

b Überlegt, wie ihr das richtige Vorgehen bei der Einleitung grafisch darstellen könnt (zum Beispiel mit Pfeilen)! Hängt die besten Ergebnisse im Klassenzimmer aus!

c Bittet die Lehrerin/den Lehrer besonders gelungene Einleitungen aus eurer Klasse auszuteilen!

3 Einen Schluss verbessern

Ein Schluss aus einer Erörterung:

> Trampen bringt also Vorteile und auch Nachteile. Dabei zu erwähnen ist auch noch, dass gegen das Trampen die Gefahr spricht, dass man in ein Auto steigt, das überhaupt nicht verkehrssicher ist. Dabei kann es sich um die Bremsen, die Reifen oder die Lichtanlage handeln. Bis man merkt, dass da etwas defekt ist, ist es schon zu spät. Ich bin für das Trampen und werde es auch weiterhin tun.

FEHLER

a Welche Hilfen aus dem Tippkasten auf S. 53 wurden nicht beachtet?

b Verbessere den Schluss!

c Diskutiert mögliche Fehlerquellen bei der Ausarbeitung des Schlusses!

Überlegen, argumentieren, überzeugen

Argumentationen überarbeiten

Nachdem du deine Argumente zu Argumentationen ausgebaut hast, solltest du ihre Wirkung noch einmal überprüfen. In den folgenden Beispielen muss noch einiges überarbeitet werden.

1 Mario hat in seinem Aufsatz geschrieben:

> Meist ist das Trampen eine gefährliche Sache. Viele werden durch das Trampen entführt oder verschleppt. Für solche Autofahrer ist es ein Kinderspiel, einfach einen Jugendlichen von der Straße mitzunehmen, um ihn dann zu entführen oder zu vergewaltigen.
>
> 5 Doch das Trampen bringt noch andere Gefahren mit sich. Wenn man zum Beispiel bei einem betrunkenen Mann einsteigt, der dann einen Unfall begeht. In so einer Situation hat sich kein Erwachsener mehr unter Kontrolle. Und der Jugendliche hätte keine Chance zu flüchten.
>
> Aber das Trampen bringt auch gewisse Vorteile mit sich. Doch im Schnitt kann
> 10 man sich auf das Trampen voll und ganz verlassen. Meist kommt man schnell und sicher zu seinem Ziel. Fast immer sind die Fahrer sehr nette Menschen.
>
> Noch besser ist es beim Trampen, dass man nicht einen Euro an den Fahrer zahlen muss. Das erspart Geld noch und nöcher. Daraus können wir den Schluss ziehen, dass sich durchs Trampen eine Menge Geld sparen lässt.

a Welche Gliederung liegt dem Ausschnitt zugrunde? Schreibe sie auf!

b Klärt in Gruppenarbeit, welche erörterungstechnischen Fehler Mario gemacht hat!

c Überarbeitet in der Gruppe Marios Erörterung!

Argumentationen überarbeiten

2 AN: holzwoll@kleiderschrank.de

Miro hat für sein Zimmer eine Bettcouch mit Regalaufsatz gekauft und die Anlieferung vereinbart. Als er die beiden Pakete öffnet, ist seine Enttäuschung groß. Bevor er zusammen mit seiner Freundin eine E-Mail an die Firma schreibt, stellen die beiden eine Mängelliste auf:

- Lieferung dauerte nicht 6, sondern 10 Wochen
- Lieferung erfolgte nicht nachmittags – wie vereinbart –, sondern vormittags, weshalb die bei der Nachbarin abgegebene Lieferung nicht überprüft werden konnte
- 1 Latte im Bettgestell fehlt
- 1 Kissen ist stark verschmutzt
- Regalaufsatz an der Kopfseite wurde nicht mitgeliefert
- Packung mit Schrauben und Beschlägen fehlt; kein Zusammenbau möglich!

a Helft Miro und seiner Freundin beim Schreiben der E-Mail! Es soll erreicht werden, dass die Firma umgehend alle Mängel beseitigt.

∗b Habt auch ihr schon fehlerhafte Lieferungen erhalten? Erzählt darüber in der Klasse und berichtet, wie ihr die Situation gelöst habt!

▶ S. 29, Sachliche Schreiben

Erörtern

Halte folgende Arbeitsschritte in ihrer Reihenfolge ein:

- **Erschließe das Thema! Suche den Themabegriff!**
  Überlege, ob der Themabegriff oder das Thema durch weitere Schlüsselbegriffe eingeschränkt oder erweitert sind!
  Kläre unbekannte oder unklare Wörter (gegebenenfalls Wörterbuch benutzen)! Formuliere die Themafrage! Überlege auch, worüber du nicht zu schreiben brauchst!
- **Sammle Argumente!**
  Notiere dir in Stichpunkten alle Argumente, die dir spontan einfallen!
  Nutze weitere Informationsquellen (bei Schulaufgaben nicht möglich)!
  Suche weitere Argumente, indem du verschiedene „Raster" durchläufst
  (zum Beispiel: *Was kann der Einzelne/die Familie/Städte oder Gemeinden/der Staat tun, um …*)!
- **Ordne und gliedere deine Argumente!**
  Überprüfe zunächst, ob die gesammelten Argumente wirklich zum Thema gehören! Sind sie Antworten auf die Themafrage(n)?
  Kennzeichne inhaltlich zusammengehörige Argumente!
  Fasse Argumente, die vom Inhalt her einen Bereich abdecken, zusammen!
  Bilde – wo nötig – Ober- und Unterpunkte!
  Formuliere die Argumente in der Gliederung entweder im Nominal- oder Verbalstil!
  Gliedere so, dass eine Steigerung erreicht wird, und schreibe die Gliederung auf ein gesondertes Blatt!
  Erstelle die Gliederung zunächst nicht in Reinschrift, damit du spätere Änderungen noch einarbeiten kannst!
- **Formuliere deine Argumente zu Argumentationen aus!**
  Achte auf den „Zweierschritt" – jede Argumentation besteht aus einer *Behauptung und einer Erläuterung*!
  Verknüpfe die Einzelargumentationen miteinander! Beginne jede Argumentation mit einer neuen Zeile! Achte bei der Ausarbeitung auf die äußere Form!
- **Entwirf Einleitung und Schluss!**
  Schreibe eine Einleitungsmöglichkeit oder ihren Kerngedanken in die Gliederung!
  Führe bei der Ausarbeitung der Einleitung zielstrebig zum Thema hin und schließe mit der Themafrage oder einem entsprechenden Aussagesatz!
  Du kannst im Schluss die wesentlichen Argumente aus dem Hauptteil zusammenfassen und mit einer persönlichen Stellungnahme oder der Wiederaufnahme eines Gedankens aus der Einleitung abrunden. Schreibe auch den Schlussgedanken in die Gliederung!
- **Überarbeite deine Erörterung!**
  Lies die gesamte Erörterung nochmals durch und nimm inhaltliche, sprachliche und rechtschriftliche Korrekturen vor! Korrigiere sauber und übersichtlich auch mithilfe eines Lineals! Prüfe, ob die Reihenfolge der Argumente in Text und Gliederung übereinstimmt!

Gelesen und gesehen

Medien beeinflussen unsere Gesellschaft in hohem Maße. Regionale und überregionale Tageszeitungen bringen Nachrichten, Berichte, Reportagen und Meinungstexte. Zeitschriften erscheinen regelmäßig, aber in größeren Zeitabständen, zum Beispiel als Nachrichtenmagazine, Computerzeitschriften oder zur Unterhaltung. Das Fernsehen ist mit öffentlich-rechtlichen Sendern oder über private Kanäle ständig verfügbar und wirbt um die Zuschauergunst. Rund um die Uhr können wir viele Informationen aus dem Internet gewinnen. Es ist daher gar nicht so einfach, die geeigneten Medien auszuwählen und diese sinnvoll zu nutzen.

Gelesen und gesehen

Schwarz auf weiß

> Wenn man eine Zeitung oder Zeitschrift aufschlägt, sieht man sich mit den unterschiedlichsten Textsorten konfrontiert. Das reicht von aktuellen Nachrichten und Berichten über umfangreiche Reportagen bis hin zu Horoskopen, Programmübersichten, Anzeigen und Wetterprognosen. Die meisten dieser Textsorten kannst du bereits unterscheiden und beschreiben. In diesem Schuljahr beschäftigst du dich nun ausführlicher auch mit jenen Texten, die ausdrücklich die Meinung des Verfassers wiedergeben, die also sehr persönlich und subjektiv abgefasst sind.

Kurz oder ausführlich: Bericht und Reportage vergleichen

1 Wiederholung der Kennzeichen von Bericht und Reportage

Bericht	Reportage
umfassend	punktuell
Betonung wichtiger Informationen	Betonung von Details
Aufbau allgemeine, zusammenfassende Information am Anfang (Weitwinkeltechnik) Einzelheiten am Schluss	**Aufbau** Einzelheiten am Anfang (Zoomtechnik), erst im Verlauf des Textes wird das Thema/der Sachverhalt klar Schlusspointe zur Abrundung
Sprache relativ einfacher Satzbau, keine/kaum Ellipsen, wenig/kaum wörtliche Rede; überwiegend im Präteritum/Plusquamperfekt	**Sprache** abwechslungsreicher Satzbau, häufig Ellipsen, viel wörtliche und indirekte Rede überwiegend im Präsens/Perfekt
nüchtern berichtend	anschaulich schildernd (mit Wiedergabe aller möglichen Sinneseindrücke); berichtend-beschreibend mit Hintergrundinformationen
objektiv/sachlich	objektiv und subjektiv, persönliche Eindrücke des Verfassers/der Verfasserin
Verfasser/-in nur selten vor Ort Verfasser nur selten angegeben	Verfasser/-in stets vor Ort und immer angegeben

a Klärt die Begriffe, bei denen ihr euch nicht mehr sicher seid!

b Beschreibt in einem Kurzvortrag die Unterschiede zwischen Bericht und Reportage!

Bericht und Reportage vergleichen

Text A

Rallye-Oberland macht Abstecher an den Ammersee
Fahrerlager im Dießener Gewerbegebiet

Ludenhausen/Dettenhofen. – Die ADAC-Rallye-Oberland, die auch zur Deutschen Rallye-Meisterschaft zählt, startete vergangenes Wochenende in Schongau und führte auch ans Ammerseegebiet. Eine der Sonderprüfungen startete am Freitagnachmittag bei Abtsried und führte über

Rennstrecke bei Ludenhausen: Dort an der kurvenreichen Strecke hatten sich einige hundert Zuschauer eingefunden, um den Rennverlauf zu verfolgen.

Ludenhausen nach Wolfgrub. Die zweite Strecke begann in Dettenhofen und ging über Unter- und Oberbeuern zum Windachstausee. Recht zahlreich kamen die interessierten Auto- und Rallyefans zur Geländestrecke östlich von Ludenhausen. Dort konnten die schnellen Rennwagen bei der Abzweigung nach Wolfgrub besonders gut beobachtet werden. Nach dieser Prüfung ging's dann nach Dettenhofen, wo der Start zur nächsten Strecke zum Windachstausee erfolgte. Nach diesen Wertungen fuhr der Rallye-Treck nach Dießen in die Fritz-Winter-Straße. Dort hatten am Freitagnachmittag die Privat- und Werkteams ihre Zelte und Werkstätten aufgeschlagen und rüsteten die Rallye-Autos für die Nachtfahrt um. Die abgefahrenen Reifen wurden durch neue ersetzt, die bei den großen Teams aufgewärmt wurden, die Leistungsfähigkeit der Motoren wurde elektronisch geprüft und neu eingestellt, Schäden an Karosserie und Achsaufhängungen behoben sowie Strahler für die Nachtfahrt montiert. Bei den großen Werkteams von Seat, Proton und Skoda standen pro Fahrzeug mindestens vier Mechaniker und zwei Fahrzeug-Elektroniker zur Verfügung. Das Skoda-Werkteam hatte auf dem Platz vor dem Autohaus Hart sogar ein VIP-Zelt aufgebaut um die Ehrengäste zu versorgen. Der Motorsportclub Dießen sowie die Freiwilligen Feuerwehren aus Ludenhausen, Dettenhofen, Obermühlhausen und Finning waren als Sicherungskräfte bei der Rallye eingesetzt.

Die entscheidenden Etappen der Rallye-Oberland fanden rund um den Startort Schongau bei Altenstadt, am Hohenpeißenberg und in Bayersoien statt. Das Favoritenteam Kahle/Schneppenhein mit ihrem 300 PS starken SEAT Cordoba WRC gewann 13 der 17 Wertungsprüfungen und baute seinen Vorsprung im Meisterschafts-Klassement aus. Zweite wurden Forkert/Winklhofer vor Mohe/Gottschalk. Die Damenwertung gewannen die Lokalmatadorinnen Christine Dietl und Veronika Britzger vom MSC Bayerischer Rigi auf einem Proton Wira Evo 3. rf.

Regrouping in der Fritz-Winter-Straße: Dort hatten die Werk- und Privatteams ihre Werkstattzelte aufgeschlagen, um die Fahrzeuge zwischen den Sonderprüfungen wieder herzurichten. *Fotos: rf*

Text B: Auf heißen Slicks um die Kurve brettern
Oberland-Rallye in Altenstadt zählt als Lauf zur deutschen Rallye-Meisterschaft

Von unserer Mitarbeiterin Regina Hasler

Altenstadt
Abends am Ortsrand von Altenstadt: Ein aufgeregter Junge zieht seine Freundin hinter sich her und ruft: „Schnell, gleich fängt's an!" Die Freundin, weniger begeistert davon, mit ihren Stöckelschuhen durch die feuchte Wiese zu laufen, blickt leicht genervt drein. Statt Tanzen in der Disco heißt es heute, PS-starken, knallenden und qualmenden Autos bei ihren Wertungsfahrten zur deutschen Rallye-Meisterschaft zuzusehen.

Am Start hat man die Gelegenheit, die Fahrzeuge genauer unter die Lupe zu nehmen. Bilder: Jordan

Zum zweiten Mal macht die deutsche Rallye-Meisterschaft Station bei der ADAC-Oberland-Rallye in Schongau. Für den jungen Mann ein tolles Ereignis, für seine Freundin eher ein großer Liebesbeweis. Inzwischen haben die beiden einen guten Platz hinter der Absperrung für die Zuschauer erhaschen können. „Pass bloß auf, es kann sein, dass einer die Kurve nicht mehr kriegt und direkt hier reinbrettert", meint der Bub scherzhaft zu seiner Freundin, die das nicht lustig findet und einen Schritt zurück tut. Währenddessen steigt die Spannung bei den vielen Besuchern, die teilweise weite Strecken zurückgelegt haben. Der Rundkurs in Altenstadt ist in Flutlicht getaucht, Musik ertönt aus den Lautsprechern und der Moderator weist das Publikum auf die Stars der deutschen Rallye-Szene hin, die zusammen mit den Teilnehmern des Mitropa-Cups, der Europameisterschaft für Privatiers, und den Nachwuchstalenten des ADAC-Rallye-Junior-Cups starten.

Von Weitem hört man schon die Motoren aufheulen, die Fahrer im feuerresistenten Nomex-Anzug setzen sich ihre Helme auf und ziehen sich Handschuhe an – übrigens nicht nur Herren, sondern auch einige Damen nehmen an der Oberland-Rallye teil. Und dann kann's losgehen. Ein lauter Schuss ertönt und der erste Rallye-Fahrer gibt Gas. Er fährt mit einem so genannten „N-Auto", einem Serienmodell, das für die Rallye nur geringfügig verändert werden darf. Jedes Mal, wenn der Fahrer von einem Gang in den anderen schaltet, knallt es ohrenbetäubend. „Das liegt am Umluftsystem dieser Autos", erklärt Markus Steininger, der Seat-Cup-Sieger der Deutschen Meisterschaft 1998, der sich auch unters Publikum gemischt hat. Der VW-Beetle rast mit quietschenden Reifen („formgeheizte Slicks") um die Kurve und ist Sekunden später verschwunden. Nur das Knallen ist immer noch zu hören, da startet schon der nächste Wagen – genauso gewaltig und laut. „Das ist ja noch leise im Vergleich zu den Kit-Cars, die danach loslegen", sagt Steininger und erklärt den Unterschied zwischen den einzelnen Fahrzeugen: Die schnellsten sind die WRC-Autos (world rallye cars) mit Allradantrieb und Turbolader. „Die bringen's gut bis zu 300 PS und haben außer der Karosserie nichts mehr mit einem Straßenwagen gemeinsam", so Steininger,

Bericht und Reportage vergleichen / „Steckbrief" erstellen

der im Organisationsteam der ADAC-Bayern-Rallye und der Internationalen ADAC-Drei-Städte-Rallye tätig ist.

Teuflische Kurve

Und tatsächlich: Die nächsten Wagen gehen ab wie eine Rakete, brausen um die Kurve, den Berg hinauf und schon sind sie wieder in Sichtweite, brettern um den Parkplatz an der kleinen Kapelle, bremsen so gewaltig ab, dass die Bremsscheiben rot aufglühen, rattern in die Kurve, die laut einer Zuschauerin „den Teufel gesehen" hat, und überholen die langsameren Autos. Das Publikum ist außer sich, feuert die Fahrer an, schreit entsetzt „Oh" und „Ah", wenn es an einer Stelle knapp wird und ein Fahrer durch Schotter auf der Straße ins Schleudern gerät. Besonders brenzlig wird's, als einem mitten in der Kurve die Fahrertür auffliegt. „Puh, das war knapp!", sagt der Bub, der sich vor lauter Aufregung am Arm seiner Freundin festgeklammert hat. Und selbst sie hat inzwischen das Rallye-Fieber gepackt. Lauthals eifert sie mit, springt in die Höhe und hat inzwischen Gefallen gefunden an dieser Abendbeschäftigung.

2 Textbeschreibung für Sachtexte

„Steckbrief"

Titel	„Fahrerlager …"	„Auf heißen Slicks …"
?	?	?
?	?	?

eigene Meinung, Zielgruppe, grafische Gestaltung, Thema, besondere Satzformen, Autor/-in, Bilder/Illustrationen, Erscheinungsdatum, Absicht/Zweck, ggf. Meinung des Autors/der Autorin, auffällige Wortarten, Textsorte, innerer Aufbau, Erscheinungsort, äußerer Aufbau/Lay-out, Wiedergabe von Reden, Textumfang

 a Erstellt in Gruppenarbeit einen Steckbrief für beide Texte! Verwendet dazu die Begriffe aus dem Wortspeicher! Ordnet den Steckbrief nach Inhalt, Aufbau, Sprache, Absicht und Zielgruppe!

 b Beschreibt jeweils einen der beiden Texte zusammenhängend!

Reportagen beschreiben

1

Die Chefin packt zu wie jeder Mann im Betrieb

Drechslermeisterin Christiane Miller aus Thannhausen ist eine von wenigen Frauen, die sich an einen klassischen Handwerksberuf herangewagt haben

Von unserem Redaktionsmitglied Manuela Mayr

38 Prozent aller Frauen schätzen sich als handwerklich geschickt ein. Beim Spachteln, Dübeln und Bohren im Heimwerkerbereich fühlen sie sich einer Umfrage zufolge durchaus kompetent. An klassisch männliche Handwerksberufe und gar an die Meisterprüfung wagen sich dagegen nach wie vor nur wenige. Die Drechslermeisterin Christiane Miller ist eine von ihnen.

Thannhausen

Die Frage: „Wo ist der Chef?" beantwortet Christiane Miller amüsiert mit einem knappen „hier". Die 39-Jährige mit dem lausbubenhaften Kurzhaarschnitt hat kein Problem damit, landläufigen Vorstellungen von einem Betriebsleiter nicht zu entsprechen. Zulieferer oder Kunden, die der kleinen, drahtig wirkenden Frau zum ersten Mal gegenüberstehen, halten sie mitunter für eine Praktikantin, wenn auch für eine sehr geschickte.

Mit Kopfhörern auf den Ohren und von Holzstaub weiß gepuderter Nase steht sie an einer hydraulischen Kopier-Drehbank in der Werkhalle der Drechslerei Miller in Thannhausen (Kreis Günzburg) und überwacht die Fertigung einer leicht gewölbten Holzscheibe. „Das wird die Sitzfläche eines Designer-Stuhls", erläutert sie. Auf das Drehen folgt das Schleifen des Stücks an einer anderen Maschine. Vorsorglich hat die junge Frau ihre Finger mit Heftpflaster verklebt, um ihre Haut vor dem rauen Schleifpapier zu schützen, das sie an die schnell rotierende Holzscheibe hält. Unter ihrem geübten Griff wird die Sitzfläche ganz glatt. Die Drechslermeisterin ist zufrieden. Auch Routinearbeiten müssen sorgfältig ausgeführt werden. Seit fast acht Jahren spielt sich das Berufsleben der freiheitsliebenden Handwerkerstochter in der Werkhalle und im Büro des Familienbetriebs ab. Davor hatte sie – nach der Lehre und einigen Jahren Praxis – ganz andere Lebenserfahrungen ge-

Körperliche Arbeit macht ihr Spaß: Drechslermeisterin Christiane Miller an der hydraulischen Kopier-Drehbank. Bild: Mayr

sammelt. Tourismus, Gastgewerbe, Fremdsprachenkorrespondenz in Spanisch und Englisch: Alles hatte ihr Spaß gemacht – bis ihr jüngerer Bruder sie nach Hause holte. Die Handwerkerin war jetzt gefragt, die zupackt wie die männlichen Mitarbeiter und schließlich auch die Betriebsleitung übernehmen konnte, als Wolfgang Miller als Lehrer an die Fachschule für Holzberufe in Bad Neustadt an der Saale wechselte.

„Das kann ich nicht", sei ihre erste „typisch weibliche" Reaktion auf den Vorschlag ihres Bruders gewesen, seine Stelle zu übernehmen. Trotz des Rückhalts durch ihren inzwischen 80 Jahre alten Vater, der in dem Traditionsunternehmen bis 1980 noch 20 Leute beschäftigt hatte, bekam sie auf einmal Lampenfieber. Dem Vertrauen des Bruders, der neben seinem Meistertitel als Drechsler eine Ausbildung als Holztechniker und ein Studium für Produktdesign vorweisen kann, fühlte sie sich auf Anhieb nicht gewachsen.

Das hat sich gelegt. Vier Jahre ist sie nun schon im Fünf-Personen-Team für technische Leitung, Arbeitsplanung und Qualitätskontrolle zuständig. Wolfgang Miller, der via E-Mail, Fax und Telefon mit der Firma ständig in Verbindung bleibt und die Kalkulation und die Angebote macht, braucht nicht nach dem Rechten zu sehen. Seine Schwester strahlt jetzt Selbstsicherheit aus.

Stolz führt sie durch die Halle, erklärt die Funktionsweise der Maschinen vom computergesteuerten Vollautomaten bis zur Handdrehbank, weist auf die Trockenkammer hin, in der zu feuchtes Holz vor der Bearbeitung nachgetrocknet wird, zeigt den Raum, in dem lackiert und geölt wird, und beendet den Rundgang vor einer Vitrine mit Beispielen aus der Fertigung. Spielzeug ist darin ebenso vertreten wie Zubehör zu teuren Möbeln, Hilfsmittel für Krankengymnastik oder kunstgewerbliche Holzgefäße für einen italienischen Designer. Größere Teile wie Säulen für ein Atrium oder Einzelanfertigungen sind lediglich in einem Fotoalbum verewigt.

Solche Vielfalt hat nicht nur mit der Experimentierfreudigkeit der Chefin zu tun. Flexibilität ist auch eine Überlebensstrategie für die Firma, die – wie alle Handwerksbetriebe – gegen internationale Billig-Konkurrenz mit bloßer Serienproduktion kaum Chancen hätte.

Die Frage, wie gut sich heute eine Frau in einem Handwerksberuf behaupten kann, tritt vor solchen grundsätzlichen Sorgen zurück. Körperliche Arbeit gefalle ihr, sagt Christiane Miller. Die leidenschaftliche Taucherin ist so gut durchtrainiert, dass sie auch bei anstrengenden Tätigkeiten keine Schonung braucht. Ob Frau oder Mann an der Werkbank – einen Unterschied sieht sie nicht.

Ob der „Männerberuf" Drechsler für sie aber auch ohne eigenen Familienbetrieb in Frage gekommen wäre, weiß sie nicht. „Ich bin da reingewachsen", sagt sie. Außerdem sei sie von klein auf öfter mit ihrem Bruder und dessen Freunden zusammengewesen als mit Mädchen. Ihre Eltern hätten für sie trotzdem eher eine kaufmännische Laufbahn im Sinn gehabt als eine handwerkliche. „Aber inzwischen sind sie stolz auf mich."

Zum Ausgleich gönnt sich Christiane Miller, die mit einem Software-Entwickler verheiratet ist, ein zweites Hobby, in dem sie „ganz Frau" sein kann: den orientalischen Tanz.

a Begründe ausführlich, warum es sich hier um eine Reportage handelt!

∗ b Legt einen Steckbrief nach dem Muster auf S. 63 an!

Gelesen und gesehen

 Aus einem Beispielaufsatz

„Die Chefin packt zu wie jeder Mann im Betrieb"

Der Text „Die Chefin packt zu wie jeder Mann im Betrieb" erschien am 24.11.2001 in der „■" auf Seite 3. Verfasst wurde er von dem Redaktionsmitglied ■. Es wird hier eine Frau, ■, vorgestellt, die in einem typischen Männerberuf Erfolg hat.

5 Es handelt sich bei diesem Text eindeutig um eine ■. Man erkennt dies zum einen daran, dass die Reporterin, deren Name ja auch ■ ist, selbst vor ■ war und mit der Hauptperson ein ■ geführt hat. Zum anderen wird im Hauptteil auch nicht allgemein die Situation von Frauen in Männerberufen dargestellt, sondern das Problem
10 wird vielmehr ganz ■ an einem ■ Beispiel aufgezeigt. ■ für eine Reportage ist die Voranstellung eines Überblicks, wie er sonst bei ■ üblich ist. Dann aber beginnt der Text in „■-Technik": Erst nach und nach erfährt der Leser, worum es hier eigentlich geht, so richtig deutlich wird dies erst in Zeile ■ („Seit fast acht Jahren ..."). Hier
15 setzt auch der ■ ein auf den beruflichen Werdegang Christiane Millers und die familiären Hintergründe. Anschließend wechselt der Text wieder zur Darstellung der ■ Situation. Am Ende findet sich dann als eine Art ■ der Hinweis, dass die so männlich wirkende Frau ein typisch ■ Hobby betreibt.
20 Während im ersten und letzten Teil ■ Elemente vorherrschen und auch ■ herausgestellt werden (z. B. die mit Heftpflaster verklebten Finger), wird im ■ Teil eher berichtet. Das zeigt sich sehr deutlich auch in den verwendeten Tempusformen: Bis einschließlich Zeile ■ („Davor hatte sie ...") ist der Text so gut wie ausschließlich im ■
25 abgefasst. Dann wechselt Manuela Mayr ins ■ bzw. ins ■. Ab Zeile ■ („Vier Jahre ist sie ...") herrscht wieder das Präsens vor. Eingestreut sind – der Interviewsituation angemessen – wörtliche beziehungsweise ■ Reden. Der Satzbau ist recht ■ und umfasst überwiegend einfache und längere ■ sowie überschaubare Satzgefüge.
30 In den Zeilen ■ („Stolz führt sie ...") bis ■ („... Designer.") häufen sich ■. Vereinzelt enthält der Text Fremdwörter und ■, die aber durchweg (mit Ausnahme von „Atrium", Zeile ■) leicht zu verstehen sind.
In dieser Reportage stellt Manuela Mayr die Drechslermeisterin
35 Christiane Miller vor, eine Frau, der es offensichtlich keine ■ bereitet, in einem eigentlich reinen Männerberuf zu bestehen. Frau

Beispiel für eine Textbeschreibung

Miller ist, wie man beim Weiterlesen erfährt, in diesen Beruf mehr oder minder hineingerutscht, als sie den ■ Betrieb übernehmen sollte. Trotz ihrer anfänglichen Zweifel an ihrer Eignung konnte sie
40 sich bald behaupten. Heute ist sie ■ auf ihre Erfolge. Eine wichtige Voraussetzung hierfür sieht sie darin, dass sie durchtrainiert ist und körperliche Arbeit noch nie ■ hat.
Die Verfasserin will mit dieser Reportage zeigen, dass Frauen auch in typischen Männerberufen ■ sein können, und sie will Mädchen
45 damit ■ machen, bei entsprechender Neigung und Eignung auch vor einer solchen Berufswahl nicht zurückzuschrecken. Der Text umfasst etwa ■ Buchseiten und ist in ■ Spalten und ■ Absätze gegliedert, wodurch er leicht zu lesen ist. Die beiden ■ geben den Inhalt des Textes wieder. Ein eingefügtes Foto zeigt die burschikos
50 wirkende Christiane Miller an einer ■. Es soll den Text ■ und dem Leser einen Eindruck von der beschriebenen Person vermitteln.

Im Wortspeicher sind <u>nicht alle</u> Begriffe enthalten.

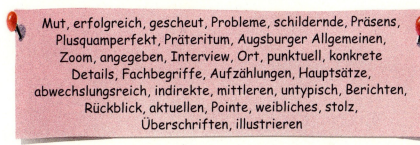

Mut, erfolgreich, gescheut, Probleme, schildernde, Präsens, Plusquamperfekt, Präteritum, Augsburger Allgemeinen, Zoom, angegeben, Interview, Ort, punktuell, konkrete Details, Fachbegriffe, Aufzählungen, Hauptsätze, abwechslungsreich, indirekte, mittleren, untypisch, Berichten, Rückblick, aktuellen, Pointe, weibliches, stolz, Überschriften, illustrieren

a Schreibe den Text ab und fülle in die Lücken die passenden Begriffe ein! Leichter arbeitest du am Computer.

b Wie ist dieser Aufsatz inhaltlich aufgebaut? Erstellt den Arbeitsplan!

c Wie könnten die Arbeitsaufgaben für diese Schulaufgabe gelautet haben?

d Ergänze die Textbeschreibung um einige Argumentationen zu der Frage: Mit welchen Problemen müssen Frauen in Männerberufen rechnen?

e Schreibt einen Schlussteil, in dem ihr zum Beispiel eure eigene Meinung zu diesem Text wiedergebt oder euch zur Thematik äußert!

Gelesen und gesehen

Japanische Fans bei der Vierschanzen-Tournee
Die sanften Einpeitscher
Miho und Eiko lieben Garmisch und Oberstdorf: Deutschland ist so wunderbar laut

Von Marten Rolff

Oberstdorf/Garmisch – Die vielen kleinen blassrosa Perlen an Mihos Ohrringen beginnen wieder zu zittern. Die zierliche Japanerin ist im Zustand höchster Erregung. Mit weit aufgerissenen Augen und erhobenem Kinn starrt sie auf die Schattenbergschanze und wartet auf den Anflug von Kazuyoshi Funaki. Der japanische Skisprung-Star und Vierschanzen-Tournee-Sieger von 1997/98 muss im ersten Durchgang des Auftaktspringens in Oberstdorf gegen den deutschen Hansjoerg Jaeckle antreten – im Knockout-Verfahren geht es um den Finaleinzug.

Die weite Reise zum Höhepunkt der Skisprung-Saison leisten sich nicht viele Japaner: Satoschi, Eiko, Akiko und Miho (von links) jubelnd an der Schanze.
Foto: Peter Schatz

„Koi, koi, koi", auf Japanisch so viel wie „Komm, komm, komm" – der mit flacher Stimme hervorgepresste Kehllaut, den Miho und ihre Freundin Eiko zur Anfeuerung Funakis ständig unter leichtem Kopfnicken wiederholen, klingt nicht gerade wie ein Schlachtruf. Eher wie das Gurren eines sonderbaren Vogels. Er geht unter im tausendfach gebrüllten „Ziiieeehhh, Jackson" der deutschen Fans. Nach einem Blick auf die Ergebnistafel schlägt Miho ihren rosa Handschuh vor den Mund. Beide Springer haben die gleiche Weite von 107 Metern erzielt. Erst die Stilnoten zeigen wenig später den hauchdünnen Vorsprung Funakis an. Miho entfährt ein leises, freudiges Quieken, dann fangen sie und Eiko an zu hüpfen, aber nur ein kleines bisschen.

Nicht viele japanische Skisprung-Fans treten die weite Reise zum Saison-Höhepunkt Vierschanzen-Tournee an. Diejenigen, die die rund 2600 Euro für den einwöchigen Trip nach Bayern und Österreich auf den Tisch legen, zählen zu den wirklich Begeisterten. Wie Satoschi aus Mihos und Eikos sechsköpfiger Reisegruppe, der schon im achten Jahr in Folge dabei ist. In Japan, sagt Satoschi, gebe es keine derart ausgeprägte Fankultur. Auch der Boom, den die japanischen Erfolge bei den Olympischen Winterspielen von Nagano ausgelöst hätten, flaue bereits wieder ab. Erst in Orten wie Garmisch oder Oberstdorf, findet er, „spürt man die wirkliche Tradition dieses Sports". Satoschi lässt sich sein Hobby einiges kosten. Im Schnitt fünfmal jährlich reist der Pharmazeut zu Skispringen nach Europa, mehr als 10 000 Euro gibt er dafür aus. Einen festen Job kann er nicht annehmen, die nötigen zwei Monate Urlaub würde ihm kein Arbeitgeber zugestehen.

Reportage beschreiben

„Ich arbeite nur, um hierher zu kommen", erzählt der 35-Jährige, der ehrenamtlich für den Skiclub seines Heimatortes Hakuba tätig ist. „Meine Familie hat Verständnis dafür, schon mein Vater hat gemacht, was er wollte."
Wer Satoschi nach den Ursachen seiner Leidenschaft für das Skispringen fragt, erntet ein ratloses Lächeln. Mit 13 sei ihm die Schanze in Hakuba aufgefallen, „es macht einfach Spaß". Doch Satoschis Miene während des Wettkampfes verrät, dass Skispringen für ihn eine todernste Angelegenheit ist. Völlig regungslos verfolgt er das Geschehen; nur wenn sich ein Sportler einen ästhetischen Fauxpas erlaubt, zieht er seine Mundwinkel kaum merklich nach unten.
Anders als Miho und Eiko, die als Einzige das erste Mal bei den Skispringen in Europa dabei sind, hegt Satoschi keine besondere Vorliebe für die derzeit nicht so erfolgreichen japanischen Springer. Überraschend punkten diesmal nicht die Altstars, sondern der junge Schanzenneuling Hiroki Yamada mit den Plätzen vier in Garmisch und elf in Oberstdorf. Miho schwärmt für den Newcomer, während Eiko den Olympiasieger Masahiko Harada still bewundert. Sie würden das zwar nicht zugeben, doch wenn die beiden Sportler von der Schanze fliegen, zücken die Freundinnen ihre japanischen Flaggen und rufen fast flüsternd die Vornamen der Ski-Stars. Miho und Eiko sind eingekesselt von sie um Haupteslänge überragenden deutschen und österreichischen Fans, die ihre vielen Stars lautstark anfeuern. Ihre teuren Eintrittskarten würden die Japanerinnen dazu berechtigen, an den Gang an der Arena heranzutreten, den ihre Idole nach jedem Sprung entlanglaufen und an dem kreischende Schmitt- und Hannawald-Fans lauern.
„Dazu sind sie viel zu schüchtern", erklärt Gerhard Friedemann lachend. Der Österreicher, der seit 32 Jahren in Sapporo wohnt, hat die Fanreise organisiert. Als eine Art Hans-Dampf-in-allen-Gassen des Skispringens arbeitet der Inhaber einer Reiseagentur als Dolmetscher auf den Pressekonferenzen und wirbt als Botschafter der Sapporo-Ski-Association für die Vergabe der Weltmeisterschaft 2007 an seine Heimatstadt. Er kennt fast jeden auf der Tour, hat Spitznamen für alle Springer und könnte seinen Teilnehmern leicht Kontakte vermitteln.
Doch Miho und Eiko bevorzugen die Distanz. Ihre Geheimwaffen sind zwei gewaltige Kameras, mit deren rund 30 Zentimeter langen Objektiven sie sich die Objekte ihrer Bewunderung beliebig nahe heranholen können. Ihre Stunde ist gekommen, als Harada gut zehn Meter über ihnen auf einem Podest auf die Gondel zur Schanze wartet. Mihos und Eikos zaghafte Rufe sind nicht zu verstehen. Erst als Friedemann laut „hey Mashi" brüllt, lächelt der Olympiasieger für Sekunden lässig über die Holzbrüstung. Das reicht. Mit einem glückseligen Seufzer drücken Miho und Eiko auf den Auslöser. Mehr hatten sie nicht erwartet. Zudem ist Miho mit den Erfolgen Yamadas hoch zufrieden. Wenn das mit dem Urlaub klappt, will die Buchhalterin aus der Region Nagano auch im nächsten Jahr kommen. „In Deutschland ist gute Stimmung", sagt sie und hört nicht auf zu lächeln, „hier ist es so wunderbar laut".

a Entwerft einen Steckbrief zu diesem Text!
▶ S. 63, Steckbrief

b An welcher Stelle des Textes (abgesehen von der Überschrift und dem Foto) merkt man frühestens, um welches Thema es in diesem Text geht?

c Wie ist dieser Text wohl entstanden, wie ging der Verfasser vor?

d Begründe, dass es sich bei diesem Text um eine Reportage handelt! Schreibe deine Ergebnisse auf!

∗e Verfasst in einer Schreibkonferenz eine Beschreibung dieses Textes!
▶ S. 200, Schreibkonferenz

Gelesen und gesehen

4

Textgebundener Aufsatz

Aufbau des Textes

| Einleitung? | Hauptteil? | Schluss? |

Wiederholt in Partnerarbeit, was in den einzelnen Teilen einer Textbeschreibung enthalten sein muss!

Zum Lay-out des Textes
- **Überschriften** können zwei verschiedene Funktionen haben:
  Sie fassen den Inhalt des Textes zusammen.
  Sie wecken Interesse.

Welche der drei Überschriften im Text „Die sanften Einpeitscher" verfolgt welches Ziel?

- Auch **Abbildungen** haben unterschiedliche Aufgaben:
  – Sie illustrieren den Text, damit sich der Leser den Inhalt besser vorstellen kann.
  – Sie erwecken Aufmerksamkeit und regen zum Lesen an.
  – Sie stellen nur grafische Elemente dar, die den Text auflockern.

Welche Aufgabe erfüllen die Fotos bei diesem Text? Sucht Beispiele für die anderen Möglichkeiten!

- Zur äußeren Gestaltung des Textes gehören auch der Umfang und die Einteilung in **Spalten** und **Absätze**.

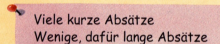

Viele kurze Absätze erleichtern das Lesen.
Wenige, dafür lange Absätze erschweren das Lesen.

Untersucht die Reportagen im Buch daraufhin!

Die verwendeten sprachlichen Mittel

- **Satzformen** und das verwendete **Tempus** müssen immer beschrieben werden, auf die anderen sprachlichen Mittel geht man nur ein, wenn Auffälligkeiten zu beobachten sind.

- **Wortwahl:** (1) Fremdwörter, (2) Fachbegriffe, Namen, (3) Anglizismen, (4) umgangssprachliche Ausdrücke, (5) Neuschöpfungen, Wortspielereien, (6) altertümliche Begriffe und Wendungen, (7) fachsprachliche Ausdrücke, (8) Redensarten und Sprichwörter, (9) Jugendsprache

Aufbau eines textgebundenen Aufsatzes

- **Art der Darstellung:** (11) wörtliche und indirekte Rede, (12) Zitate
- **Satzformen:** (13) abwechslungsreicher Satzbau, (14) einfache Hauptsätze und Satzgefüge, (15) längere Hauptsätze und komplexe Satzgefüge, (16) Ellipsen, (17) Aufzählungen und Reihungen
- Die möglichen und beabsichtigten **Wirkungen** dieser sprachlichen Mittel sind meist:
  (a) Eindringlichkeit, Betonung
  (b) schwer verständlich
  (c) leicht verständlich
  (d) Betonung sachlicher Information
  (e) wecken Interesse, regen zum Schmunzeln an
  (f) sprechen junge Leser an
  (g) ist nur für Fachleute verständlich
  (h) gut zu lesen
  (i) Verfasser zeigt seine Bildung und spricht gebildete Menschen an
  (j) betont die Echtheit des Textes

Legt eine Tabelle an und ordnet diese Wirkungen den verwendeten sprachlichen Mitteln zu! Manche der Wirkungen treten bei mehreren Mitteln auf!

Beispiel:

Wirkung	Sprachliches Mittel
(a) Eindringlichkeit, Betonung	*(16) Ellipsen* *(17) Aufzählungen, Reihungen*

Schreibt eine eigene Reportage für die Schülerzeitung, für die Regionalzeitung!

Gelesen und gesehen

Meine Meinung, deine Meinung: kommentierende Textsorten

1 Der Kommentar zum Bericht

Schule erst ab 9 Uhr?
Vorstoß eines Schlafmediziners findet Beifall

BERLIN

Politiker befürworten den Vorschlag des Schlafmediziners Jürgen Zulley für einen Schulbeginn um 9 Uhr.

Jörg Tauss, bildungspolitischer Sprecher der
5 SPD, sagte: „Für die Kinder wären spätere Anfangszeiten schon gut – aber die Betreuung muss gesichert sein." Klaus Barthel (SPD) sagte: „Der jetzige Zeitrhythmus der Schulen entspricht eigentlich nicht den modernen Er-
10 kenntnissen über die Aufnahmefähigkeit von Kindern."
Matthias Berninger (Grüne) meinte: „Ich setze auf einen Ausbau der Ganztagsschulen. Dann wäre auch gegen spätere Anfangszeiten nichts
15 einzuwenden."

MEINUNG

Entspannter Start in den Tag

THEMA: SCHULBEGINN

„Morgenstund hat Gold im Mund", ruft der Vater und zieht seinen Sprösslingen die Schlafdecke vom Körper. Das Geschrei ist groß – die Kinder sind zwischen sechs und sieben Uhr in der
5 Früh unleidlich, unausgeschlafen. Die Aussicht, raus aus dem Bett zu springen und rein in die Schule zu hetzen, ist alles andere als erfreulich. Doch so sieht der Alltag in Deutschland aus.
10 Wir sind ein Volk von Früharbeitern. Morgenmuffel oder nicht – der Job ruft – nicht nur, aber eben auch die Schülerinnen und Schüler.
Jetzt hat der Regensburger Schlafmediziner Jürgen Zulley öffentlich angeregt, die Schule
15 erst um neun Uhr beginnen zu lassen, da dies dem Biorhythmus der Kinder eher entsprechen würde. Das leuchtet zunächst einmal ein: Der Tag würde für Schülerinnen und Schüler entspannter beginnen, viele, die um sechs Uhr kei-
20 nen Bissen herunterbringen, könnten um acht Uhr vielleicht frühstücken und dann gestärkt zur Schule gehen. Es könnte vier Unterrichtseinheiten bis zum Mittag geben, dann eine gemeinsame Pause mit Essen und Erholen, an-
25 schließend noch zwei bis drei Unterrichtseinheiten am Nachmittag.
Diese Zeiteinteilung würde laut Zulley der Leis-
30 tungsfähigkeit der Schülerinnen und Schüler eher entsprechen. Es gäbe zudem eine größere Gemeinschaft unter den Kin-
35 dern und Jugendlichen als heute, der Nachwuchs von Berufstätigen bräuchte nach der Schule nicht so viel Zeit allein zu Hause zu verbringen. Allerdings müssten – da
40 die berufstätigen Mütter und Väter vermutlich nach wie vor um sechs, sieben oder acht Uhr in der Fabrik oder dem Büro sein würden – die Kinder früh betreut und versorgt werden – was erheblich aufwändig zu organisieren wäre.
45 Das Schlafbedürfnis eines Grundschülers beträgt zehn bis elf Stunden, so der Regensburger Experte, der auch darauf hinweist, dass schon 21 Prozent aller Kinder im Schulalter an Ein- und Durchschlafstörungen leiden. Dies je-
50 doch als stärkstes Argument für einen späteren

Heidi Ossenberg

72

Kommentar untersuchen und beschreiben

Schulbeginn zu nehmen, erscheint fragwürdig, denn das Phänomen der Schlafstörungen steht meist in signifikantem Zusammenhang mit Fernsehkonsum und Freizeitverhalten der Kinder. Auch wenn die Schule der Zukunft erst um neun Uhr beginnen sollte, dürfte das kein Argument dafür sein, Kinder abends grundsätzlich länger fernsehen zu lassen.

Die Autorin erreichen Sie unter der E-Mail-Adresse: magazin@trn.tmt.de

a Vergleicht Bericht und Kommentar im Hinblick auf Inhalt und Form!

b Was spricht laut Herrn Zulley für, was gegen einen späteren Schulbeginn?

c Wie steht die Autorin deiner Meinung nach selbst zu dem Vorschlag? Welche anderen Standpunkte vertritt sie darüber hinaus?

d Der Kommentar lässt sich in drei Inhaltsabschnitte (nicht Absätze!) einteilen: Zeile 1–12, Zeile 13–44, Zeile 45–58. Fasse den Inhalt dieser Abschnitte jeweils kurz zusammen!

e Beschreibe diesen Kommentar so, wie du es bei der Reportage gelernt hast! Tipp: Lege erst einen Steckbrief an!

▶ S. 63, Steckbrief

f Wie stehst du selbst zu der Frage eines späteren Schulbeginns? Sammle Argumente für deine Einstellung!

∗g Nimm in Form eines Leserbriefs Stellung zu diesem Kommentar!

▶ S. 195, Leserbrief

∗h Häufig steht auf der Kommentarseite der Vermerk: „Kommentare geben nicht unbedingt die Meinung der Redaktion, sondern die des Verfassers wieder." Was bedeutet das?

∗i Welche kommentierenden Beiträge im Fernsehen kennt ihr?

Der **Kommentar** stellt die persönliche Meinungsäußerung (meist) eines Journalisten zu einem konkreten Tagesereignis dar. Der Kommentar nimmt Stellung, indem er Hintergründe aufzeigt, das Ereignis in größere Zusammenhänge einbettet, mögliche Konsequenzen darstellt oder einfach nur Ablehnung oder Zustimmung ausdrückt. Kommentare können sehr ernsthaft, manchmal aber auch aggressiv oder amüsant sein.

Der Kommentar wird durch das Textäußere oder das Layout besonders gekennzeichnet, zum Beispiel indem er durch einen Rahmen oder Ähnliches abgetrennt oder kursiv gedruckt wird. Er wird auch stets mit dem Namen des Verfassers abgedruckt.

2 Fernsehen und Zeitung vergleichen

Kommentar

Lesen ist wie Kino

Von Werner Wagner

Beim Wein ist es auch so. Wer Kennerschaft oder auch nur gediegenen Genuss erzielen will, muss es immer wieder tun: trinken, trinken, trinken. Anders als beim Trinken aber kann es beim Lesen kein Zuviel geben. Wer liest, liest, liest, hält seinen Geist gesund, selbst wenn er es im Übermaß tut.

Fast immer gilt, dass das Lesen die eigentliche Tat wunderbar ergänzt, in Ausnahmefällen sogar übertrifft. So kann, wer Weinbücher und Weinjournale liest, den Genuss des Trinkens spürbar erhöhen, wenn das, was über die Zunge rollt, in blumiger Sprache geschildert wird. Auch vom Lesen schöner Kochbücher kennt man das. Sogar der Sport hat in gelesener Form einen beträchtlichen Reiz.

Das Lesen ist ein Genuss und mit anderen Genüssen auf eine Stufe des Vergnügens zu stellen. Das kann man gar nicht oft genug sagen, weil das Lesen nicht überall einen guten Ruf hat. Es leidet unter dem Verdacht, dass es vor allem eine Beschäftigung für Schlaumeier oder, schlimmer noch, für Intellektuelle ist.

Ist es aber nicht. Lesen ist wie Kino. Hat man die Fertigkeit erworben, liest man regelmäßig, vergisst man, dass Lesen überhaupt eine Anstrengung ist. Anstrengend sind allenfalls die Inhalte, also das, was in dem Buch, in der Zeitung steht.

Aber es gibt ja nicht nur schwere Kost. Leichte Lese-Kost hat längst die Buchläden erobert, und das ist gut so. Lieber Leichtes lesen als Schweres nicht lesen.

Auch das muss man gelegentlich sagen, weil immer mehr Menschen unter einer Lesefurcht leiden. Sie beherrschen die in unserer Kultur so selbstverständliche Fertigkeit des Lesens nicht mehr ausreichend. Die Ursachen sind vielfältig, für alle aber gilt, dass, wer schlecht liest, unter einer schweren Behinderung leidet. Aufs Lesen bauen fast alle unserer Kulturfertigkeiten auf. Wackelt das Fundament, wackelt alles. Die Erkenntnis, dass das Lesen das A und O ist, ist so wichtig wie sie simpel ist. Eine Gesellschaft, die den Blick nicht mehr auf diese simple Selbstverständlichkeit gerichtet hat, begibt sich in Gefahr, in Einsturzgefahr. Lesen ist unsere Zukunft. Wer es nicht kann, hat keine. Am Computer mag noch so viel geklickt und gescrollt werden: Vor allem wird gelesen. Auch der moderne PC ist ein Lesemedium.

Was lässt sich gegen das Lesen vorbringen? Allenfalls dies: Ob am PC, ob über einem Buch – das Lesen ist ein tendenziell einsames Vergnügen. Auch das muss aber nicht sein. Eine Familie, die – jeder für sich – liest, hat ein Gemeinschaftserlebnis, auch wenn sich jeder in seiner eigenen Buchwelt aufhält. Man kann sich sogar gegenseitig vorlesen. Das klingt sehr altmodisch, ist aber erlaubt und erzeugt ein gar nicht so übles Zweisamkeitserlebnis.

Nochmals also: Lesen ist schön und wichtig. Das ist die Wahrheit, auch wenn ein Zeitungsjournalist in dieser Sache Partei, also kein objektiver Zeuge ist. In die Glotze kann man einfach hineinglotzen, in die Zeitung nicht. Die muss man lesen. Die Partei der Lesenden ist die einzige Partei, die wir in dieser Zeitung gerne und guten Gewissens ergreifen.

Kommentar beschreiben / Kommentar selbst schreiben

a Wie steht der Verfasser zum Thema „Lesen"?

b Was spricht seiner Meinung nach für das Lesen?

c Würdest du dem Verfasser zustimmen? Begründe deine Meinung ausführlich!

d Beschreibe diesen Kommentar nach seiner äußeren Aufmachung und den verwendeten sprachlichen Mitteln und fasse den Inhalt auf einer halben Seite zusammen! Stelle auch die Position des Verfassers dar!

▶ S. 78 ff., Fernsehen und Zeitung vergleichen (Lernspirale)

3 Einen Kommentar schreiben

Schönheitskönigin abgeführt
Frisch gekürte „Miss Rottal-Inn" von der Bühne geholt: Zu jung

Tann/Landshut (lb). **In Polizeigewahrsam musste eine niederbayerische Schülerin ihren Sieg bei einer Miss-Wahl feiern. Die 16-jährige Schönheitskönigin wurde von Beamten abgeführt, unmittelbar nachdem ihr auf der Bühne die Sieger-Schärpe umgehängt worden war.**

Das Mädchen hätte sich aufgrund der Jugendschutzbestimmungen gar nicht in der Diskothek in Tann (Kreis Rottal-Inn) aufhalten dürfen, sagte ein Polizeisprecher. Die Polizisten nahmen die frisch gekürte „Miss Rottal-Inn" am Sonntag gegen ein Uhr morgens mit auf die Inspektion. Nur bis Mitternacht hätte die junge Landshuterin in dem Tanzlokal bleiben dürfen. Allerdings warteten die Beamten noch höflich die Ehrung der Wettbewerbssiegerin ab. „Der Veranstalter hat eine Siegerehrung im Schnellverfahren gemacht", erklärte der Polizeisprecher.

Die Beamten waren von der Mutter der 16-Jährigen beauftragt worden, ihre Tochter aus der Disco zu holen. Der Organisator der Misswahl hatte zunächst den Verdacht, eine neidische Konkurrentin habe die Polizei gerufen. Den Discobesitzer erwartet ein Bußgeld wegen Verstoßes gegen das Jugendschutzgesetz.

a Schreibt in Partnerarbeit einen Kommentar zu diesem Bericht!

∗b Schreibt einen Bericht und einen Kommentar zu einer Schulveranstaltung!

Textgebundener Aufsatz zu Sach- und Gebrauchstexten

Um Sach- und Gebrauchstexte zu beschreiben, musst du dir folgende Fragen stellen:

EINLEITUNG
1. Wo ist der Text erschienen?
2. Wer hat diesen Text geschrieben?
3. Wovon handelt dieser Text?

HAUPTTEIL
4. Um welche Textsorte handelt es sich?
5. Wie ist dieser Text grafisch gestaltet (Absätze, Schriftbild, Grafik, Format usw.)?
6. Sind Bilder beim Text? Was stellen sie dar? Welche Funktion haben sie?
7. In welche inhaltlichen Abschnitte gliedert sich der Text?
8. Auf welcher Sprachebene ist der Text verfasst?
   Kommen bestimmte Wortarten besonders häufig vor?
9. Welche Satztypen herrschen vor? Warum?
10. Gibt es Textstellen, die schwer zu verstehen sind?
11. An wen wendet sich der Text in erster Linie?
12. Was will der Verfasser wohl erreichen? Will er eher unterhalten oder informieren?
    Hat er noch andere Absichten?
13. Wie steht der Autor zu dem dargestellten Sachverhalt?
14. Sollen weitere Fragen zur Thematik des Textes erörtert werden?

SCHLUSS
15. Was hältst du von dem Text? Erfüllt er seinen Zweck? Begründe!
16. Bin ich mit Inhalt und Form des Textes einverstanden?

Nicht bei jedem Text kann zu allen Fragen etwas Sinnvolles ausgesagt werden!
Du solltest deine Aussagen stets begründen!

A. Herkunft, Verfasser/-in, Thema des Textes
B. Textbeschreibung und Stellungnahme

I. Beschreibung des Textes

1. Aufmachung des Textes
   a) Umfang und Einteilung
   b) Überschriften und äußere Gestaltung
   c) Abbildungen

2. Textsorte

3. Aufbau und Inhalt des Textes

4. Sprache des Textes
   a) Wortwahl
   b) Satzbau

5. Absicht (bzw. Einstellung des Verfassers)

6. Wirkung des Textes

II. Stellungnahme zum Text (oder zu einzelnen Aussagen)

   oder: Erörterung des behandelten Themas
   …

C. Ausblick (oder persönliche Aussagen zum Thema)

Wenn von dir ausdrücklich eine Stellungnahme zum Text als Ganzem oder zu einzelnen Aussagen gefordert wird, dann musst du den Arbeitsplan um den Abschnitt II. ergänzen. Die einzelnen Gliederungspunkte sollten entsprechend dem beschriebenen Text formuliert werden (z. B. *2. Reportage*). I. gibt es nur, wenn auch II. gefordert wird.

Im Team geht's besser: Lernspirale Zeitung und Fernsehen

Was man sich selbst erarbeitet hat, das behält man am besten und auch besonders lange. Eine **Lernspirale** geht von Bekanntem aus, dann wird Neues erarbeitet und zuletzt das Gelernte angewendet. Du steigst wie auf einer Wendeltreppe empor und erreichst stufenweise neue Erkenntnisse.

Im folgenden Kapitel sollt ihr in größeren und kleineren Teams eure Aufgaben im Wesentlichen selbst planen und organisieren. Ihr müsst entscheiden, wer was mit wem und bis wann macht. Das Buch gibt euch nur grobe Vorgaben. Eure Lehrkraft hält sich zurück, steht aber jederzeit unterstützend und beratend zur Seite.

Die Präsentation der Ergebnisse in der Klasse wird zeigen, ob ihr eure Aufgaben sinnvoll geplant, richtig ausgewählt und gut organisiert habt. Jede/-r muss Initiative zeigen und Verantwortung übernehmen. Ihr werdet staunen, was ihr auf diese Weise selbst schafft.

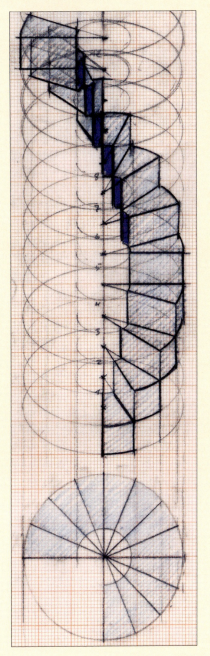

Gelesen und gesehen

Was ihr schon kennt: Zeitungen

Trotz Internet und Fernsehen sind die Zeitungen nach wie vor die beliebtesten Massenmedien. Leserinnen und Leser werden durch unterschiedliche Informationen und Meinungen in ihrem Denken und Handeln beeinflusst. Es ist daher sehr wichtig, dass ihr eure persönlichen Erwartungen an Zeitungen klar formuliert.

Arbeitsstufe 1

Arbeitsstufe 2

Was erarbeiten wir?	Welches Lernmaterial brauchen wir?	Wie gehen wir vor?	Wie präsentieren wir?
Typische **Merkmale von Zeitungen**	Unterschiedliche Zeitungen (z. B. regionale, überregionale, Boulevardblätter, Wochenzeitungen) eines bestimmten Tages oder einer bestimmten Woche	Sichtung des Zeitungsmaterials *Kleingruppen (4–5 Schüler/Schülerinnen) oder Sitzkreis und Partnergespräche*	Geeignete Beispiele aushängen und typische Merkmale kennzeichnen Die Gruppe erläutert ihre Ergebnisse
Unterschiede bei **themengleichen Texten**	wie Arbeitsstufe 1	Aus den vorhandenen Zeitungen themengleiche Texte heraussuchen und vergleichen *Gruppenarbeit (4–5 Schüler/Schülerinnen)*	Ein Gruppenmitglied stellt die Unterschiede vor (höchstens zwei Gruppen nach Los)

Lernspirale: Zeitungen untersuchen

	Was erarbeiten wir?	Welches Lernmaterial brauchen wir?	Wie gehen wir vor?	Wie präsentieren wir?
Arbeitsstufe 3 	Kennzeichen bereits bekannter journalistischer **Textsorten: Nachricht, Bericht, Reportage**	Sprache gestalten R 8/R 9 (ein Exemplar pro Gruppe)	Je eine Nachricht, einen Bericht, eine Reportage suchen und typische Kennzeichen nachweisen *arbeitsteilige Gruppenarbeit (4–5 Schüler/ Schülerinnen)*	Lernplakate zu den Textsorten gestalten Ein Sprechertandem stellt jeweils eine Textsorte dem Plenum vor
Arbeitsstufe 4 	Das **ABC des Journalismus** (z. B. Herausgeber, Redakteur, Journalist, Korrespondent, Agentur, Annonce, Kolumne, Magazin, Feuilleton, Illustrierte, Ressort …)	Sprache gestalten R 8/R 9 Nachschlagewerke: Wörterbücher, Computerlexikon, Internetlexikon (z. B. www.wissen.de)	Weitere Begriffe finden, sich die Begriffe gegenseitig erklären, Begriffe mit Erklärungen auf Kärtchen schreiben und ordnen (z. B. nach Personen, Druckerzeugnissen, Inhalt) *Partnerarbeit*	Gelungene Vorschläge auswählen und an einer Pinnwand aushängen Merkblatt für die Klasse erstellen
Arbeitsstufe 5 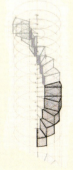	**Erwartungen an Zeitungen**: Was erwarten wir von einer guten Tageszeitung?	PC mit Mindmap-Programm	Eine Mindmap erstellen *Gruppenarbeit* oder: Schreibaufgabe *jede/-r Schüler/ Schülerin*	• Präsentation nach Los vor der Klasse • Diskussion des Ergebnisses gemeinsame Bewertung der präsentierten Einzelarbeiten

Gelesen und gesehen

Neues erarbeiten:
Fernsehkonsum und Fernsehangebot untersuchen

Fernsehen und Zeitungen konkurrieren um Zuschauergunst und Auflagenstärke. Es ist sicherlich interessant, den Informationsgehalt der unterschiedlichen Medien zu untersuchen und vor allem die persönlichen Erfahrungen damit auszutauschen.

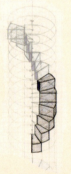

Arbeitsstufe 6

Arbeitsstufe 7

Was erarbeiten wir?	Welches Lernmaterial brauchen wir?	Wie gehen wir vor?	Wie präsentieren wir?
Fragebogen zum eigenen Fernsehverhalten (z. B. Differenzierung nach Wochentag, Sendung, Sender, Sparte, Zeitdauer, Bewertung der gesehenen Sendung)	Material 1, S. 83, PC, Drucker, Kopierer, Overheadfolie	• Brainstorming zur Fragenentwicklung • Ordnen und Strukturieren der Fragen • Gestalten eines Fragebogens • Einigung in der Klasse auf die Verwendung <u>eines</u> Fragebogens *Gruppenarbeit (4–5 Schüler/ Schülerinnen)*	Durch Los bestimmter Gruppensprecher, zwei bis drei Fragebogen präsentieren
Umfrage zum Fernsehverhalten innerhalb der Klasse	• Kopie des Fragebogens für jede Schülerin/ jeden Schüler • Ausgefüllte Fragebögen aller Schüler/ Schülerinnen • PC mit Tabellenkalkulationsprogramm • Overheadfolie	*Hausaufgabe für alle:* Jede/-r füllt einen Fragebogen aus. Eine Gruppe (3–4 Schüler/ Schülerinnen) wertet die Fragebögen aus und setzt die Ergebnisse in Diagramme um	Ergebnisse werden dem Plenum präsentiert

Lernspirale: Fernsehverhalten untersuchen

	Was erarbeiten wir?	Welches Lernmaterial brauchen wir?	Wie gehen wir vor?	Wie präsentieren wir?
Arbeitsstufe 8 	**Bewertung** des Fernsehverhaltens	Kopien der präsentierten Ergebnisse	Ergebnisse des Fernsehverhaltens interpretieren ***Gruppenarbeit*** (4–5 Schüler/Schülerinnen)	Diskussion der Ergebnisse im Plenum
Arbeitsstufe 9 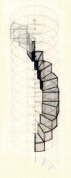	**Unterschiede im Programmangebot** zwischen öffentlich-rechtlichen und privaten Sendern	Programmzeitschriften	Programme analysieren ***Partnerarbeit*** Tipp: Zahl und Dauer von Nachrichtensendungen, politischen Magazinen, Talkshows, Spielfilmen … untersuchen und die Dauer der Beiträge messen	2–3 Tandems mit Kurzvortrag (ca. 1–2 Minuten) im Plenum
Arbeitsstufe 10 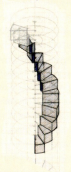	**Aufbau von Nachrichtensendungen** (Themenbereiche, Reihenfolge, Dauer der einzelnen Beiträge)	• Hauptnachrichtensendung verschiedener Sender am selben Tag auf Videokassette aufnehmen • Material 2, S. 84 (Beobachtungsprotokoll) • Flipchart, Klebepunkte für Punktabfrage	Im Plenum die Nachrichtensendungen ansehen; jede/-r Schüler/-in führt Beobachtungsprotokoll	Eindrücke, Erfahrungen, Informationsgehalt im Plenum diskutieren

Gelesen und gesehen

Gelerntes anwenden:
Fernsehen und Zeitung vergleichen und bewerten

Nachdem ihr euer Vorwissen über Fernsehen und Zeitungen aktiviert und euch neue Erkenntnisse selbst erarbeitet habt, könnt ihr das Gelernte nun noch weiter vertiefen. Besonders wichtig ist es, den Umgang mit den Medien kritisch zu bewerten.

Arbeitsstufe 11

Arbeitsstufe 12

Was erarbeiten wir?	Welches Lernmaterial brauchen wir?	Wie gehen wir vor?	Wie präsentieren wir?
Unterschiede: Zeitung und Fernsehen als Informationsquelle	Zeitungsartikel aus Tageszeitungen/Nachrichtensendung (auf Videorekorder aufgezeichnet) zum gleichen Thema	Vorbereitung: Auswählen von themengleichen Zeitungsartikeln und Nachrichtenbeiträgen im Fernsehen (z. B. aus Politik, Wirtschaft, Bildung, Lokalem, Sport ...) • Verfasserabsicht erkennen • Vor- und Nachteile, Form und Inhalt des Zeitungs- bzw. Fernsehbeitrags gegenüberstellen **Gruppenarbeit**	• Jede Gruppe stellt ihre Ergebnisse vor • Bewertung im Plenum
Beeinflussung durch die Medien	Material 3, S. 85	Textarbeit mit Leitfragen **ganze Klasse**	Diskussion in Zusammenschau mit Arbeitsstufe 11

Lernspirale: Fernsehen und Zeitung vergleichen / Selbstevaluation

Evaluation der Lernspirale

1. Klärt den Begriff „Evaluation"!

2. Schreibt einen zusammenhängenden Text zu folgenden Fragen:
   - Was hast du zum Thema Fernsehen und Zeitungen wiederholt und neu gelernt?
   - Solltest du deinen Umgang mit den Medien ändern?
   - Wie denkst du über die Arbeit mit einer Lernspirale?

Material 1

Das eigene Fernsehverhalten untersuchen

Ihr könnt euer Fernsehverhalten mit einem Fragebogen über einen bestimmten Zeitraum selbst testen. Folgende Bedingungen sollten eingehalten werden:

- Jede Sendung, die länger als fünf Minuten gesehen wurde, sollte im Beobachtungsbogen erscheinen. Das Springen im Programm (*Zapping*) per Fernbedienung wird nicht protokolliert.

- Videoaufnahmen von Fernsehsendungen werden mit einbezogen. Ihr könnt die Ergebnisse in Diagrammen festhalten. Arbeitet mit dem Computer!

Tipps
In einer Spalte könnt ihr die Art und Qualität der Sendungen bewerten, zum Beispiel I = Information; U = Unterhaltung; BK = Bildung oder Kultur bzw. + = gut; o = mittel; - = schlecht.

Gelesen und gesehen

Material 2

Beobachtungsprotokoll für Nachrichtensendungen

Name des Senders:	Bezeichnung der Nachrichtensendung:

Tag:	Uhrzeit: Gesamtdauer:

Nummer des gesendeten Beitrags (ankreuzen)

1	2	3	4	5	6	7	8	9	10	11	12	13	14	15	16
X															

Dauer des jeweiligen Beitrags in Sekunden

1	2	3	4	5	6	7	8	9	10	11	12	13	14	15	16
21															

Art der Präsentation
(M = Sprechermeldung, MB = Sprechermeldung mit Bild, MF = Sprechermeldung mit Filmbeitrag)

1	2	3	4	5	6	7	8	9	10	11	12	13	14	15	16
MB															

Material 3

Ulrich Wechsler

Erst laufen, dann Rad fahren

Nicht die Nutzung der Medien macht den Grad unserer Bildung aus, sondern der Grad unserer Bildung bestimmt, wie sinnvoll die Nutzung der Medien ist

[...] Kinder lernen Sprache immer ausschließlich mit anderen Menschen – mit der Mutter zumeist, mit dem Vater, den Geschwistern, in der Familie also; später mit Spielkameraden, im Kindergarten, in der Schule, in Freundesgruppen. Die persönliche Zuwendung während der Sprachentwicklung kann nicht ersetzt werden. Die Kinder müssen Sprache in ihrer natürlichen Umgebung erfahren und Gelegenheiten finden, sich mit ihrem unmittelbaren Umfeld zu verständigen durch Dialoge, die geübt werden müssen.

[...] Der Zeitraum, in dem die beschriebenen Entwicklungsprozesse ablaufen können, ist begrenzt. Das „Entwicklungsfenster" für die Sprache schließt sich nach heutigen Erkenntnissen zwischen dem fünften und achten Lebensjahr. Das bedeutet nichts anderes, als dass innerhalb dieser Zeit die sprachliche Prägung erfolgt und die spätere sprachliche Leistungsfähigkeit festgelegt wird. Wenn sich das Fenster schließt, ist der „Sprachchip" fertig, unabhängig davon, ob er ein Hochleistungschip oder ein Chip geringerer Qualität ist. Im Nachhinein kann er kaum noch verbessert werden.

[...] Ähnlich wie Sprechen ist auch das Lesen ein dialogischer Prozess in seiner Auseinandersetzung mit dem Text, der Erkundung seiner Inhalte, der Beschäftigung mit der Denkweise eines anderen, der Entwicklung eigener Vorstellungen und Bilder.

[...] Für die Entwicklung der Lesekompetenz gilt Ähnliches wie für die Sprachfähigkeit. Auch sie wird durch eine biologische Uhr begrenzt: Das „Fenster" ist nur während der ersten 13 bis 15 Lebensjahre geöffnet. Und auch die Lesefähigkeit bedarf ständiger Anregung und Übung. [...]

Sprache und Lesen sind also nicht nur Vermittler und Träger von Kenntnissen und Bildung, sondern schaffen überhaupt erst die biologischen Voraussetzungen für unsere Lern- und Bildungsfähigkeit. Und wir wissen durch die moderne Hirnforschung, dass Lesen in dieser prägenden Funktion nicht ersetzt werden kann, schon gar nicht durch bewegte Bilder.

Wenn wir uns fragen, wie wir Heranwachsende auf die neuen Medien vorbereiten sollen, dann kann die Antwort nur lauten: durch intensives Einüben der klassischen Kulturtechniken Sprechen, Lesen und Schreiben. Das Bohren dicker Bretter wird auch in Zukunft niemandem erspart bleiben können. Der Führerschein für die Datenautobahnen der Zukunft wird durch das Lesen erworben.

[...] Die Bereitschaft zum Lesen längerer, inhaltlich anspruchsvoller Texte, aber auch das schiere Vermögen zu lesen, schwindet. Vielfach wird nur angelesen, weggelegt und vergessen. In allen neueren Umfragen zeigt sich, dass die Zeit, die der Ein-

Gelesen und gesehen

zelne für das Lesen verwendet, nur noch knapp bemessen wird. Folgt man dem Freizeitforscher Opaschowsky, dann überschüttet „das Tempo der heutigen Medien Kinder und Jugendliche mit einer immer schnelleren Abfolge von Bildern und Informationen". Infolgedessen bringt unsere Kultur eine ganz neue Mediengeneration hervor, die sogenannten „Kurzzeit-Konzentrations-Kinder (KKK)". Man kann generell sagen, dass seltener, weniger, oberflächlicher und kürzer gelesen wird. [...]
Wir wissen, dass nicht die Nutzung der Medien den Grad unserer Bildung ausmacht, sondern der Grad unserer Bildung unsere Möglichkeiten bestimmt, mit den Medien sinnvoll umzugehen und höchstmöglichen Nutzen aus ihnen zu ziehen. [...]
Ganz in diesem Sinne zeigen alle neueren Untersuchungen, dass der bessere Leser immer auch der bessere Mediennutzer ist. Das Betriebssystem für die elektronischen Medien ist das Lesen; das Betriebssystem für das Lesen ist die Sprachkompetenz. Oder um auf die Überschrift dieses Artikels zurückzukommen: Hat jemand schon einmal ein Kind gesehen, das Fahrrad fahren konnte, bevor es laufen gelernt hatte?

Leitfragen
1. Wovon ist die Sprachentwicklung abhängig?
2. Warum ist Lesefähigkeit gerade im Medienzeitalter wichtig?
3. Überprüfe dein Leseverhalten hinsichtlich der Aussagen des Textes!

Interpretieren Sie diese Karikatur! Welches Problem wird hier dargestellt?

Projekt: Besuch einer Zeitungsredaktion

Wir besuchen eine Zeitungsredaktion

1 Die Entstehung einer Tageszeitung

Meldungen der Presseagenturen, Beiträge von freien Mitarbeitern, fremde Manuskripte, Leserbriefe, feste Beiträge (z. B. Kolumnen, Rätsel, Comics, Fernseh- u. Rundfunkprogramme), Anzeigen (Werbekunden und private Inserenten)

⬇

Redaktion
eingeteilt in Ressorts
(Politik, Kultur, Wirtschaft, Lokales, Sport)

- Recherchen der Journalisten
- Auswahl des Materials
- Überarbeiten aller Agenturmeldungen
- Platzieren der festen Beiträge
- Verfassen von Artikeln
- Bewertung und Überprüfung aller Texte

Lay-out

⬇

Druck und Vertrieb

Abonnenten ← → **Verkauf**

a Klärt die Begriffe, die unklar sind!
b Beschreibt, wie eine Tageszeitung entsteht!

Gelesen und gesehen

✳ 2 **Vorschlag für ein Projekt: Besuch einer Zeitungsredaktion**

Zur Vorbereitung gehört es, das Impressum der Zeitung zu studieren:

Süddeutsche Zeitung
Herausgegeben vom Süddeutschen Verlag vertreten durch die Gesellschafterversammlung
Chefredakteure:
H. W. Kilz, Dr. G. Sittner
Stellvertretender Chefredakteur: E. Fischer
Außenpolitik: S. Kornelius, Dr. P. Münch; Innenpolitik: Dr. H. Prantl, W. Roth; leitende politische Redakteure: H. Leyendecker, K. Podak, M. Stiller; Nachrichten: W. Schmidt; Themen des Tages: P. Blechschmidt; Seite 3: K. Brill; Kultur: Dr. A. Zielcke, G. Matzig; Wirtschaft: N. Piper, Dr. M. Beise; München: A. Makowsky, K. Forster; Region: H. Pirthauer, C. Krügel; Bayern: R. Rossmann; Sport: M. Gernandt, L. Schulze
Leitende Redakteure:
Prof. Dr. J. Kaiser, H. Riehl-Heyse,
E. Roll, P. Sartorius, Dr. J. Willms
Chef vom Dienst: U. Schulze
Die für das jeweilige Ressort an erster Stelle Genannten sind verantwortliche Redakteure im Sinne des Gesetzes über die Presse vom 3. Oktober 1949.
Anschrift der Redaktion:
Sendlinger Straße 8, 80331 München, Tel. (0 89) 21 83-0; Nachtruf der Redaktion: 21 83-7 08; Telefon der Nachrichtenaufnahme: 21 83-4 87; Telefax 21 83-7 87.
Berlin: K. Kister; O. Schumacher (Wirtschaft), Chr. Schwennicke, Französische Straße 47, 10117 Berlin, Tel. (0 30) 20 38 66 50 (Parlamentsredaktion), (0 30) 20 38 66 00 (Hauptstadtredaktion); Bonner Redaktion: G. Hennemann, Winston-Churchill-Straße 1a, 53113 Bonn, Tel. (02 28) 21 40 11, Redaktion Rhein-Ruhr: H.-J. Heims (NRW-Ausgabe), Graf-Adolf-Platz 6, 40213 Düsseldorf, Tel. (02 11) 54 05 55-0; Redaktion Frankfurt: H. Einecke, Kleiner Hirschgraben 8, 60311 Frankfurt, Tel. (0 69) 2 99 92 70; Norddeutsche Redaktion: M. Thiede, Geffckenstraße 20, 20249 Hamburg, Tel. (0 40) 4 68 83 10; Redaktion: Sachsen/Thüringen: J. Schneider, Josef-Herrmann-Straße 10a, 01326 Dresden, Tel. (03 51) 2 68 28 46; Stuttgarter Redaktion: F. Spies, Eberhardstraße 61, 70173 Stuttgart, Tel. (07 11) 24 75 93/94; Redaktion Karlsruhe: Dr. H. Kerscher, Postfach 54 47, 76135 Karlsruhe, Tel. (07 21) 84 41 28.
Geschäftsführer: Dr. H. Gasser, H.-W. v. Viereck
Anzeigen: T. Broden, W. Faist (verantwortlich). Zurzeit ist die Anzeigenpreisliste Nr. 65 vom 1. Januar 2002 gültig.
Das Abonnement kostet ... Erscheint die Zeitung durch höhere Gewalt oder Streik nicht, besteht kein Anspruch auf Entschädigung. Abonnements können schriftlich mit einer Frist von vier Wochen zum Monatsende beziehungsweise zum Ende eines Vorauszahlungszeitraums gekündigt werden.
E-mail: vertriebs@sueddeutsche.de
Anschrift des Verlages:
Süddeutsche Zeitung GmbH, Sendlinger Straße 8, 80331 München; Großkundenadresse: Süddeutsche Zeitung GmbH, 80289 München; Telefon (0 89) 21 83-0, Telegrammadresse: süddeutsche Anzeigen: Telefax: (0 89) 21 83-7 95.
Telefonische Anzeigenaufnahme: (0 89) 23 60 80.
Vertrieb: Abonnenten-Service-Telefon (01 80) 2 32 47 47;
Telefax: (0 89) 21 83-82 07, Pförtner: (0 89) 21 83-4 11.
Druck:
SV-Druckzentrum Steinhausen GmbH & Co. KG,
Zamdorfer Straße 40, 81677 München
www.sv-druckzentrum.de
... Eine Verwertung der urheberrechtlich geschützten Zeitungsbeiträge, Abbildungen, Anzeigen etc., auch der in elektronischer Form vertriebenen Zeitung, insbesondere durch Vervielfältigung, Verbreitung, Digitalisierung, Speicherung in Datenbanksystemen bzw. Inter- oder Intranets, ist unzulässig und strafbar, soweit sich aus dem Urhebergesetz nichts anderes ergibt. ...

a Welche Informationen über die Zeitung bekommst du?

b Schreibt Fragen auf, die ihr beim Besuch in der Redaktion stellen wollt! Ihr könnt fragen nach:

- Abteilungen des Verlags
- Aufgaben der Redaktion
- Zusammensetzung und Aufgaben der einzelnen Ressorts
- Finanzierung der Zeitung
- Bedeutung des Anzeigenteils
- Technik der Zeitungsherstellung
- Vertrieb der Zeitung
- Möglichkeiten für das Betriebspraktikum
- Beruf „Journalist"

c Sprecht ab, wer fragt, wer notiert und wer fotografiert!

d Schreibt ein Protokoll über den Besuch bei der Zeitung! Nutzt die Möglichkeiten der Textverarbeitung!

e Gestaltet eine Ausstellung über eure Exkursion!

Projekt: Daily Soaps untersuchen

18:20 Uhr: Daily Soap

Daily Soaps gehören zu den meistgesehenen Fernsehsendungen. Vor allem Jugendliche sitzen regelmäßig zwischen 17:00 und 20:00 Uhr vor dem Fernsehgerät, um keine der Folgen von „Gute Zeiten, schlechte Zeiten", „Marienhof", „Verbotene Liebe" oder anderen *Soaps* zu verpassen.

Vorschlag für ein Projekt: Daily Soaps
Plant dieses Projekt mit dem Ziel, euren Mitschülern und Mitschülerinnen, aber auch den Lehrern und Eltern einen Eindruck vom Inhalt einer solchen Serie, von ihrer Gestaltung und ihrer Vermarktung zu geben.

Gelesen und gesehen

Bildet neun Arbeitsgruppen, die sich den folgenden Aufgaben widmen:

Gruppe 1	Entwerft einen Fragebogen und führt eine Untersuchung an der Schule durch (auch mit den Lehrkräften), welche *Soaps* gesehen werden! Wertet die Ergebnisse mit dem Computer in Diagrammform aus!
Gruppe 2	Klärt, wie und wo *Daily Soaps* entstanden und wie sie ins deutsche Fernsehen vorgedrungen sind! Welche *Daily Soaps* laufen derzeit? Sucht Beispiele früherer Soaps! Tipp: Internet
Gruppe 3	Welche wirtschaftlichen Gründe gibt es für die Produktion von *Daily Soaps*?

Die Gruppen vier bis neun entscheiden sich für eine *Daily Soap* und untersuchen die folgenden Aspekte:

Gruppe 4	Welche Personen treten in den Hauptrollen auf? Wie sehen sie aus? Welche Charakterzüge sind jeweils typisch für sie?
Gruppe 5	Verfolgt die Serie über mehrere Wochen hinweg! Dokumentiert den Handlungsverlauf!
Gruppe 6	An welchen Orten, in welchen Räumen spielt die Handlung? Wie sind diese Räume ausgestattet?
Gruppe 7	Für welche Produkte wird in den Werbepausen geworben? Wie viel Sendezeit (prozentual) nehmen jeweils die eigentliche Handlung, der Trailer/die Vorschau und die Werbung ein?
Gruppe 8	Wie wird Spannung erzeugt? Wie viele Einzelszenen gibt es in den einzelnen Folgen?
Gruppe 9	Wie wird diese *Daily Soap* vermarktet (Merchandising)?

Gestaltet aus euren Ergebnissen eine Ausstellung und bereitet eine Podiumsdiskussion vor mit dem Thema: Warum schauen sich so viele Jugendliche Vorabendserien an? Ladet dazu die Lehrkräfte, die Eltern und die örtliche Presse als Gäste oder als Teilnehmer ein!

Projekt: Verhandlung vor dem Verkehrsgericht

Im Namen des Volkes …

Projekt: Besuch einer Verhandlung vor dem Verkehrsgericht

Beteiligte Fächer: Deutsch (D), Wirtschaft und Recht (WR), Informationstechnologie/Textverarbeitung (IT/TV)

Ziel des Projekts: Grundzüge des Rechts kennenlernen und bei einer Verhandlung protokollieren

Schritte:
(1) Brief an das Amtsgericht verfassen und Termin absprechen (IT, WR, D)
(2) Richter/-in des Amtsgerichts in die Schule einladen und um ein Referat über Verkehrsstrafsachen bitten (WR, IT, D)
(3) Übungen im Mitschreiben und Protokollieren (D, WR)
(4) Eine Verhandlung vor dem Verkehrsgericht besuchen
(5) Wichtige Aussagen von Zeugen/Zeuginnen, Angeklagten und Gutachtern/Gutachterinnen protokollieren
(6) Mit Staatsanwalt/Staatsanwältin, Verteidiger/-in und Urkundsbeamten/Urkundsbeamtin sprechen
(7) Gerichtsprotokoll von der Geschäftsstelle besorgen und mit euren Niederschriften vergleichen
(8) Projekt dokumentieren (Protokoll, Bericht für Schülerzeitung, Wandzeitung, Berufsmöglichkeiten für Realschüler/-innen bei Gericht)
(9) Sich mit dem Urteil des Amtsgerichts Neustadt, S. 92, auseinandersetzen
(10) Einen Zeitungsbericht über ein Urteil in einer Strafrechtssache untersuchen

Amtsgericht Neustadt
Az. 4 Ks 4 Js 3584/66

Im Namen des Volkes

Urteil
des Amtsgerichts Neustadt
– Schöffengericht –

In der Strafsache gegen ...

wegen **fahrlässiger Tötung**

wird aufgrund der Hauptverhandlung vom .... , an der teilgenommen haben:
1. Direktor des Amtsgerichts Müller als Vorsitzender des Schöffengerichts,
2. a) Maria Huber
   b) Hans Meier
   beide vereidigt lt. ges. Protokoll,
   als Schöffen,
3. StA Hartmann
   als Vertreter der Staatsanwaltschaft,
4. Rechtsanwältin Schmidt, Neustadt,
   als Verteidigerin,
5. Justizobersekretärin Schnell
   als Urkundsbeamtin in der Geschäftsstelle,

für Recht erkannt:

1. Der Angeklagte ist schuldig der fahrlässigen Tötung und der fahrlässigen Gefährdung des Straßenverkehrs.
2. Er wird deswegen zur **Freiheitsstrafe von 1 Jahr und 6 Monaten** verurteilt.
3. Die Vollstreckung der Strafe wird zur Bewährung ausgesetzt.
4. Dem Angeklagten wird die Fahrerlaubnis entzogen. Sein Führerschein wird eingezogen. Die Verwaltungsbehörde darf dem Angeklagten vor Ablauf von noch 1 Jahr keine neue Fahrerlaubnis erteilen.
5. Der Angeklagte hat die Kosten des Verfahrens zu tragen.

Projekt: Verhandlung vor dem Verkehrsgericht

Auszüge aus der Urteilsbegründung

[...] An diesem Tag hatte der Angeklagte bereits ab Mittag alkoholische Getränke zu sich genommen. Obwohl er damit hätte rechnen müssen, dass er in seiner Fahrtauglichkeit beeinträchtigt war, stieg der Angeklagte in seinen PKW, Marke ..., amtl. Kennzeichen ..., um nach Hause zurückzukehren.

[...] Gegen 22 Uhr fuhr er dann seinen PKW über die Bundesstraße ... von ... in Richtung Neustadt. Infolge seiner Fahruntüchtigkeit übersah er gegen 22.30 Uhr bei km 10,4 auf Höhe der Ortschaft ... den auf der rechten Fahrbahnseite ebenfalls in Richtung Neustadt fahrenden Radfahrer ..., der sich ca. 65 cm zu weit in Richtung Fahrbahnmitte befand. Der Angeklagte, der mit einer Geschwindigkeit zwischen 70 km/h und 104 km/h unterwegs war, traf mit der rechten vorderen Seite seines Fahrzeugs von hinten auf den Radler auf. Dieser wurde durch die Wucht des Aufpralls auf den PKW aufgeladen und seitlich über die rechte Dachseite abgeworfen. Dabei erlitt das Unfallopfer tödliche Verletzungen.

Die Blutalkoholkonzentration beim Angeklagten, dem zwei Blutproben entnommen wurden, betrug zum Unfallzeitpunkt mindestens 1,95 ‰, maximal 2,5 ‰. Der Angeklagte war zum Tatzeitpunkt zwar in der Lage, das Unrecht seines Tuns einzusehen, seine Fähigkeit, auch nach dieser Einsicht zu handeln, war aber erheblich gemindert.

[...] Durch sein Verhalten hat sich der Angeklagte der fahrlässigen Tötung in Tateinheit mit fahrlässiger Gefährdung des Straßenverkehrs gemäß §§ 222, 315 c I Nr. 1 a, III Nr. 2, 52 StGB schuldig gemacht.

[...] Nach dem Gutachten des Sachverständigen Dr. ... war der Angeklagte aufgrund der durch die Ehekrise ausgelösten seelischen Belastungssituation in Verbindung mit der krankheitsbedingten Einschränkung der Fähigkeit zur Kontrolle der Alkoholaufnahme nach Trinkbeginn vermindert schuldfähig. [...]

a Fragen zum Inhalt:
(1) Inwiefern war der Angeklagte fahruntüchtig?
(2) Wie ereignete sich der Unfall konkret? Fertigt eine Skizze an!
(3) War das Unfallopfer betrunken?
(4) Im Urteil wird festgestellt, dass die Schuldfähigkeit des Angeklagten gemindert war. Wodurch?
(5) Welche Krankheit wird für den Angeklagten gutachterlich festgestellt?
(6) Warum hat der Angeklagte an diesem Tag überhaupt Alkohol zu sich genommen?

b Untersucht die Sprache der Urteilsbegründung (Wortwahl, Satzbau)!

c Was steht in den genannten Paragraphen des Strafgesetzbuches?

d Besprecht, welche zivilrechtlichen Folgen auf den Angeklagten zukommen, wenn das Opfer eine Frau und zwei minderjährige Kinder hinterlässt!

e Wie wird sich das Leben der Frau und der beiden minderjährigen Kinder ändern?

f Verfasst in Gruppenarbeit eine Anklageschrift des Staatsanwalts und die Verteidigungsrede der Rechtsanwältin zu diesem Fall!

g Vergleicht das Verhalten des Angeklagten mit dem von Generalvertreter Ellebracht auf S. 123!

Dichtung und Wirklichkeit

Im folgenden Kapitel findest du Textbeispiele aus den Literaturepochen Romantik, Realismus, Naturalismus und aus der Zeit nach dem Zweiten Weltkrieg. Du siehst, wie Dichter und Dichterinnen in den verschiedenen Epochen Menschen in unterschiedlichen Lebenssituationen mit unterschiedlichen Lebenszielen darstellen, und du erfährst, wie diese Menschen mit Rückschlägen und Krisen umgehen. Beurteile die Verhaltensweisen und Einstellungen der Hauptpersonen kritisch, vielleicht können sie zu deiner eigenen Orientierung beitragen.

Die Namen der Künstler und die Bildtitel findest du auf Seite 224.

Dichtung und Wirklichkeit

Mondbeglänzte Zaubernacht

1

Mondbeglänzte Zaubernacht,
Die den Sinn gefangen hält,
Wundervolle Märchenwelt,
Steig auf in der alten Pracht!
*Ludwig Tieck
(1773–1853)*

Caspar David Friedrich, Mondaufgang am Meer

a Eine/-r trägt das Gedicht wirkungsvoll vor.
▶ S. 201, Vortragen

b Sprecht darüber, welchen ersten Eindruck ihr von dem Gedicht habt, welche Stimmung es vermittelt!

c Welches „Bild", welche Vorstellung haben Maler und Dichter von der Welt?

2

Hörst du, wie die Brunnen rauschen?
Hörst du, wie die Grille zirpt?
Stille, stille, lass uns lauschen,
Selig, wer in Träumen stirbt;
Selig, wen die Wolken wiegen,
Wem der Mond ein Schlaflied singt!

O! wie selig kann der fliegen,
Dem der Traum den Flügel schwingt,
Dass an blauer Himmelsdecke
Sterne er wie Blumen pflückt:
Schlafe, träume, flieg, ich wecke
Bald dich auf und bin beglückt.

Clemens v. Brentano (1778–1842)

a Gebt das Gedicht mit eigenen Worten wieder!

b Welche Wirkung erzielt Brentano durch die Wiederholung einiger Begriffe?

c Welche Sinne spricht der Dichter an?

d Welche Bilder verwendet Brentano?

Lyrik der Romantik

e Was hält Brentano für *Glück*? Wen hält er für *selig*? Was ist für dich *Glück*?

*f Wer will, kann selbst ein Gedicht in dieser Stimmung schreiben.

*g Schreibe mit den Ergebnissen der Aufgaben a bis d einen zusammenhängenden Text!

*h Sucht im Internet oder in einer Literaturgeschichte Gedichte von Tieck, Eichendorff, Novalis oder Brentano! Gestaltet Gedichtblätter und vergleicht eure Ergebnisse!

▶ S. 165 f., Internetrecherche

3 Die Weiber von Winsperg[1]

Ruine Weibertreu in Weinsberg

Der erste Hohenstaufen, der König Konrad, lag
mit Heeresmacht vor Winsperg seit manchem langen Tag;
der Welfe war geschlagen, noch wehrte sich das Nest,
die unverzagten Städter, die hielten es noch fest.

5 Der Hunger kam, der Hunger! das ist ein scharfer Dorn;
nun suchten sie die Gnade, nun fanden sie den Zorn.
„Ihr habt mir hier erschlagen gar manchen Degen wert
und öffnet ihr die Tore, so trifft euch doch das Schwert."

Da sind die Weiber kommen: „Und muss es also sein,
10 gewährt uns freien Abzug, wir sind vom Blute rein."
Da hat sich vor den Armen des Helden Zorn gekühlt,
da hat ein sanft Erbarmen im Herzen er gefühlt.

„Die Weiber mögen abziehn, und jede habe frei,
was sie vermag zu tragen und ihr das Liebste sei!
15 Lasst ziehn mit ihrer Bürde sie ungehindert fort!"
Das ist des Königs Meinung, das ist des Königs Wort.

---
[1] heute Weinsberg

Dichtung und Wirklichkeit

Und als der frühe Morgen im Osten kaum gegraut,
da hat ein seltnes Schauspiel vom Lager man geschaut:
Es öffnet leise, leise sich das bedrängte Tor,
20 es schwankt ein Zug von Weibern mit schwerem Schritt hervor.

Tief beugt die Last sie nieder, die auf dem Nacken ruht,
sie tragen ihre Eh'herrn, das ist ihr liebstes Gut.
„Halt an die argen Weiber!", ruft drohend mancher Wicht;
der Kanzler spricht bedeutsam: „Das war die Meinung nicht."

25 Da hat, wie er's vernommen, der fromme Herr gelacht:
„Und war es nicht die Meinung, sie haben's gut gemacht;
gesprochen ist gesprochen, das Königswort besteht,
und zwar von keinem Kanzler zerdeutelt und zerdreht."

So war das Gold der Krone wohl rein und unentweiht.
30 Die Sage schallt herüber aus halbvergessner Zeit.
Im Jahr elfhundertvierzig, wie ich's verzeichnet fand,
galt Königswort noch heilig im deutschen Vaterland.
Adalbert von Chamisso (1781–1838)

a In der Ballade finden sich altertümliche Begriffe und Wendungen. Klärt in Partnerarbeit ihre Bedeutung!

b Die Ballade behandelt ein historisches Ereignis. Welches?

c Wie stellt Chamisso den König dar? Welche Kritik wird in den letzten beiden Zeilen deutlich?

d Unterscheidet dramatische und epische Abschnitte in der Ballade und tragt sie mit verteilten Rollen und einem Erzähler/einer Erzählerin vor!

∗e Erzählt die Ballade als Sage nach!

Hinweis: Besorgt euch das Original der Sage (Internet) und vergleicht es mit eurer Fassung!

▶ S. 194, Sage

∗f Beschreibt die Ballade in einem zusammenhängenden Text!

▶ S. 128, Literarische Texte beschreiben

∗g Informiert euch über die Stadt Weinsberg im Internet! Schreibt folgenden Lexikonartikel weiter:

Weinsberg, eine Stadt …

4 Aus dem Leben eines Taugenichts

Erstes Kapitel:

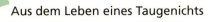

Das Rad an meines Vaters Mühle brauste und rauschte schon wieder recht lustig, der Schnee tröpfelte emsig vom Dache, die Sperlinge zwitscherten und tummelten sich dazwischen; ich saß auf der Türschwelle und wischte mir den Schlaf aus den Augen; mir war
5 so recht wohl in dem warmen Sonnenscheine. Da trat der Vater aus dem Hause; er hatte schon seit Tagesanbruch in der Mühle rumort und die Schlafmütze schief auf dem Kopfe, der sagte zu mir: „Du Taugenichts! Da sonnst du dich schon wieder und dehnst und reckst dir die Knochen müde und lässt mich alle
10 Arbeit allein tun. Ich kann dich hier nicht länger füttern. Der Frühling ist vor der Tür, geh auch einmal hinaus in die Welt und erwirb dir selber dein Brot." – „Nun", sagte ich, „wenn ich ein Taugenichts bin, so ist's gut, so will ich in die Welt gehen und mein Glück machen." Und eigentlich war
15 mir das recht lieb, denn es war mir kurz vorher selber eingefallen, auf Reisen zu gehn, da ich die Goldammer, welche im Herbst und Winter immer betrübt an unserm Fenster sang: „Bauer, miet mich, Bauer, miet mich!" nun in der schönen Frühlingszeit wieder ganz stolz und lustig vom Baume rufen hörte:
20 „Bauer, behalt deinen Dienst!" – Ich ging also in das Haus hinein und holte meine Geige, die ich recht artig spielte, von der Wand, mein Vater gab mir noch einige Groschen Geld mit auf den Weg und so schlenderte ich durch das lange Dorf hinaus. Ich hatte recht meine heimliche Freude, als ich da alle meine alten Bekannten und Kameraden rechts und links, wie gestern und
25 vorgestern und immerdar, zur Arbeit hinausziehen, graben und pflügen sah, während ich so in die freie Welt hinausstrich. Ich rief den armen Leuten nach allen Seiten stolz und zufrieden Adjes zu, aber es kümmerte sich eben keiner sehr darum. Mir war es wie ein ewiger Sonntag im Gemüte. Und als ich endlich ins freie Feld hinauskam, da nahm ich meine liebe Geige vor und spielte
30 und sang, auf der Landstraße fortgehend:

> Wem Gott will rechte Gunst erweisen,
> Den schickt er in die weite Welt,
> Dem will er seine Wunder weisen
> In Berg und Wald und Strom und Feld.
>
> 35 Die Trägen, die zu Hause liegen,
> Erquicket nicht das Morgenrot,
> Sie wissen nur vom Kinderwiegen,
> Von Sorgen, Last und Not um Brot.

Dichtung und Wirklichkeit

> Die Bächlein von den Bergen springen,
> 40 Die Lerchen schwirren hoch vor Lust,
> Was sollt ich nicht mit ihnen singen
> Aus voller Kehl und frischer Brust?
>
> Den lieben Gott lass ich nur walten;
> Der Bächlein, Lerchen, Wald und Feld
> 45 Und Erd und Himmel will erhalten,
> Hat auch mein' Sach' aufs Best bestellt!
> [...]
>
> *Josef Freiherr von Eichendorff (1788–1857)*

a Welche Stimmung vermittelt euch der Textausschnitt?

b Charakterisiert den Taugenichts! Geht insbesondere auf seine Lebenseinstellung ein!

c Kennst du moderne Trends und Bewegungen bei Jugendlichen, die vergleichbare Ziele verfolgen?

d Wie wird der Abschied vom Vater dargestellt?

e Der Textausschnitt endet mit einem Lied, das heute als Volkslied empfunden wird. Welches Lebensgefühl drückt es aus?

Tipp: Bittet eure Lehrkraft in Musik, mit euch das Lied zu singen!

f Beschreibt den Textausschnitt!

▶ S. 123 ff., Literarische Texte beschreiben

g Und so geht es weiter:

> *Der Müllersohn trifft unterwegs zwei vornehme Damen, die ihn mit auf ein gräfliches Schloss nehmen. Wegen der unerfüllten Liebe zu der jüngeren wandert er weiter bis nach Italien. Nach vielen Abenteuern treiben ihn das Heimweh und die Sehnsucht nach der schönen Dame zurück ins*
> 5 *Schloss. Dort erfährt er, dass sie die Nichte des Schlossportiers ist. Er heiratet sie und der Graf schenkt ihnen ein kleines Schloss mit Weinbergen. Mit den Worten „– und es war alles, alles gut" endet die Erzählung.*

Habt ihr erwartet, dass die Erzählung so gut ausgeht? Begründet eure Meinungen!

▶ S. 37 ff., Argumentieren

h In der Erzählung finden sich einige Märchenmerkmale. Nennt sie!

Aus dem Leben eines Taugenichts / Märchen

★ 5   Märchenstunde

a Ordnet jedem Dichter seinen Text zu!
b Welche der Märchen könnt ihr erzählen? Tipp: Internet

Romantik (ca. 1790–1840). Die Romantiker wollen die Realität durch Fantasie und grenzenloses Gefühl überwinden. Das Leben wird zur Poesie, die Natur schwärmerisch verklärt. Im Fantastischen und im Traum versuchen die Dichter das Unendliche zu erschließen. Grundstimmung ihrer Werke ist die oft unerfüllte Sehnsucht, Melancholie und das Fernweh, aber auch Sinnliches und Dämonisches. Die Romantiker besinnen sich auf die Vergangenheit, besonders das christliche Mittelalter, und unterstützen die nationale Einigung Deutschlands. Sagen und Märchen, Volkslieder, Balladen und Gedichte wurden die Hauptformen.
Auch in der Musik und Malerei kennen wir die Epoche der Romantik.

Dichtung und Wirklichkeit

Der Schimmelreiter

Im Internet findet ihr weitere Informationen unter: www.storm-gesellschaft.de

Theodor Storm (1817–1888)

Der Dichter Theodor Storm (1817–1888) stammt aus Schleswig-Holstein. Er studierte Jura und war als Richter tätig. Seiner norddeutschen Heimat fühlte er sich zeitlebens eng verbunden.
In der Erzählung „Der Schimmelreiter", die in Nordfriesland spielt, zeigt Theodor Storm den Kampf eines einsamen, verschlossenen Menschen gegen sein Schicksal und die Natur.
Das Geschehen wird nicht unmittelbar erzählt, sondern in Rahmenhandlungen eingebaut. Der Leser erfährt die Geschichte aus dritter Hand. Dadurch wird sie weit in die Vergangenheit geschoben.

Bei starkem Unwetter sieht der Erzähler, er ist fremd in der Gegend, auf einem Deich einen geheimnisvollen Reiter. Als er in einem Wirtshaus einkehrt, erzählt ihm der alte Schulmeister die Geschichte von Hauke Haien, dem Schimmelreiter, der als Spukgestalt noch heute vor drohendem Unheil warnt.

Der Schulmeister beginnt seine Erzählung in der Kindheit von Hauke.

[…] Als er so eines Abends zu seinem Vater in die Stube trat, der an seinen Messgeräten putzte, fuhr dieser auf: „Was treibst du draußen? Du hättest ja versaufen können; die Wasser beißen heute in den Deich."
Hauke sah ihn trotzig an. – „Hörst du mich nicht? Ich sag, du hättst versaufen können."
„Ja", sagte Hauke; „ich bin doch nicht versoffen!"
„Nein", erwiderte nach einer Weile der Alte und sah ihm wie abwesend ins Gesicht – „diesmal noch nicht."
„Aber", sagte Hauke wieder, „unsere Deiche sind nichts wert!"
– „Was für was, Junge?"
„Die Deiche, sag ich!"
– „Was sind die Deiche?" „Sie taugen nichts, Vater!", erwiderte Hauke.
Der Alte lachte ihm ins Gesicht. „Was denn, Junge? Du bist wohl das Wunderkind aus Lübeck!"

Poetischer Realismus / Der Schimmelreiter

15 Aber der Junge ließ sich nicht irren. „Die Wasserseite ist zu steil", sagte er, „wenn es einmal kommt, wie es mehr als einmal schon gekommen ist, so können wir hier auch hinterm Deich ersaufen!"

Der Alte holte seinen Kautabak aus der Tasche, drehte einen Schrot ab und schob ihn hinter die Zähne. „Und wie viel Karren hast du heut geschoben?",
20 frug er ärgerlich; denn er sah wohl, dass auch die Deicharbeit bei dem Jungen die Denkarbeit nicht hatte vertreiben können.

„Weiß nicht, Vater", sagte dieser, „so, was die anderen machten; vielleicht ein halbes Dutzend mehr; aber – die Deiche müssen anders werden!"

„Nun", meinte der Alte und stieß ein Lachen aus; „du kannst es ja vielleicht
25 zum Deichgraf[1] bringen; dann mach sie anders!"

„Ja, Vater!", erwiderte der Junge.

Der Alte sah ihn an und schluckte ein paarmal; dann ging er aus der Tür; er wusste nicht, was er dem Jungen antworten sollte.
[…]

a Glaubt ihr, dass Hauke Haien sein Ziel, Deichgraf zu werden, erreicht? Begründet eure Vermutungen!

b Beschreibt kurz Hauke Haien, wie ihr ihn euch vorstellt!

c Vergleicht seine Lebenseinstellung mit der des Taugenichts (S. 99 f.)! Mit welcher der Personen könntest du dich eher identifizieren?

d In beiden Textausschnitten (S. 99 und S. 102 f.) wird das Vater-Sohn-Verhältnis angesprochen. Welche Gemeinsamkeiten, welche Unterschiede seht ihr?

*e Erstellt ein Kurzreferat zum Thema Deichbau! Veranschaulicht mithilfe einer Zeichnung Fachbegriffe wie *Koog, Priel, Wasserseite*!

▶ S. 165 f., Internetrecherche

2 *Hauke tritt in den Dienst des alten Deichgrafen und übernimmt zunehmend dessen Aufgaben. Als der alte Deichgraf stirbt, wird Hauke durch die Heirat mit seiner Tochter Elke der reichste Mann des Dorfes und deshalb zum Deichgrafen gewählt. Da er für Ausbesserungsarbeiten am Deich immer wieder Geld und Arbeitsleistung von den Bauern verlangt, wird er zunehmend zum Außenseiter, was von seinem Gegenspieler Ole Peters ganz bewusst gefördert wird. Die Vision von einem neuen Deich beschäftigt Hauke immer noch.*

Eines Tages erklärt er Elke seine Ideen.

---
[1] Der gewählte Deichgraf kontrolliert die Deichanlagen und beaufsichtigt den Bau neuer Deiche.

[...] „Ich will", sagte er langsam und hielt dann einen Augenblick inne, „ich will, dass das große Vorland, das unserer Hofstatt gegenüber beginnt und dann nach Westen ausgeht, zu einem festen Kooge eingedeicht werde: Die hohen Fluten haben fast ein Menschenalter uns in Ruh gelassen; wenn aber
5 eine von den schlimmen wiederkommt und den Anwachs stört, so kann mit einem Mal die ganze Herrlichkeit zu Ende sein; nur der alte Schlendrian hat das bis heut so lassen können!"
Sie sah ihn voll Erstaunen an. „So schiltst du dich ja selber!", sagte sie.
– „Das tu ich, Elke; aber es war bisher auch so viel anderes zu beschaffen!"
10 „Ja, Hauke; gewiss, du hast genug getan!"
Er hatte sich in den Lehnstuhl des alten Deichgrafen gesetzt und seine Hände griffen fest um beide Lehnen.
„Hast du denn guten Mut dazu?", frug ihn sein Weib.
– „Das hab ich, Elke!", sprach er hastig.
15 „Sei nicht zu rasch, Hauke; das ist ein Werk auf Leben und Tod; und fast alle werden dir entgegen sein, man wird dir deine Müh und Sorg nicht danken!"
Er nickte. „Ich weiß!", sagte er.
„Und wenn es nun nicht gelänge!", rief sie wieder; „von Kindesbeinen an hab ich gehört, der Priel sei nicht zu stopfen und darum dürfe nicht daran
20 gerührt werden."
„Das war ein Vorwand für die Faulen!", sagte Hauke; „weshalb sollte man den Priel denn nicht stopfen können?"
– „Das hört ich nicht; vielleicht, weil er gerade durchgeht; die Spülung ist zu stark." [...]
25 Und Hauke lächelte; doch sie frug noch einmal: „Und die ungeheuren Kosten? Hast du das bedacht?" – „Das hab ich, Elke; was wir dort herausbringen, wird sie bei weitem überholen, auch die Erhaltungskosten des alten Deiches gehen für ein gut Stück in dem neuen unter; wir arbeiten ja selbst und haben über achtzig Gespanne in der Gemeinde, und an jungen Fäusten
30 ist hier auch kein Mangel. Du sollst mich wenigstens nicht umsonst zum Deichgrafen gemacht haben, Elke; ich will ihnen zeigen, dass ich einer bin!"
[...]

a Hauke leidet unter dem Vorwurf, er sei nur wegen seiner Heirat Deichgraf geworden. Zeigt das auf! Versteht ihr ihn?

b Welche Vorteile für die Bevölkerung verspricht sich Hauke von dem neuen Deich?

c Erkläre die Z. 15 und 16 mit eigenen Worten!

★d Ein neuer Deich soll gebaut werden. Stellt aus dem Text Argumente dafür und dagegen auf! Schreibt ein zusammenhängendes Textganzes!

▶ S. 37 ff., Argumentieren

Poetischer Realismus / Der Schimmelreiter

3 *Nur widerwillig stimmen die Bauern dem Deichprojekt zu. Unablässig, mit Strenge und Genauigkeit, überwacht Hauke den Bau. Die bösen Gerüchte gegen ihn nehmen zu, als er ein misshandeltes Pferd kauft, das sich dank seiner guten Pflege in einen feurigen Schimmel verwandelt, der*
5 *sich nur von Hauke reiten lässt. Die abergläubischen Bauern aber sehen einen Zusammenhang zwischen dem Schimmel und einem mittlerweile verschwundenen Pferdegerippe. Hauke entfremdet sich der Gemeinschaft immer mehr. Noch vor Vollendung des Deichs bringt Elke ein schwachsinniges Kind zur Welt, bei dessen Geburt sie fast stirbt.*
10 *Einige Zeit später – auf dem neuen Koog wird bereits Landwirtschaft betrieben – erkennt Hauke, dass auch der alte Deich erneuert werden muss. Durch Einsamkeit und Krankheit geschwächt, bringt er jedoch nicht mehr die nötige Energie zur Auseinandersetzung mit den Bauern auf und begnügt sich mit oberflächlichen Ausbesserungsarbeiten.*

a Was vermuten die Bauern im Zusammenhang mit dem Schimmel?

b Weshalb wird Hauke immer mehr zum Außenseiter? Stellt mehrere Gründe dar!

c Erklärt die Zeilen 12 bis 14 mit eigenen Worten!

4 *Als eine schwere Sturmflut kommt, wollen die Bauern den neuen Deich durchstechen, weil sie meinen, dadurch den alten retten zu können. Hauke kann sie gerade noch davon abhalten.*

[…] Nur das Tosen des Sturmes und das Rauschen des Wassers war zu hören. Hauke drehte sich im Sattel: Was gab es dort? Seine Augen wurden groß: „Herr Gott! Ein Bruch! Ein Bruch im alten Deich!"
„Eure Schuld, Deichgraf!", schrie eine Stimme aus dem Haufen. „Eure
5 Schuld! Nehmt's mit vor Gottes Thron!"
Haukes zornrotes Antlitz war totenbleich geworden; der Mond, der es beschien, konnte es nicht bleicher machen; seine Arme hingen schlaff, er wusste kaum, dass er den Zügel hielt. Aber auch das war nur ein Augenblick; schon richtete er sich auf, ein hartes Stöhnen brach aus seinem Munde, dann
10 wandte er stumm sein Pferd und der Schimmel schnob und raste ostwärts auf dem Deich mit ihm dahin. Des Reiters Augen flogen scharf nach allen Seiten; in seinem Kopfe wühlten die Gedanken: Was hat er für eine Schuld vor Gottes Thron zu tragen? – Der Durchstich des neuen Deichs – vielleicht, sie hätten's fertiggebracht, wenn er sein Halt nicht gerufen hätte; aber – es war

15 noch eins und es schoss ihm heiß zu Herzen, er wusste es nur zu gut – im vorigen Sommer, hätte damals Ole Peters' böses Maul ihn nicht zurückgehalten – da lag's! Er allein hatte die Schwäche des alten Deichs erkannt; er hätte trotz allem das neue Werk betreiben müssen. „Herr Gott, ja, ich bekenn's", rief er plötzlich laut in den Sturm hinaus, „ich habe meines Amtes schlecht
20 gewartet!"
[…]

Als Elke und sein Kind, die zu ihm auf den Deich kommen wollen, vor seinen Augen in den Wassermassen versinken, stürzt sich Hauke mit seinem Schimmel in die entfesselten Fluten. Der Hauke-Haien-Deich jedoch hält den Sturmfluten über Jahrhunderte stand.

Poetischer Realismus / Novelle

a Welche Schuld geben die Bauern Hauke, welche gibt er sich selbst?

b Hat er eurer Meinung nach seines Amtes „schlecht gewartet" (Z. 19 f.)?

c Sprecht über die Gründe, die Hauke zu seinem Selbstmord veranlasst haben könnten!

d Untersucht die sprachliche Darstellung! Klärt in Partnerarbeit Folgendes:
- Wie stellt Storm das Entsetzen von Hauke über den Ausruf dar? Sucht die entsprechenden Wendungen im Text!
- Mit welchen sprachlichen Mitteln werden die sich überstürzenden Gedanken Haukes aufgezeigt?
- In diesem Textausschnitt werden überwiegend Hauptsätze aneinandergereiht. Welche Wirkung erzielt Storm dadurch?

∗e Greift bei Z. 6 in die Handlung ein und verändert den Verlauf so, dass die Geschichte ein gutes Ende nimmt! Schreibt eure Ideen in Stichworten auf und tragt sie in der Klasse vor!

f Formuliert einen Zeitungsbericht über den Tod des Deichgrafen Hauke Haien!

▶ S. 60, Bericht

∗g Interviewt in einem Rollenspiel einen Bauern nach dieser Sturmflut über die Schäden! Nehmt euer Interview mit dem Kassettenrekorder auf!

„Der Schimmelreiter" ist eine Novelle. Eine **Novelle** ist eine längere Erzählung, die ein merkwürdiges Geschehen mit einer oder mehreren unerwarteten Wendungen behandelt. Im Mittelpunkt stehen eine oder mehrere Personen, die in Konfliktsituationen geraten. Mit dem äußeren Geschehen ist oft die innere Entwicklung des Helden/der Heldin verknüpft. Am Ende steht der Untergang der Hauptperson oder die Lösung des Konflikts.

Dichtung und Wirklichkeit

5 In der Literaturwerkstatt

Verfasser/-in	Titel der Novelle
(A) Annette v. **D**roste-Hülshoff	(I) Die schwarze Spinn**e**
(B) J**e**remias Gotthelf	(II) Gustav Ad**o**lfs Page
(C) Adalbert **S**tifter	(III) Die schw**a**rze Galeere
(D) Gottfried Kel**l**er	(IV) Die **J**u**d**enbuche
(E) Wilhelm Ra**a**be	(V) Bergkris**t**all
(F) C**o**nrad Ferdinand Meyer	(VI) Romeo und Ju**l**ia auf dem Dorfe

a Ordnet zu! Legt euch dazu eine Tabelle an!

Hinweis: Verfasser/-in und zugehöriger Titel haben einen hervorgehobenen Buchstaben gemeinsam.

b

Darum geht es:	
(1) Zwei Kinder verirren sich am Weihnachtsabend im Eis der Berge, nachdem sie ihre Großeltern besucht haben.	(4) Ein tollkühnes junges Mädchen begleitet, als Junge verkleidet, den von ihm bewunderten Schwedenkönig im Dreißigjährigen Krieg.
(2) Vrenchen und Sali, die sich von klein auf kennen, lieben sich. Da ihre Familien jedoch verfeindet sind, können sie nicht heiraten.	(5) Der Teufel hilft Bauern beim Frondienst und fordert für seine Hilfe ein ungetauftes Kind. Um seinen Lohn betrogen, schickt er Spinnen …
(3) Ein junger haltloser Mann ermordet aus verletztem Ehrgefühl im Wald einen Juden. Da es ihm gelingt zu fliehen, schlägt die Judenschaft in den Stamm einer Buche einen geheimnisvollen Spruch.	(6) Jan ist der Steuermann eines Kaperschiffs der niederländischen Freiheitskämpfer, die in blitzschnellen Überfällen spanische Schiffe angreifen und vernichten. Seine Braut wird entführt.

Lest die Texte genau! Ordnet sie den Titeln von a zu! Ergänzt die entsprechende Ziffer in eurer Tabelle!

Literaturwerkstatt: Lernzirkel poetischer Realismus

C Einen Lernzirkel erstellen

- Teilt euch in Gruppen! Jede Gruppe wählt sich einen Dichter und ein Werk aus den Aufgaben a und b für ihre Station aus!
- Besprecht in der Gruppe, was ihr alles erarbeiten und an eurer Station bereitstellen müsst:
  - Infomaterial (Textblätter, Literaturgeschichten, Computer, Rekorder und Tonkassetten, Bilder …)
  - (in Klassenstärke kopierte) Aufgabenblätter und gegebenenfalls Schere, Klebstoff …
  - Lösungsblätter
- Lasst euch von folgenden Ideen anregen:

Infomaterial	Aufgabe an der Station
• Lebenslauf als Textganzes (aus dem Internet, der Literaturgeschichte …)	• Tabelle (Ort, Zeit, bedeutende Ereignisse) ausfüllen • Landkarte: Orte eintragen
• Textausschnitte auf Tonkassetten (selbst aufnehmen!) …	• Kassette anhören, Textausschnitte zuordnen
• Kurzinhaltsangaben zu bedeutenden Werken …	• Rätsel lösen
• …	• …

- Führt den Lernzirkel in eurer Klasse durch!
- Besprecht, welche Stationen euch gut gefallen haben und warum! Was wollt ihr noch verbessern?
- Laminiert eure Papiermaterialien und gebt sie an andere Klassen weiter!

Poetischer Realismus (ca. 1830–1880). Der Realismus ist gekennzeichnet durch eine bewusste Wendung zur Gegenwart. Die Umwelt wird sachlich und wirklichkeitsgetreu dargestellt, Details werden liebevoll ausgestaltet. Der Mensch tritt in den Vordergrund. Sein persönliches Schicksal und sein Charakter werden – psychologisch vertieft – nachgezeichnet. Für die Dichtung neu entdeckt werden Beruf, Heimat und die konkrete Landschaft.
Hauptformen der Dichtung sind der Roman, Novelle, Ballade und Gedicht.

Dichtung und Wirklichkeit

Alles nur Theater?

Dichter und Dichterinnen schreiben Theaterstücke, um zu unterhalten, zu belehren, sie wollen kritisieren, die Menschen aufrütteln …
Die Stücke werden im Theater von Intendanten (den Theaterleitern) und von Dramaturgen ausgewählt und mit Regisseuren und Schauspielern inszeniert. So kann ein Werk durch unterschiedliche Bearbeitungen auch unterschiedlich wirken.
Mitarbeiter und Mitarbeiterinnen – Bühnenbildner, Techniker, Requisiteure … – setzen die Ideen um und tragen entscheidend zum Gelingen einer Theateraufführung bei, die wir Zuschauer und Zuschauerinnen als Gesamtkunstwerk erleben.

1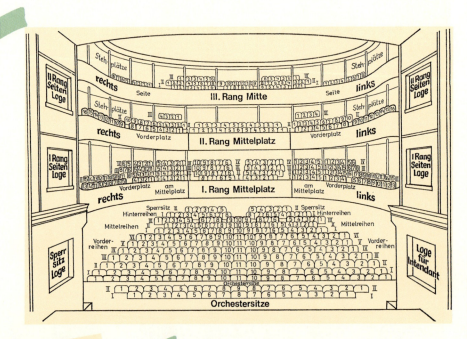

a Warst du schon einmal in einer Theateraufführung? In welchem Theater?

b Haltet ihr einen Theaterbesuch noch für zeitgemäß?

▶ S. 37 ff., Argumentieren

★c Wo sitzt du mit dieser Karte? Beschreibe es mithilfe des Theaterplans!

Sich über die Schulplatzmiete informieren

d Sucht im Internet einige Städte in eurer Umgebung, die auf ihrer Homepage einen Link zu ihren Theatern haben! Welche Informationen stellen die Theater ins Netz?

▶ S. 165 f., Internetrecherche

2 Schulplatzmiete

Liebe Schülerinnen und Schüler der 9. und 10. Klassen,

auch dieses Jahr gibt es wieder die Schulplatzmiete. Bei euren Deutschlehrkräften könnt ihr den Spielplan einsehen. Geboten werden 6 Abendvorstellungen zum Gesamtpreis von 42 €.
Der Preis gilt einheitlich auf allen Plätzen. Zusätzlich könnt ihr als Schulplatzmieter Karten zum Preis von 7 € für alle Vorstellungen erwerben, sofern der Vorverkauf das zulässt.
Gegen Barkasse könnt ihr euch

vom 1. bis 10. Oktober
jeweils in der großen Pause

bei Frau Hart in Zimmer 1 B 11 anmelden.

a Gibt es an eurer Schule auch eine Schulplatzmiete? Wie ist sie organisiert?

b Was spricht für, was gegen ein solches Abonnement?

▶ S. 37 ff., Argumentieren

c Warum bieten Theater die Schulplatzmiete an?

Dichtung und Wirklichkeit

Projekt: Theaterwerkstatt
Ideen rund ums Theater

- **Unser Theater**
  Informiert euch über die Entstehungsgeschichte!
  Klärt, wie euer Theater finanziert wird!
  Organisiert eine Führung durch das Theater!
  …

- **Arbeitsplatz Theater**
  Informiert euch über die Berufsfelder im Theater!
  Erkundigt euch bei ausgewählten Berufen nach Ausbildung, Arbeitszeiten, Verdienst!
  Fragt nach ihren Möglichkeiten der Mitsprache bei Aufführungen!
  …
  Tipp: Fragt auch eure Berufsberater!

- **Theaterleute bei der Arbeit**
  Besucht eine öffentliche Probe!
  Fragt an, ob ihr kurze Interviews durchführen dürft, mit Schauspielern, dem Regisseur, Maskenbildner …!
  …
  Tipp: Nehmt die Interviews auf!

Dokumentiert eure Ergebnisse, zum Beispiel mit einer Wandzeitung!
Tipp: Die Lehrkräfte in Kunsterziehung, Werken und Musik können euch beim Projekt gute Anregungen geben.

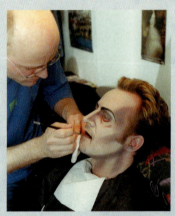

Maskenbildner bei der Arbeit

oder:
- **Erlebt gemeinsam eine Theateraufführung**!
  Lasst euch einen Spielplan zuschicken!
  Wählt eine Aufführung aus!
  Informiert euch über das Stück!
  Besorgt euch rechtzeitig Karten!
  Lest die Theaterkritiken und vergleicht sie mit eurer eigenen Meinung!
  Verfasst eine eigene Kritik für die Schülerzeitung!

  Tipps:
  Die Homepage des Theaters kann euch weiterhelfen.
  Ladet Theaterleute zu einem Gespräch in die Schule ein!

Hinweis: Manche Theaterstücke sind als Videofilm erhältlich!

Projekt Theaterwerkstatt / Naturalismus

Die Weber – ein naturalistisches Drama

Am Ende des 19. Jahrhunderts ist die soziale Frage das größte Problem in der Gesellschaft. Durch den technischen Fortschritt schreitet die Industrialisierung immer rascher voran. Das führt zu erbarmungslosem Konkurrenzkampf und zur Verelendung der Arbeitermassen. Die traditionellen Werte des Bürgertums und des Adels erscheinen überholt. Der Mensch wird erstmals als Produkt von Vererbung und Milieu gesehen. Diese Entwicklungen werden in der Literaturepoche des Naturalismus schonungslos und teilweise sogar übertrieben dargestellt.

1 Das Werk „Die Weber" des schlesischen Dichters Gerhart Hauptmann ist ein naturalistisches Drama, zu dem er durch Quellenstudium, eigene Erfahrungen und Erlebnisse angeregt wurde. Es zeigt die Lage der schlesischen Weber, die seit der Erfindung des mechanischen Webstuhls verelenden.

▶ S. 193, Drama

Hier spielt die Handlung

1. Akt:
Schauplatz ist ein Fabrikraum in Peterswaldau. Ausgemergelte Heimarbeiter liefern demütig ihre fertigen Gewebe ab, für einen Hungerlohn. Nur der junge Bäcker begehrt gegen den Fabrikanten Dreißiger und sein Personal auf. Diese drücken den Preis und weisen alle Bitten und Klagen ab.
[…]

Unter den dicht gedrängten Webern ist eine Bewegung entstanden. Jemand stößt einen langen, tiefen Seufzer aus. Darauf geschieht ein Fall. Alles Interesse wendet sich dem neuen Ereignis zu.

DREISSIGER. Was gibt's denn da?
VERSCHIEDENE WEBER UND WEBERFRAUEN. 's is eener hingeschlagn, 's is a klee hiprich[1] Jungl. Is's etwa de Kränkte oder was?
DREISSIGER. Ja … wie denn? Hingeschlagen? *Er geht näher.*
5 ALTER WEBER. A liegt halt da. *Es wird Platz gemacht. Man sieht einen siebenjährigen Jungen wie tot an der Erde liegen.*
DREISSIGER. Kennt jemand den Jungen?
ALTER WEBER. Aus unserm Dorfe is a nich.

---
[1] schwächlich

Käthe Kollwitz, Not (1893/94), aus dem Zyklus „Ein Weberaufstand"

DER ALTE BAUMERT. Der sieht ja bald aus wie Heinrichens. *Er betrachtet ihn genauer.* Ja, ja! Das ist Heinrichens Gustavl.
DREISSIGER. Wo wohnen denn die Leute?
DER ALTE BAUMERT. Nu, oben bei uns, in Kaschbach, Herr Dreißiger. Er geht Musicke machen und am Tage da liegt a ieberm Stuhle. Se han neun Kinder und 's zehnte is unterwegens.
VERSCHIEDENE WEBER UND WEBERFRAUEN. Den Leutn geht's gar sehr kimmerlich. – Den regnet's in de Stube. – Das Weib hat keene zwee Hemdl fer die neun Burschen.
DER ALTE BAUMERT, *den Jungen anfassend.* Nu, Jungl, was hat's denn mit dir? Da wach ock uf!
DREISSIGER. Fasst mal mit an, wir wollen ihn mal aufheben. Ein Unverstand ohnegleichen, so'n schwächliches Kind diesen langen Weg machen zu lassen. Bringen Sie mal etwas Wasser, Pfeifer!
WEBERFRAU, *die ihn aufrichten hilft.* Mach ock ni etwa Dinge und stirb, Jungl!
DREISSIGER. Oder Kognak, Pfeifer, Kognak ist besser.
BÄCKER *hat, von allen vergessen, beobachtend gestanden. Nun, die eine Hand an der Türklinke, ruft er laut und höhnisch herüber.* Gebt 'n ock was zu fressen, da wird er schonn zu sich kommen. *Ab.*
DREISSIGER. Der Kerl nimmt kein gutes Ende. – Nehmen Sie ihn unterm Arm, Neumann. Langsam, langsam … so … so … wir wollen ihn in mein Zimmer bringen. Was wollen Sie denn?
NEUMANN. Er hat was gesagt, Herr Dreißiger! Er bewegt die Lippen.
DREISSIGER. Was willst du denn, Jungl?
DER JUNGE *haucht.* Mich hungert!
DREISSIGER *wird bleich.* Man versteht ihn nich.
WEBERFRAU. I gloobe, a meinte …
DREISSIGER. Wir werden ja sehn. Nur ja nich aufhalten.
[…]

Als Dreißiger und sein Personal mit dem Kind verschwunden sind, beginnen die Weber zu murren. Der zurückkehrende Dreißiger verharmlost erneut den Vorfall und klagt über die schwere Verantwortung des Unternehmers.

a Übertragt den Ausschnitt in die Standardsprache!
▸ S. 141 f., Standardsprache

b Welche Personen ordnet ihr den Webern, welche Dreißiger zu? Warum?

c Fasst den Inhalt zusammen!

d Dreißiger ist von dem Zusammenbruch des Jungen peinlich berührt. Zeigt das im Text auf und nennt mögliche Gründe dafür!

✶e In Entwicklungsländern wird die Arbeitskraft von Menschen – auch von Kindern – noch heute ausgebeutet. Führt Beispiele dafür an!

> Weil der **Naturalismus** die naturgetreue Wiedergabe der Wirklichkeit fordert, werden Dialekt und Umgangssprache literaturfähig. Schattenseiten der Gesellschaft und des Lebens sind das Thema der Dichtung.

2

2. Akt:
Schauplatz ist die armselige Stube eines Webers. Hier lebt eine fünfköpfige Familie in bitterster Armut, obwohl alle vom Morgengrauen bis in die Nacht an den Webstühlen arbeiten. Da erscheint der vom Militär zurückgekommene Moritz Jäger, erzählt vom herrlichen Soldatenleben und liest das neue Weberlied vor, das „Lied vom Blutgericht", das gegen Dreißiger gerichtet ist und die hoffnungslose Lage der Weber darstellt. Sie reagieren darauf mit ohnmächtiger Wut.

3. Akt:
Im Wirtshaus klagen die Weber über ihr hartes Los. Die Erregung wächst. Als der Dorfpolizist hereinkommt und verkündet, dass es bei Strafe verboten ist, das Weberlied zu singen, wird die Situation bedrohlich. Die Weber, unter ihnen Bäcker und Jäger, brechen auf und ziehen zu Dreißigers Haus, dabei singen sie das Lied.

4. Akt:
Bei einer kleinen Abendgesellschaft im Salon Dreißigers zeigt der Hauslehrer Verständnis für die Unruhe unter den Webern. Dreißiger verbittet sich seine Belehrungen über Humanität und entlässt ihn. Der Tumult vor dem Haus nimmt zu. Der Polizeiverwalter verhaftet Jäger und bringt ihn in den Salon. Pastor Kittelhaus ermahnt ihn zur Gottesfurcht. Als Jäger abgeführt worden ist, setzt Dreißiger das Gespräch über die Undankbarkeit der Weber fort und schildert die schwierige Lage der Fabrikanten.

[...]

DREISSIGER. Das Ausland hat sich gegen uns durch Zölle verbarrikadiert. Dort sind uns die besten Märkte abgeschnitten und im Inland müssen wir ebenfalls auf Tod und Leben konkurrieren, denn wir sind preisgegeben, völlig preisgegeben.

5 PFEIFER *kommt atemlos und blass hereingewankt.* Herr Dreißicher, Herr Dreißicher!

Dichtung und Wirklichkeit

Gottlieb Hilse (Edgar Selge),
Vater Hilse (Fritz Lichtenhahn),
Inszenierung: Hansjörg Utzerath,
Bühnenbild und Kostüme: Karl Kneidl,
Schiller Theater West-Berlin 1976

DREISSIGER *bereits in der Salontür, im Begriff zu gehen, wendet sich geärgert.* Nu, Pfeifer, was gibt's schon wieder?
10 PFEIFER. Nee, nee ... nu lasst mich zufriede!
DREISSIGER. Was ist denn nu los?
KITTELHAUS. Sie machen einem ja Angst; reden Sie doch!
PFEIFER *immer noch nicht bei sich.* Na, da lasst mich zu-
15 friede! nee so was! nee so was aber ooch! Die Obrigkeit ... na, den wirds gutt gehn.
DREISSIGER. Ins Teufels Namen, was ist Ihnen denn in die Glieder geschlagen? Hat jemand den Hals gebrochen?
20 PFEIFER, *fast weinend vor Angst, schreit heraus.* Se habn a Jäger Moritz befreit, a Verwalter gepriegelt und fortgejagt, a Schandarm gepriegelt und fortgejagt. Ohne Helm ... a Säbel zerbrochen ... nee, nee!
DREISSIGER. Pfeifer, Sie sind wohl übergeschnappt.
25 KITTELHAUS. Das wäre ja Revolution.
[...]

Der Aufruhr bricht los. Dreißiger kann sich und seine Familie in Sicherheit bringen. Die Weber stürmen das Haus und schlagen alles kurz und klein.

 Zeigt auf, wie die Stimmung unter den Webern eskaliert!

 3. Strophe des Weberlieds:
*Ihr Schurken all, ihr Satansbrut,
ihr höllischen Kujone[1],
ihr fresst der Armen Hab und Gut,
und Fluch wird euch zum Lohne.*

Warum war wohl das Singen des Lieds bei Strafe verboten?

Hinweis: Im Internet findet ihr den vollständigen Text!

 Diskutiert darüber, warum die Weber zu Dreißigers Haus kommen!

 Welche Rechtfertigung sieht Dreißiger für sein ausbeuterisches Verhalten? Erklärt dazu die Z. 1–4!

 Stellt euch vor, ihr seid als Reporter vor Ort! Verfasst in Gruppenarbeit eine Reportage!

▶ S. 60, Reportage

---
[1] Schurken

Naturalismus / Die Weber

3 5. Akt:
Der Aufstand greift auf die Nachbarorte über. Da setzt die Regierung Militär ein, um die Ordnung wiederherzustellen. Die Weber werfen Pflastersteine, die Soldaten schießen. Eine verirrte Kugel trifft einen alten Weber, den Einzigen, der in eigensinniger Gottergebenheit an seinem Webstuhl geblieben und sich von dem Aufstand ferngehalten hat. Damit endet das Drama.

a Beurteilt den Schluss! Welche Fragen bleiben offen?

*b Schreibt kurze Zeitungsartikel über den im Drama dargestellten Weberaufstand! Ihr könnt sie aus der Sicht einer konservativen oder einer liberalen Zeitung verfassen!

▶ S. 73, Kommentar

▶ S. 60, Bericht

c Informiert euch über den Weberaufstand von 1844, der die historische Vorlage zum Werk Hauptmanns darstellt!

▶ S. 165 f., Internetrecherche

*d Was haltet ihr davon, so ein Thema auf die Bühne zu bringen?

4

Die Weber von Gerhart Hauptmann
Diesem ■ liegt der historische ■ von 1844 zugrunde. Jeder der ■ Akte zeigt ein in sich abgeschlossenes Bild. Die eigentliche ■ findet zwischen den Akten statt.
Hauptmann will – wie es typisch für die Naturalisten ist – die ■ wahrheitsgetreu aufzeigen. Deshalb gibt er ausführliche Beschreibungen des ■ und der Personen. Der Held des Dramas ist keine Einzelperson, sondern die ■. Sie sind jedoch keine Handelnden, denn ihnen ist die ■ genommen. Hauptmann stellt sich mit großem Engagement auf ihre Seite. Um aufzurütteln zeigt er erschütternde Beispiele für ihr ■. Auch die Sprache ist der Wirklichkeit nachgezeichnet. Die Weber sprechen ihren ■.

Weberaufstand – naturalistischen Drama – Bühnenbilds – Masse der Weber – Freiheit der Entscheidung – schlesischen Dialekt – Wirklichkeit – fünf – Elend – Handlung

a Übertragt den Text ins Heft! Ersetzt die Blockaden mit den passenden Wendungen aus dem Wortspeicher!

Dichtung und Wirklichkeit

★ b Informiert euch im Internet oder in einer Literaturgeschichte über Gerhart Hauptmann und sein Werk und präsentiert die Ergebnisse!

▶ S. 20, 191, Lebenslauf; S. 190, Inhalte zusammenfassen

★ 5 Aus zeitgenössischen Theaterkritiken

> (1) Es ist das dramatisch Packendste, was Hauptmann bis jetzt gelungen ist. Das Drama hat keine geschlossene Handlung, die sich um ein Einzelschicksal dreht. Aber es ist auf größtem sozialen Hintergrund, eine Schilderung voll von dramatischer Wucht, die auch bei der Lektüre zu heißer Leidenschaft hinreißt.
>
> Frankfurter Zeitung vom 26.01.1892
>
> (2) Herr Hauptmann ist ein feiner Künstler. [...] Die Aufgabe aber, an einem Menschengeschick den ganzen Jammer zu zeigen und die Fülle der Not, sodass man in der Perspektive auch das Leben und das Vergehen der übrigen Unterdrückten erblicken kann, diese Aufgabe hat er nicht bewältigt.
>
> Die Zukunft, Berlin, 11.03.1893

a Vergleicht die beiden Kritiken!

b Was kann das Drama „Die Weber" heute noch aussagen?

Gerhart-Hauptmann-Gedenkstätte auf Hiddensee

Gerhart Hauptmann (1862–1946)

Augenblicke, die verändern – Kurzgeschichten

1 Den Inhalt erfassen

Die Küchenuhr

Sie sahen ihn schon von Weitem auf sich zukommen, denn er fiel auf. Er hatte ein ganz altes Gesicht, aber wie er ging, daran sah man, dass er erst zwanzig war. Er setzte sich mit seinem alten Gesicht zu ihnen auf die Bank. Und dann zeigte er ihnen, was er in der Hand trug.

5 Das war unsere Küchenuhr, sagte er und sah sie alle der Reihe nach an, die auf der Bank in der Sonne saßen. Ja, ich habe sie noch gefunden. Sie ist übrig geblieben.

Er hielt eine runde tellerweiße Küchenuhr vor sich hin und tupfte mit dem Finger die blaugemalten Zahlen ab.

10 Sie hat weiter keinen Wert, meinte er entschuldigend, das weiß ich auch. Und sie ist auch nicht so besonders schön. Sie ist nur wie ein Teller, so mit weißem Lack. Aber die blauen Zahlen sehen doch ganz hübsch aus, finde ich. Die Zeiger sind natürlich nur aus Blech. Und nun gehen sie auch nicht mehr. Nein. Innerlich ist sie kaputt, das steht fest. Aber sie sieht noch aus wie
15 immer. Auch wenn sie jetzt nicht mehr geht.

Er machte mit der Fingerspitze einen vorsichtigen Kreis auf dem Rand der Telleruhr entlang. Und er sagte leise: Und sie ist übrig geblieben.

Die auf der Bank in der Sonne saßen, sahen ihn nicht an. Einer sah auf seine Schuhe und die Frau sah in ihren Kinderwagen. Dann sagte jemand:
20 Sie haben wohl alles verloren?

Ja, ja, sagte er freudig, denken Sie, aber auch alles! Nur sie hier, sie ist übrig. Und er hob die Uhr wieder hoch, als ob die anderen sie noch nicht kannten.

Aber sie geht doch nicht mehr, sagte die Frau.

Nein, nein, das nicht. Kaputt ist sie, das weiß ich wohl. Aber sonst ist sie doch
25 noch ganz wie immer: weiß und blau. Und wieder zeigte er ihnen seine Uhr. Und was das Schönste ist, fuhr er aufgeregt fort, das habe ich Ihnen ja noch überhaupt nicht erzählt. Das Schönste kommt nämlich noch: Denken Sie mal, sie ist um halb drei stehen geblieben. Ausgerechnet um halb drei, denken Sie mal.

30 Dann wurde Ihr Haus sicher um halb drei getroffen, sagte der Mann und schob wichtig seine Unterlippe vor. Das habe ich schon oft gehört. Wenn die Bombe runtergeht, bleiben die Uhren stehen. Das kommt von dem Druck.

Er sah seine Uhr an und schüttelte überlegen den Kopf. Nein, lieber Herr, nein, da irren Sie sich. Das hat mit den Bomben nichts zu tun. Sie müssen
35 nicht immer von den Bomben reden. Nein. Um halb drei war etwas ganz an-

deres, das wissen Sie nur nicht. Das ist nämlich der Witz, dass sie gerade um halb drei stehen geblieben ist. Und nicht um viertel nach vier oder um sieben. Um halb drei kam ich nämlich immer nach Hause. Nachts, meine ich. Fast immer um halb drei. Das ist ja gerade der Witz.

40 Er sah die anderen an, aber die hatten ihre Augen von ihm weggenommen. Er fand sie nicht. Da nickte er seiner Uhr zu: Dann hatte ich natürlich Hunger, nicht wahr? Und ich ging immer gleich in die Küche. Da war es dann fast immer halb drei. Und dann, dann kam nämlich meine Mutter. Ich konnte noch so leise die Tür aufmachen, sie hat mich immer gehört. Und wenn ich in
45 der dunklen Küche etwas zu essen suchte, ging plötzlich das Licht an. Dann stand sie da in ihrer Wolljacke und mit einem roten Schal um. Und barfuß. Immer barfuß. Und dabei war unsere Küche gekachelt. Und sie machte ihre Augen ganz klein, weil ihr das Licht so hell war. Denn sie hatte ja schon geschlafen. Es war ja Nacht.

50 So spät wieder, sagte sie dann. Mehr sagte sie nie. Nur: So spät wieder. Und dann machte sie mir das Abendbrot warm und sah zu, wie ich aß. Dabei scheuerte sie immer die Füße aneinander, weil die Kacheln so kalt waren. Schuhe zog sie nachts nie an. Und sie saß so lange bei mir, bis ich satt war. Und dann hörte ich sie noch die Teller wegsetzen, wenn ich in meinem Zim-
55 mer schon das Licht ausgemacht hatte. Jede Nacht war es so. Und meistens immer um halb drei. Das war ganz selbstverständlich, fand ich, dass sie mir nachts um halb drei das Essen machte. Ich fand das ganz selbstverständlich. Sie tat das ja immer. Und sie hat nie mehr gesagt als: So spät wieder. Aber das sagte sie jedes Mal. Und ich dachte, das könnte nie aufhören. Es war mir
60 so selbstverständlich. Das alles war doch immer so gewesen.

Einen Atemzug lang war es ganz still auf der Bank. Dann sagte er leise: Und jetzt? Er sah die anderen an. Aber er fand sie nicht. Da sagte er der Uhr leise ins weißblaue runde Gesicht: Jetzt, jetzt weiß ich, dass es das Paradies war. Das richtige Paradies.

65 Auf der Bank war es ganz still. Dann fragte die Frau leise: Und Ihre Familie? Er lächelte sie verlegen an: Ach, Sie meinen meine Eltern? Ja, die sind auch mit weg. Alles ist weg. Alles, stellen Sie sich vor. Alles weg.
Er lächelte verlegen von einem zum anderen. Aber sie sahen ihn nicht an.
Da hob er wieder die Uhr hoch und er lachte. Er lachte: Nur sie hier. Sie ist
70 übrig. Und das Schönste ist ja, dass sie ausgerechnet um halb drei stehen geblieben ist. Ausgerechnet um halb drei.
Dann sagte er nichts mehr. Aber er hatte ein ganz altes Gesicht. Und der Mann, der neben ihm saß, sah auf seine Schuhe. Aber er sah seine Schuhe nicht. Er dachte immerzu an das Wort Paradies.

75 *Wolfgang Borchert*

 Berührt euch die Geschichte?

Eine Kurzgeschichte untersuchen

b Bereitet den Text zum Vortragen vor! Worauf müsst ihr achten?

▶ S. 201, Vortragen und Vorlesen

c Versucht das Geschehen aus dem Zusammenhang zeitlich einzuordnen!

d Gliedert den Text in Handlungsabschnitte und fasst ihn zusammen!

e Worum geht es in der Kurzgeschichte? Formuliert die Kernaussage!

f Wie stellt ihr euch die im Text genannten Personen vor? Beschreibt sie!

g Was empfindet der junge Mann als Paradies? Welche Vorstellungen hast du?

h Der Text kann

(1) zum Nachdenken anregen über …
(2) kritisieren, dass …
(3) Diskussionen auslösen über …
(4) unterhalten, denn …
(5) die Leser zu einer Änderung ihres Verhaltens bewegen, weil …
(6) …

Entscheidet euch für eine oder mehrere Möglichkeiten und setzt die Sätze sinnvoll fort. Führt zudem jeweils kurze Begründungen an!

▶ S. 37 ff., Argumentieren

2 Form und Sprache untersuchen

a Weist die Textsorte nach! Notiert euch dazu zuerst die Merkmale und sucht Begründungen dafür aus dem Text!

▶ S. 194, Kurzgeschichte

b Borchert verwendet als Stilmittel häufig
– Wiederholungen,
– ungewöhnliche Wendungen und Zusammensetzungen,
– kurze Hauptsätze oder Ellipsen.
Sucht in Partnerarbeit Belege dafür aus dem Text! Beurteilt jeweils, welche Wirkung dadurch erzielt wird!

c Die Küchenuhr ist ein Symbol. Zeigt das auf!

Hinweis: Weitere Informationen könnt ihr bei eurer Lehrkraft in Geschichte erhalten.

Dichtung und Wirklichkeit

3 Sich über den Verfasser informieren

Wolfgang Borchert (1921–1947)

a Informiert euch in einer Literaturgeschichte oder im Internet über Wolfgang Borchert und erstellt einen Lebenslauf!

b Vergleicht Borchert und den jungen Mann aus der Kurzgeschichte!

✱ 4 Aufträge für die Schreibwerkstatt

a Schreibe weiter:
- Der Mann schaut die Uhr an, mit ein paar Handgriffen hat er sie repariert und sie geht wieder …
- Die Frau fordert den jungen Mann auf, mit ihr zu kommen. Sie bietet ihm eine Stelle in ihrem Familienbetrieb an …

b Wechsle die Perspektive! Erzähle die Geschichte in der Ich-Form aus der Sicht der Frau oder des Mannes!

▶ S. 187, Nach literarischen Vorlagen erzählen

c Setzt den Text in eine Hörspielszene um! Unterlegt eure Fassung mit der jeweils passenden Musik!

▶ S. 199, Hörspielszenen schreiben

Schreibwerkstatt Kurzgeschichte / einen Text beschreiben

Einen Text beschreiben

Generalvertreter Ellebracht begeht Fahrerflucht

Ich habe nicht auf die neue Breite geachtet, dachte Ellebracht. Nur deswegen ist es so gekommen.
Der hemdsärmelige Mann hob die rechte Hand vom Lenkrad ab und wischte sich hastig über die Brust. Als er die Hand zurücklegte, spürte er, dass sie
5 immer noch schweißig war, so schweißig wie sein Gesicht und sein Körper. Schweißig vor Angst.
Nur wegen der Breite ist alles gekommen, dachte der Mann wieder. Er dachte es hastig. Er dachte es so, wie man stammelt. Die Breite des Wagens, diese neue, unbekannte Breite. Ich hätte das bedenken sollen.
10 Jäh drückte der Fuß Ellebrachts auf die Bremse. Der Wagen kreischte und stand. Eine Handbreit vor dem Rotlicht, das vor dem Eisenbahnübergang warnte.
Fehlte grade noch!, dachte Ellebracht. Fehlte gerade noch, dass ich nun wegen einer so geringen Sache wie Überfahren eines Stopplichts von der Polizei
15 bemerkt werde. Das wäre entsetzlich. Nach der Sache von vorhin …
Mit hohlem Heulen raste ein D-Zug vorbei. Ein paar zerrissene Lichtreflexe, ein Stuckern, ein verwehter Pfiff. Die Ampel sprang auf Grün um. Ellebracht ließ seinen Wagen nach vorne schießen. Als er aufgeregt den Schalthebel in den dritten Gang hineinstieß, hatte er die Kupplung zu nachlässig
20 betätigt. Im Getriebe knirschte es hässlich.
Bei dem Geräusch bekam Ellebracht einen üblen Geschmack auf der Zunge. Hört sich an wie vorhin, dachte er. Hört sich an wie vorhin, als ich die Breite des Wagens nicht richtig eingeschätzt hatte. Dadurch ist es passiert. Aber das wäre jedem so gegangen. Bis gestern hatte ich den Volkswagen gefahren.
25 Immer nur den Volkswagen, sechs Jahre lang. Und heute Morgen zum ersten Male diesen breiten Straßenkreuzer. Mit dem VW wäre ich an dem Radfahrer glatt vorbeigekommen. Aber so … Fahr langsamer, kommandierte Ellebracht sich selbst. Schließlich passiert ein Unglück in den nächsten Minuten. Jetzt, wo du bald bei Karin bist und den Kindern.
30 Karin und die Kinder. Ellebrachts Schläfen pochten. Er versuchte, sich zu beruhigen: Du musstest weg von der Unfallstelle, gerade wegen Karin und der Kinder. Denn was wird, wenn du vor Gericht und ins Gefängnis musst? Die vier Glas Bier, die du während der Konferenz getrunken hast, hätten bei der Blutprobe für deine Schuld gezeugt und dann? Der Aufstieg deines Ge-
35 schäfts wäre abgeknickt worden. Nicht etwa darum, weil man etwas Ehrenrühriges in deinem Unfall gesehen hätte. Wie hatte doch der Geschäftsführer von Walterscheidt & Co. gesagt, als er die alte Frau auf dem Zebrastreifen verletzt hatte? Kavaliersdelikt! Nein, nicht vor der Schädigung meines Rufes fürchte ich mich.

⁴⁰ Aber die vier oder sechs Wochen, die ich vielleicht im Gefängnis sitzen muss, die verderben mir das Konzept! Während der Zeit schickt die Konkurrenz ganze ⁴⁵ Vertreterkolonnen in meinen Bezirk und würgt mich ab. Und was dann? Wie wird es dann mit diesem Wagen? Und mit dem neuen Haus? Und was sagt Ursula, die wir ins Internat in die Schweiz schicken ⁵⁰ wollten? „Du hast richtig gehandelt!", sagte Ellebracht jetzt ganz laut und er verstärkte den Druck auf das Gaspedal. „Du hast so gehandelt, wie man es als Familienvater von dir erwartet."

Verdammte Rotlichter!, dachte Ellebracht weiter und brachte den Wagen zum Stehen. Ich will nach Hause. Ich kann erst ruhig durchatmen, wenn der ⁵⁵ Wagen in der Garage steht und ich bei der Familie bin.

Und wann ist der Mann mit dem Fahrrad bei seiner Familie? Der Mann, der mit ausgebreiteten Armen wie ein Kreuz am Straßenrand gelegen hat? Der Mann, der nur ein wenig den Kopf herumdrehte – du hast es im Rückspiegel deutlich gesehen –, als du den bereits abgestoppten Wagen wieder anfahren ⁶⁰ ließest, weil dir die wahnsinnige Angst vor den Folgen dieses Unfalls im Nacken saß? Du, wann ist dieser Mann bei seiner Familie?

Jetzt werd bloß nicht sentimental!, dachte Ellebracht. Jetzt werd bloß nicht dramatisch! Bist doch ein nüchterner Geschäftsmann! Ellebracht sah stur nach vorn und erschrak. Da war ein Kreuz. Ein Kreuz an seinem Wagen. So ⁶⁵ ein Kreuz, wie es der Mann vorhin gewesen war.

Ellebracht versuchte zu grinsen. Krieg dich bloß wieder ein, dachte er. Du siehst doch, was es ist. Das war mal das Firmenzeichen auf der Kühlerhaube. Es ist von dem Zusammenprall mit dem Fahrrad angeknickt worden und hat sich zu einem Kreuz verbogen.

⁷⁰ Ellebracht musste immerfort auf dieses Kreuz starren. Ich steige aus, dachte er. Ich steige aus und biege das Ding wieder zurecht. Schon tastete seine Hand zum Türgriff, als er zusammenzuckte. Am Kreuz schillerte es, verstärkt durch das Licht der Signalampel. „Ich muss nach Hause!", stöhnte Ellebracht. „Wann kommt denn endlich Grün?" Die feuchten Finger zuckten ⁷⁵ zum Hemdkragen, versuchten den Knopf hinter der Krawatte zu lösen. Aber der Perlmutterknopf entglitt einige Male dem Zugriff. Grün!

Der Schwitzende riss einfach den Hemdkragen auf und fuhr an.

Das Kreuz macht mich verrückt, dachte er. Ich kann das nicht mehr sehen! Und wie der Mann dalag. Ob man ihn jetzt schon gefunden hat? Ob er schon ⁸⁰ so kalt und starr ist wie das Kreuz vor mir?

Ellebracht stoppte. Diesmal war kein Rotlicht da. Nichts. Nur das Kreuz.

Nur das Kreuz, das einen riesigen Schatten warf in den Wagen hinein. Nur das Kreuz, das vor dem Hintergrund des Scheinwerferlichts stand.
„Ich kann so nicht nach Hause!", flüsterte Ellebracht. „Ich kann so nicht zu
85 Karin und den Kindern zurück. Ich kann so zu niemandem zurück!"
Ein anderer Wagen überholte Ellebracht. Eine grelle Hupe schmerzte.
Ich kann das Kreuz nicht zurechtbiegen und dabei in das Blut greifen. Ich bringe das nicht fertig. Ich kann nicht eher zu irgendeinem zurück, bis ich bei dem Mann gewesen bin.
90 Ellebracht spürte, wie seine Hände trocken wurden und sich fest um das Lenkrad legten. Ohne Mühe wendete der Mann den schweren Wagen und jagte die Straße zurück. Wieder die Signale, die Bahnübergänge, jetzt die Abbiegung, die Waldstraße.
Ein paar Steine schepperten gegen die Kotflügel. Ellebracht verlangsamte
95 die Fahrt und seine Augen durchdrangen mit den Scheinwerfern das Dunkel. Da war der Haufen von verbogenem Blech und Stahl. Und da lag der Mensch.
Als Ellebracht schon den Fuß auf der Erde hatte, sprang ihn wieder die Angst an. Aber dann schlug er die Tür hinter sich zu und lief. Jetzt kniete
100 Ellebracht neben dem Verletzten und drehte ihn behutsam in das Scheinwerferlicht des Wagens.
Der blutende Mann schlug die Augen auf und griff zuerst wie abwehrend in das Gesicht Ellebrachts. Dann sagte der Verletzte: „Sie haben – angehalten. Dan-ke!"
105 „Ich habe nicht – ich – bin nur zurückgekommen", sagte Ellebracht.

Josef Reding

a Erschließt in Gruppen den Text! Sprecht über eure ersten Eindrücke, macht euch dabei Notizen und legt einen Steckbrief an!

▶ S. 63, Steckbrief

b Stellt Titel, Verfasser, Personen, Zeit, Ort und Thema für die Einleitung zusammen!

c Überlege, was du als Schluss schreiben willst!

Beispiel: persönliche Meinung zum Thema oder zum Inhalt oder zur Darstellung oder …

Tipp: Oft ist dein erster Eindruck nach dem Lesen ein guter Schlussgedanke.

d Schreibe mit den Ergebnissen einen Aufsatz zu folgenden Arbeitsaufträgen:

1. Fasse den Inhalt des Textes zusammen!
2. Weise die Textsorte nach und beschreibe die Sprache!
3. Charakterisiere Ellebracht!
4. Was kann der Text bei den Lesern und Leserinnen bewirken?

Tipp: Verwende dazu den Arbeitsplan auf S. 127.

e Überarbeitet eure Entwürfe in einer Schreibkonferenz! Überprüft Vollständigkeit, sachliche Richtigkeit und sprachliche Darstellung!

▶ S. 200, Schreibkonferenz

6 Aus einem Schüleraufsatz

[…]

Die Kurzgeschichte ist in Standardsprache verfasst. Einfache Satzgefüge wechseln mit Hauptsätzen und Ellipsen ab. Die Ellipsen werden hier meist verwendet, um Wesentliches aus dem vorherigen Satz zu betonen und zu verstärken, zum Beispiel in Z. 29 f. „Jetzt, wo du bald bei Karin bist und den
5 Kindern. Karin und die Kinder."
Reding wiederholt häufig Satzstücke, wie in Z. 70 f. „Ich steige aus, dachte er. Ich steige aus und …" Dadurch wird deutlich, dass ihm immer wieder die gleichen Gedanken durch den Kopf gehen. Das Kreuz, das durch den Unfall verbogene Firmenschild, ist für ihn ein Symbol für sein Unfallopfer, denn in
10 dieser Kreuzform hat der Radfahrer am Straßenrand gelegen (Z. 65). Auch die Farbe Rot hat eine wichtige Bedeutung, denn als Signallicht der Ampeln zwingt sie ihn zweimal zum Halten und er wird durch diese Stopps wieder zum Nachdenken gezwungen. Außerdem ist durch die Farbe Rot, die sich im „Kreuz" spiegelt (Z. 72 und Z. 87), die Assoziation[1] zu Blut gegeben.
15 […]
Die Hauptperson in der Kurzgeschichte ist Ellebracht. Er ist ein Mann mittleren Alters, verheiratet mit Karin und Vater von Kindern. In seinem Beruf als Generalvertreter hat er es zu einigem Wohlstand gebracht. Er hat ein neues Haus, einen neuen breiten Straßenkreuzer und will seine Tochter so-
20 gar in ein Pensionat in die Schweiz schicken. Sein Leben scheint geordnet, bis dieser Unfall alles verändert. Aus Angst um seine Existenz begeht er Fahrerflucht. Er legt sich Entschuldigungen zurecht, zum Beispiel, dass der neue Wagen ungewohnt breit ist und dies – nicht etwa der Alkoholgenuss – zum Unfall geführt hat. Immer wieder versucht er außerdem, sich vor sich

25 selbst zu rechtfertigen, er müsse seine Familie und sein Geschäft schützen. Aber sein Gewissen lässt ihm keine Ruhe. Kurz vor dem nervlichen Zusammenbruch erkennt er, dass er zurückkehren muss. Als der Verletzte ihm danken will, gibt er beschämt seine Fahrerflucht zu.

a Untersucht den Auszug und vergleicht ihn mit euren Entwürfen!

b

Arbeitsplan (Gliederung)
A. Titel, Verfasser, Personen, Zeit, Ort und Thema
B. Beschreibung des Textes
   I. Inhalt des Textes
   II. Textsorte
   III. Sprache des Textes
      1. Stilebene
      2. Satzbau
      3. Wortwahl
   IV. Charakteristik und Beurteilung des Verhaltens
   V. Wirkung des Textes
C. Stellungnahme zum Text

- Wie hat die Verfasserin des Aufsatzes die Arbeitsaufträge von S. 126 in ihrem Arbeitsplan umgesetzt?
- Ordnet die einzelnen Gliederungspunkte eurem eigenen Aufsatz zu!
- Diskutiert, ob ein solcher Arbeitsplan hilfreich ist!

★7 Neue Aufträge für die Schreibwerkstatt

a Schreibt ein Elfchen, in dem ihr die Stimmung des Textes erfasst! Verwendet als erstes Wort die Farbe Rot!

▶ S. 198, Elfchen

b Wie könnte die Geschichte weitergehen? Schreibt einen „Schluss"!

c Verfasst einen Zeitungsbericht über den Unfall!

▶ S. 60, Bericht

---

[1] Gedankenverbindung

Dichtung und Wirklichkeit

 d Ellebracht steht nach dem Unfall vor Gericht. Stellt die Szene im Rollenspiel dar!

Tipp: Verfasst vorher in Gruppenarbeit die Anklageschrift des Staatsanwalts und die Verteidigungsrede von Ellebrachts Rechtsanwalt!

▶ S. 91 ff., Projekt: Verkehrsgericht

 e Schreibt eine persönliche Stellungnahme zum Thema „Alkohol am Steuer"!

▶ S. 37 ff., Argumentieren

Literarische Texte beschreiben

- Mache dir beim Lesen Notizen!
- Lies die einzelnen Arbeitsaufträge genau durch und beachte die Aufgabenstellung!
- Erstelle einen Steckbrief und einen Arbeitsplan (Gliederung)!
- Formuliere eine Einleitung und führe im Hauptteil die Arbeitsaufträge in der angegebenen Reihenfolge aus!
- Verwende zur Veranschaulichung Zitate aus dem Text!
- Runde deine Arbeit mit einem aussagekräftigen Schluss ab! Du kannst deine persönliche Meinung schreiben: zur Thematik, zum Inhalt, zur Darstellung …
- Überarbeite deinen Aufsatz, indem du noch einmal kontrollierst, ob alle Arbeitsaufträge erfüllt und Stil und Rechtschreibung in Ordnung sind!

▶ S. 76, Sachtexte beschreiben

Stimmungen einfangen

Schildern bedeutet, Situationen und Stimmungen möglichst anschaulich wiederzugeben, so wie man sie ganz persönlich erlebt. Es ist eine Mischung aus Beobachtungen, Gefühlen und Gedanken, die einen dabei bewegen. Ein und dieselbe Situation wird ganz unterschiedlich erlebt und deshalb fällt auch jede Schilderung anders aus. Es handelt sich also um eine sehr subjektive Darstellungsweise, die bei guten Schreibern dichterische Züge annehmen kann. Die wesentlichen Elemente des Schilderns hast du bereits kennengelernt.

Stimmungen einfangen

1
a Schreibe Gedanken auf, die dir beim Betrachten des Bildes auf der vorhergehenden Seite durch den Kopf gehen!

b Hast du schon einmal einen Sonnenaufgang erlebt? Versuche, dich an die Umstände zu erinnern!
Verbinde die Ergebnisse aus a und b zu einem Cluster!

c Schreibe ein Elfchen zum Thema „Sonnenaufgang"!

▶ S. 198, Elfchen

d Hängt die Ergebnisse anonym im Klassenzimmer auf und vergleicht, wie unterschiedlich die Ergebnisse ausgefallen sind!

∗e Beobachtet in den nächsten Tagen einmal den Sonnenaufgang!
Schreibt eure Eindrücke und eure Gedanken dabei auf!

Tipps zum Vorbereiten des Schilderns

So, wie Maler Skizzenbücher anlegen, wenn ihnen etwas Interessantes begegnet, machen sich Schriftsteller Notizen, die sie dann später für ihre Werke verwenden. Ähnlich könntest auch du vorgehen.

Wichtige Vorüberlegungen für eine Schilderung:
- Was beobachte ich (Sichtbares, Geräusche, Gerüche)?
- Was fühle ich?
- Welche Gedanken gehen mir durch den Kopf?
- Welche Handlung baue ich ein?

Das muss keine Handlung im üblichen Sinn sein, es könnte zum Beispiel der Gang über einen Platz sein, aber auch das Warten auf eine Person, ein Ereignis. Die Handlung besteht dann einfach nur darin, dass man in Abständen auf die Uhr sieht.

2 *Sonntagmorgen in der Stadt*
Was für ein ungewohntes Bild! Der Stadtplatz, auf dem sich während der Woche die Menschen lautstark drängen, ist jetzt um diese Uhrzeit gähnend leer. Die große Glocke der Pfarrkirche schlägt gerade zum neunten Mal. Jetzt warte ich schon fünfzehn Minuten auf Jan. Langsam fröstelt es mich …

Setzt diesen Anfang einer Schilderung fort!
Ihr könnt dabei folgendermaßen vorgehen: Jeder/jede schreibt sich zwei, drei Sätze auf, die nahtlos dazu passen. Dann werden Beispiele vorgelesen. Die Klasse oder die Lehrkraft entscheidet, welches Beispiel gewählt wird, weil es die Situation am besten trifft. Diese Fortsetzung schreiben alle in ihr Heft. Dann wird der Text von dieser Fortsetzung ausgehend weitergeschrieben, wieder um zwei, drei Sätze. Am Ende hat die Klasse dann gemeinsam einen Aufsatz geschrieben.

Schildern

3

Welche Empfindungen löst dieses Bild bei dir aus? Schreibe sie in Stichworten auf!

4 Bewegter Alltag

a Plant zusammen mit eurer Lehrkraft einen Unterrichtsgang zum Beispiel in die Fußgängerzone des Schulorts, in eine belebte Einkaufsstraße, zum Hauptbahnhof der nächstgelegenen Großstadt, in ein Museum, zu einem Vergnügungspark/einem Volksfest oder in den Stadtpark oder …
Ihr könnt dazu auch eine Schulveranstaltung auswählen, etwa das Sportfest, den Auftritt der Theatergruppe, einen Tag der offenen Tür … oder einfach nur die tägliche Pause.

Nehmt dabei paarweise einen Beobachtungsposten ein und notiert, was ihr seht, hört, riecht usw. Macht euch gegenseitig auf eure Beobachtungen aufmerksam!

b Tragt im Unterricht eure Ergebnisse zusammen und schreibt gemeinsam eine Schilderung!

Stimmungen einfangen

5 Was man alles während einer Stunde auf dem Balkon oder der Terrasse beobachten kann

> Ein Paar …
> Ein Jogger …
> Eine alte Frau mit einem Hund, der an der Leine zerrt …
>
> Zwei Erzieherinnen mit einer Gruppe Kinder …
> Eine Katze …
> Die Wolken …

a Ergänzt die Liste in Partnerarbeit!

b Schreibt ab und ergänzt durch treffende Verben und Adjektive!
Beispiel: *Ein junges Paar schlendert langsam vorbei.*

c Was kann man hören?
Was kann man riechen und spüren?

d Ergänzt in Einzelarbeit:
Was tue ich währenddessen?
Welche Gedanken gehen mir durch den Kopf?

e Schreibt eine Schilderung!

6 **Tipps zum Aufbau einer Schilderung**

Eine Schilderung hat keine Einleitung, doch sollte innerhalb der ersten paar Sätze die Situation deutlich werden.

Also nicht: *Es war an einem Mittwoch während der letzten Sommerferien. Ich war mit meinen Freunden auf der Skaterbahn. Die Sonne schien, es war sehr heiß und wir hatten nichts zu trinken dabei.*

Sondern: *Ich bin am Verdursten. Die Sonne brennt vom Himmel, sicher hat es schon 30 Grad im Schatten, und von Schatten gibt es hier keine Spur. Und dabei hatte ich nach zwei Wochen Dauerregen schon befürchtet, in diesen Ferien würden wir gar nicht mehr auf die Skaterbahn können. „Na, was ist, träumst du?", schreit plötzlich Markus vom anderen Ende der Bahn. Die anderen aus der Clique sind gerade dabei, die Hindernisse aufzubauen …*

Runde am Ende deinen Aufsatz ab, z. B.
– durch eine abschließende Handlung,
– durch ein Zurückgreifen auf den Anfang,
– durch eine überraschende Wende …!

Vergleicht die beiden Anfänge im Tippkasten und arbeitet die Unterschiede heraus!

Aufbau einer Schilderung / Beispiel für eine Schilderung

7 Alexandra hat in ihrem Aufsatz geschrieben:

> Ich gehe durch die Gassen der Stadt, als es gerade dunkel geworden ist. Da tut sich ein hell erleuchteter Platz vor mir auf: der Marktplatz mit dem Weihnachtsmarkt. Vorfreude überkommt mich und ich fühle mich an meine Kindheit erinnert: Damals verspürte ich das gleiche Gefühl, als ich mit meinen Eltern den Weihnachtsmarkt besuchen durfte. Mein Vater hat mich als kleines Mädchen immer an der Hand geführt, um mich nicht zu verlieren. Heute würde ihm das natürlich nicht mehr einfallen. Eigentlich vermisse ich das ein wenig, aber man kann ja nicht immer Kind bleiben.
> Ich schlängele mich durch die Menschenmassen, es ist ziemlich viel los. Kinder laufen umher und ihr Gekreische übertönt sogar das Stimmengewirr der Erwachsenen, die sich ziemlich lebhaft unterhalten. Da komme ich an den Stand mit den Süßigkeiten: Der Geruch von gebrannten Mandeln und von heißem Punsch steigt mir in die Nase und ich merke, wie ich Hunger bekomme. Doch ich überwinde mich und schlendere weiter: Als ich die Augen hebe, schaue ich direkt in die klare, wunderschöne Nacht mit den funkelnden Sternen. Ich genieße den Anblick in vollen Zügen und ein Gefühl der Geborgenheit überkommt mich.
> Auf einmal höre ich Trompeten, die „Stille Nacht, heilige Nacht" spielen, und ich wende meinen Blick hinauf zur Turmspitze der Stadtpfarrkirche. Sechs Personen stehen dort oben auf einem Umgang und spielen dieses weltbekannte Weihnachtslied. Es wirkt irgendwie beruhigend auf mich. Als die Trompeten aufhören, fangen alle Leute zu klatschen und zu jubeln an. „Schau, das Christkind!", flüstert andächtig ein kleines Mädchen und deutet mit dem ausgestreckten Zeigefinger ...

a Welche Sinneseindrücke hat Alexandra beschrieben?
Schreibe sie in eine Tabelle in dein Heft!

sehen	riechen	hören	fühlen	schmecken

b Wo finden sich Gedanken und Gefühle?

c Welche „Handlung" hat Alexandra gewählt?

Stimmungen einfangen

8 Mögliche Themen für Schilderungen

Am Strand/im Schwimmbad	Im Morgengrauen
In der Discothek	Bei einem Popkonzert
Im Kino	Warten auf einen wichtigen Anruf
Im Biergarten	Im Bus, in der U-Bahn,
Sonntagnachmittag in der City	im Zug, im Flugzeug, auf dem Bahn-
Beim Grillen	hof, im Flughafen
Während eines Gewitters	

Tipps zur Sprache der Schilderung

- Beobachte genau und achte auf Details!
- Überlege, was typisch für die dargestellte Situation sein könnte!
- Beschreibe deine Gedanken und Gefühle!
- Verwende möglichst treffende Verben und Adjektive sowie Vergleiche und Metaphern!
- Schreibe im Präsens (das wirkt anschaulicher)!
- Verwende Personifikationen!
  Also seltener: *Ich rieche den Rauch …*
  Sondern: *Der Rauch steigt mir in die Nase …*

Meine Sprache – deine Sprache

Grammatikkenntnisse helfen dir, gut und richtig zu sprechen und zu schreiben. Sie sind notwendig, damit du die Regeln zur Rechtschreibung und Zeichensetzung verstehen und anwenden kannst. In den früheren Jahrgangsstufen hast du bereits die wichtigsten Wortarten und Satzglieder kennengelernt. Du weißt, wie man sie erfragt, und kennst ihre Funktion im Satz. Nach einer Wiederholung in diesem Kapitel sollst du vor allem üben, wie man sich im Deutschen gewandt, grammatisch richtig und der jeweiligen Situation angepasst ausdrücken kann. Und du wirst dabei merken, dass man eigene Texte immer mehrmals überarbeiten muss, bis sie „passen". Ein Hilfsmittel zum schnellen Nachschlagen und Wiederholen von Grammatik ist der Anhang im Buch.

Meine Sprache – deine Sprache

Alle Jahre wieder: Wortarten, Satzglieder

1 Wortarten

Eine Anekdote zu Goethe und Schiller
Goethe besucht seinen Freund Schiller. Dieser sitzt über einem Gedicht und kommt nicht weiter. Begonnen hatte er so:
*„Er saß an ihres Bettes Rand
Und spielt mit ihren Flechten ..."*
Goethe muntert ihn auf und schlägt einen Spaziergang vor. Schiller geht in den Nebenraum, um Mantel und Hut zu holen. Dann gehen sie im Park spazieren.
Nach der Rückkehr möchte Schiller an seinem Gedicht weitermachen. Da sieht er mit Erstaunen, dass Goethe während der Wartezeit weitergedichtet hatte:
*„Das tat er mit der linken Hand.
Was tat er mit der Rechten?"*

a Ordne die Wörter der Anekdote den verschiedenen Wortarten zu! Unterscheide dabei auch zwischen flektier- und nicht flektierbaren!
Tipp: Lege eine Tabelle an und schlage im Anhang nach!

▶ S. 192, Anekdote

▶ G S. 205, Flektierbare Wörter

b Bilde Sätze, in denen möglichst viele verschiedene Wortarten vorkommen!

c Nomen – Verb – Possessivpronomen – Nomen – Nomen

Welcher Satz aus der Anekdote ist das?

✱d Beantworte folgende Fragen und bilde jeweils Beispielsätze!

– Mit welchen dir bekannten Wortarten können Nebensätze beginnen, mit welcher Wortart enden sie?
– Mit welchen dir bekannten Wortarten können Hauptsätze beginnen, mit welchen enden?
– Welche Wortart kann stets durch eine andere ersetzt werden?

Wiederholung Wortarten und Satzglieder

 e Bilde Sätze, in denen die folgenden Wortarten in der angegebenen Reihenfolge vorkommen!

(1) Nomen – finites Verb – Pronomen
(2) Unbestimmter Artikel – Nomen – finites Verb – Adverb – infinites Verb
(3) Bestimmter Artikel – Adjektiv – Nomen – finites Verb – infinites Verb

 Satzglieder

Eine Anekdote vom Sonnenkönig

Ludwig XIV. sagte im Kreis seiner Hofleute: „Die Könige haben ihre Macht von Gott. Wenn ich einem von Ihnen befehle, in das Wasser zu springen, haben Sie ohne Zögern zu gehorchen." Da erhob sich der Herzog von Guise und wollte den Saal verlassen. „Wohin?", rief der König. „Ich lerne schwimmen, Sire!"

a Welche adverbialen Bestimmungen kannst du in der Anekdote weglassen, ohne dass der Sinn verloren geht, welche nicht?

Ludwig XIV. beim Besuch des 1674 gegründeten Hotel d'Invalides in Paris.

 **b** Du kennst bereits die meisten Satzglieder:

adverbiale Bestimmungen – Akkusativ-, Dativ- und Genitivobjekt – Prädikat – Subjekt – das Attribut als Satzgliedteil

Wie kann man die einzelnen Satzglieder und das Attribut erfragen?

c Eines der Satzglieder ist nicht in der Anekdote vorhanden. Welches? Suche für die anderen Satzglieder je ein Beispiel!

Meine Sprache – deine Sprache

d FEHLER Welches Satzglied fehlt in den folgenden Sätzen? Ergänze!

(1) Der Lärm belästigt.
(2) Miriam versucht, bei der Schulaufgabe zu schauen.
(3) Der Schüler Hubert Klein hat nicht gemacht.
(4) Deshalb wurde die Klassenbuchführerin enthoben.
(5) Die beiden Brüder um Geld.
(6) Johannes hat dem Personalchef geschickt.
(7) Der Richter warf vor, er habe sich unrechtmäßig bereichert.

∗e Keiner der zahlreichen Besucher oder der Angestellten hatte in der Hektik des Samstagvormittags bemerkt, wie der Ladendieb seine Beute gegen zehn Uhr in das auf dem gegenüberliegenden Parkplatz abgestellte Fahrzeug schleppte.

Löse das Satzgefüge in zwei Hauptsätze auf! Du kannst dabei neue Wörter einfügen.
Verschiebe dann innerhalb dieser beiden Sätze die einzelnen Satzglieder so oft wie möglich und vergleiche die entstandenen Sätze!

▶ **G** S. 215, Umstellprobe

Wiederholung Wortarten und Satzglieder / Sprache im Internet

Sprache auf allen Ebenen

Geschriebene und gesprochene Sprache unterscheiden sich. So, wie man etwas im Gespräch sagt, kann man es beim Schreiben meistens nicht formulieren. Was also im Gespräch durchaus angemessen sein kann, gilt beim Schreiben oft als „schlechter Stil".
Auch das Internet entwickelt seine eigene Sprache. Einige dieser Unterschiede sollen dir im folgenden Kapitel bewusst gemacht werden.

Sprache im Internet

1 Auf der Homepage einer Schule steht im Diskussionsforum zum laufenden Fußballgeschehen der Beitrag einer Schülerin:

> naja die meisten wissens ja sicha scho das ich a echter färdder fan bin ☺ hab a dauerkarte u. fahr auch öfter auswärts, war u.a am letzten wochenende auch bei unserm grandiosen sieg über die eintracht dabei, 4:1, war echt spitze! jeder der net dabei war hat was verpasst *g* sonst bin ich noch fan vo unsern amas natürlich, die sich als aufsteiger der landesliga jetzt in der bayernliga super auf dem 3 platz halten! net schlecht oder? und dann bin ich noch fan von gladbach!! die sin ja für nen aufsteiger in der bundesliga auch echt klasse! auf keinenfall bin ich natürlich fan vom club, brauch ich ja garnet weiter zu erklären … ☺.
> in dem sinne, bundesliga wir kommen ☺
> meli

a Beurteilt die Sprachebene dieses Beitrags!

b Was sollen die Icons und Sonderzeichen ausdrücken?

c Der Text stammt von einer Realschülerin aus der 10. Klasse. Was sagst du zu ihrer Rechtschreibung und Ausdrucksweise?

*d

> hi@all
> steh auf wenn ihr schalker seid *singundaufsteh* ich glaube des sagt schonmal alles! irgendwie liegt des bei uns in der family des wurde mir glaube ich weiter vererbt das ich schalker fan bin des ist nämlich jeder bei uns in der familie! naja cu
> tony

Kann man diesen Beitrag in die Standardsprache übertragen?

139

2 Emoticons (Tipp: Buch um 90° nach rechts drehen)

■ Beispiele:		:-)	lachendes Gesicht
:-(	Trauer	;-)	lachendes Gesicht mit Augenzwinkern
:-|	Hmm, weiß nicht so recht	:*)	Schreiber ist betrunken
:_(	Schreiber weint aus Trauer	:_)	Schreiber weint vor Freude
@-,-'-	Rose	:-)'	Schreiber ist Raucher
>:-)	Schreiber ist ein Punk	:-X	Schreiber sagt nichts mehr
:-O	Schreiber ist erstaunt	:-*	Oops!

a Wie „schreibt" man Emoticons?

b Wer kennt weitere?

c Warum werden sie im Internet verwendet?

d Wählt euch einige Emoticons aus! Wie würdet ihr deren Aussagen in einem Brief, einem Telefongespräch oder in einer persönlichen Begegnung auf andere Art ausdrücken?

e Aus dem Wörterbuch

> E|mo|ti|con, das; -s, -s <aus engl. emotion u. icon> (*EDV* Zeichenkombination, mit der in einer E-Mail eine Gefühlsäußerung wiedergegeben werden kann)

„Übersetzt" den Begriff wörtlich ins Deutsche!
Erfindet eigene Emoticons!

*f Im Internet, beim Chatten, in den Diskussionsforen und besonders bei SMS wird auch viel mit Abkürzungen gearbeitet, zum Beispiel: B4N (für *bye for now*), PMJI (für *pardon me (for) jumping in*: Entschuldigung, dass ich mich einmische), OMG (für *Oh mein Gott!*). Warum?
Wer kennt weitere gebräuchliche Abkürzungen?

*g Für die Kommunikation im Internet gibt es auch Umgangsregeln, zum Beispiel unter www.chatiquette.de. Ein Team stellt sie der Klasse vor.

Sprache im Internet / Umgangssprache und Standardsprache

Geh' zu, komm her! – Umgangssprache und Standardsprache

1 Künftige Fußball-Weltmeisterinnen – Umgangssprache

STEFFI: Hi Heike, wie läuft's?
HEIKE: Na ja, so lala. In Mathe hat uns der Lurchi 'ne Menge aufgebrummt. Wie ich das heute
5 hinkriegen soll, keine Ahnung!
STEFFI: Aber der ist doch sonst nicht so, ich finde ihn echt cool. Vielleicht hat er nur einen schlechten Tag erwischt.
10 HEIKE: Was soll's! Auf jeden Fall mach' ich mich nicht verrückt. Heute muss ich zum Training. Sag mal, du wolltest doch eigentlich auch bei uns mitmachen. Geh' halt zu, komm mit!
STEFFI: Meinst du immer noch, ich könnte bei euch mithalten?
15 HEIKE: Na klar, mit deinem Bombenschuss!
STEFFI: Aber ich hab' Angst, ich blamier' mich, ihr seid doch schon voll fit. Und außerdem muss ich wegen der blöden Fünf in Mathe schon was tun.
HEIKE: Quatsch, da gibt's welche, die sind lang nicht so gut. Du wärst 'ne
20 echte Verstärkung. Und dein Martin könnt sich nicht mehr so aufblasen, ich glaub', der würde ganz schön gucken. Und in Mathe, no problem, da helf' ich dir schon.
STEFFI: O.K., wenn du mich um vier abholst.

a Untersucht die Gesprächssituation (Personen, ihre Beziehungen zueinander, Zeitpunkt des Gesprächs, mögliche Gründe für das Gespräch)!

b Welche Meinungen werden ausgetauscht, wie werden sie begründet?

c Sucht in Partnerarbeit Merkmale der Umgangssprache (Wortwahl, Satzbau)!

2 Sachsprache

Für Sport in einem Verein muss man manchmal auf andere Dinge verzichten. Denn das Training oder die Spiele finden in der Regel am Nachmittag oder frühen Abend und am Wochenende statt, sodass die Freizeit eingeschränkt

Meine Sprache – deine Sprache

5 ist. Da kann man dann eben einmal nicht ins Kino oder in
die Disko. Und wenn das Hobby nicht zu Lasten der Schule gehen soll, hilft nur eine gute Zeiteinteilung.
Bringt man im Verein aber gute Leistungen, so verhilft
das andererseits auch zu mehr Anerkennung. ...

a Untersuche die Schreibsituation (möglicher Anlass des Schreibens, Adressat)!

b Wie unterscheidet sich der Text in der Wortwahl, in den Wendungen, im Satzbau von den vergleichbaren Stellen im Gespräch in Aufgabe 1?

3 Sätze sprachlich überarbeiten

Aus einem Aufsatz:

Sprachebene

> *Jeden Mittwochnachmittag muss ich gleich nach dem Diff-Sport aus der Schule abhauen, wenn ich rechtzeitig den Bus erwischen will, wegen dem Training bei den Kickers. Aber mit meiner Kiste brauche ich mich nicht so reinstressen und nicht dauernd auf die Uhr zu gucken, weil die blöde Umsteigerei*
> 5 *wegfällt.*

Die überarbeitete Fassung:

Jeden Mittwochnachmittag muss ich mich nach dem Unterricht
beeilen, wenn ich rechtzeitig den Schulbus erreichen will,
um pünktlich zum Training zu den Kickers zu kommen. Fahre
ich aber mit meinem Mofa, kann ich mir etwas mehr Zeit
5 lassen, denn das lästige Umsteigen entfällt.

a Vergleiche beide Fassungen! Schreibe die Wörter oder Wendungen gleichen Inhalts, aber unterschiedlicher Sprachebene heraus!

b Wann können die umgangssprachlichen Ausdrücke gebraucht werden?

c Formuliere die folgenden Sätze in die Standardsprache um!

(1) Wenn jemand sich beim Fußball vorher nicht warmmacht und gleich wie ein Irrer loslegt, was die Knochen hergeben, dann wird er bald groggy sein oder gar den Doktor brauchen, weil er sich irgendwas gezerrt hat.

(2) Wenn man Sport treibt, verdooft man auch nicht so. Denn viele hängen ja nur vor der Glotze rum und ziehen sich irgendeinen Quatsch rein, den es in der Wirklichkeit so überhaupt nicht gibt. Im Verein aber trifft man seine Kumpels und redet auch mal über etwas anderes oder geht anschließend irgendwohin.

Sachsprache in Argumentationen

 4 Argumentationen sprachlich überarbeiten

Meine Eltern fahren in den Supermarkt und kommen mit vollbepacktem Auto wieder heim. Früher hat Mutter mit hängender Zunge immer volle Einkaufstüten aus der Stadt heimgeschleift. Ich finde es klasse, dass man in diesen Riesenschuppen alles auf einmal einkaufen kann, z. B. Klamotten,
5 und nicht in jede Menge Läden rennen muss, bis man sein Zeug zusammenhat. Da lohnt sich auch eine weitere Anfahrt, denn diesen Zeitverlust holt man schnell wieder rein.

 Überarbeitet den Text in Partnerarbeit! Hinweis: Überlegt euch zunächst, was der Schreiber in jedem Satz aussagen will!

 Vergleicht mehrere Ergebnisse! Schreibt eine Musterlösung!

Überlegt, in welcher Situation der Text angebracht sein könnte!

Geschriebene Sprache ist unabhängig von der Situation, sie überwindet Raum und Zeit (zum Beispiel ein Brief). Die Sprache ist der alleinige Träger der Mitteilung, sie muss daher besser als beim Sprechen geplant werden. Geschriebene Sprache ist in der Regel Standardsprache (Hochsprache).
Die **Umgangssprache** liegt zwischen Dialekt und Standardsprache. Sie ist deutlich regional geprägt, jedoch kein tiefer Dialekt, und wird beim Sprechen im täglichen Umgang mit anderen verwendet. In Wörterbüchern werden umgangssprachliche Wörter meist gekennzeichnet. Beispiel: *kaputt* (ugs.)
Die **Sachsprache** unterscheidet sich von der Umgangssprache durch größere Sachlichkeit und Allgemeinverständlichkeit, sie gehört der Sprachebene der Standardsprache (Hochsprache) an.

Meine Sprache – deine Sprache

Kann ich das so sagen?

> Der Stil eines Textes wird geprägt durch die bevorzugte Verwendung bestimmter Wörter und Wortarten, Wendungen und Sätze sowie durch ihre Verknüpfung. Im folgenden Kapitel werden dir einige Stilformen mit ihren Kennzeichen in verschiedenen Sprech- und Schreibsituationen vorgestellt.
> Du kannst hier auch häufig vorkommende Schwächen im Ausdruck verbessern, indem du selbstständig übst. Dazu musst du um deine Schwächen wissen, dein/-e Lehrer/-in hilft dir dabei.

Unsere SMV im Nominal- und Verbalstil

1 Verschiedene Stilformen untersuchen

Aus einem Aufsatz:

Nominalstil!!

Die <u>Ausrichtung</u> der Musik auf die Wünsche der Schüler stellt einen <u>Grund für die Beliebtheit</u> der von unserer SMV veranstalteten Musikpartys dar. <u>Beim Hören zu Hause</u> ist ja oft die <u>Rücksichtnahme auf Eltern und Geschwister</u> erforderlich. Außerdem kann <u>Musikhören</u>
5 <u>daheim wegen der Lautstärke zu Störungen im Verhältnis mit den Nachbarn</u> führen. Auf der SMV-Party hingegen kommt es kaum zu <u>Verärgerungen und Störungen</u>, weil die Musik <u>aufgrund der Lage unserer Turnhalle kaum Anlass zu Beschwerden vonseiten der Nachbarn gibt</u>. …

a Warum hat die Lehrerin *Nominalstil* an den Rand geschrieben? Hinweis: „Nominalstil" kommt von „Nomen".

b Der Verfasser hat seinen Text überarbeitet:

Weil die Musik auf die Wünsche der Schüler ausgerichtet ist, sind die von unserer SMV veranstalteten Musikpartys so beliebt. Wenn man zu Hause Musik hören will, muss man ja oft auf Eltern und Geschwister Rücksicht nehmen. Außerdem kann das Verhältnis zu den Nachbarn
5 gestört werden, wenn die Musik zu laut aufgedreht wird. Auf der SMV-Party hingegen wird kaum jemand verärgert und gestört, weil sich die Nachbarn kaum beschweren, denn unsere Turnhalle liegt von den nächsten Häusern und Wohnungen 200 m entfernt.

Lies beide Texte laut vor, beurteile und beschreibe die Unterschiede!

Nominal- und Verbalstil

 Nominalstil in Verbalstil umformen

Aus einem Aufsatz:

Die Schüler haben durch ihre Mitwirkung in der SMV die Möglichkeit zur Mitgestaltung der Schulgemeinschaft. Aber erst nach Überprüfung des eigenen Leistungsstandes ist eine Teilnahme in Erwägung zu ziehen. Denn eine zu große zeitliche Inanspruchnahme durch Tätigkeiten in der SMV
5 kann eine Verschlechterung in manchen Fächern mit sich bringen. Als Klassensprecher hat man aber mehr Möglichkeiten der Einflussnahme, z. B. auf die Gestaltung von Schulveranstaltungen. Durch Beeinflussung der Klasse kann man einen Beitrag leisten, dass andere Schüler sich engagieren, z. B. beim Getränke- und Kartenverkauf für ein Schulfest.

a Schreibe den Text um, indem du vor allem mehr Verben verwendest und die Zahl der Nomen verringerst! Beispiel: *Mitwirkung → mitwirken*

Hinweis: Es gibt oft mehrere Möglichkeiten, den Text zu verändern. Nicht alle Nomen können ersetzt werden.

Beispiel:
Wenn die Schüler in der SMV mitwirken, haben sie die Möglichkeit, die Schulgemeinschaft mitzugestalten.

Oder:
Schüler, die in der SMV mitwirken, können die Schulgemeinschaft mitgestalten.

 Wie ändert sich der Satzbau?

 S. 180 ff., Haupt- und Nebensatz; S. 207, Infinitivgruppe

 Nominalstil in der Amtssprache

Aus dem Bayerischen Erziehungs- und Unterrichtsgesetz (Art. 62):

„[…] ³Zu den Aufgaben der Schülermitverantwortung gehören insbesondere die Durchführung gemeinsamer Veranstaltungen, die Übernahme von Ordnungsaufgaben, die Wahrnehmung schulischer Interessen der Schüler und die Mithilfe bei der Lösung von Konfliktfällen."
5 Der Artikel 62, Satz 3, im Verbalstil:
Zu den Aufgaben der Schülermitverantwortung gehört es insbesondere, dass sie gemeinsame Veranstaltungen durchführt und Ordnungsaufgaben über-

nimmt. Sie soll die schulischen Interessen der Schüler wahrnehmen und mithelfen, dass Konfliktfälle gelöst werden.

Vergleiche die beiden Fassungen! Untersuche vor allem im Gesetzestext, was vielen dieser Nomen gemeinsam ist!

> Der **Nominalstil** ist eine Ausdrucksweise, bei der sich die Nomen häufen. Das kann stilistisch unschön wirken.
> Im Allgemeinen ist der **Verbalstil** anschaulicher, lebendiger und auch leichter verständlich. Im Nominalstil finden sich gewöhnlich klarere Begriffe. Auch weil er meist kürzer ist, wird er in Gliederungen, im Amtsdeutsch und in der Gesetzessprache verwendet. Jedoch macht er den Inhalt schwerer verständlich.
> Im Aufsatz und in Briefen solltest du den Verbalstil anstreben.
> Du musst dazu häufig nur alle Nomen (vor allem die mit der Nachsilbe *-ung*) durch das Verb aus seiner Wortfamilie ersetzen, um vom Nominalstil in den Verbalstil überzuwechseln. Dabei werden oft Nebensätze gebildet.
> Beispiel:
> *Wegen <u>Nichtbefolgung</u> der Hausordnung erhielten zwei Schüler einen Verweis.* → *Weil sie die Regeln <u>nicht befolgten</u>, erhielten …*

Aus Schüleraufsätzen – Satzbau verfeinern

1 Mit dass-Sätzen und Infinitivgruppen abwechslungsreich schreiben

Nutzen des Internets

(A) Niemand wird bestreiten, dass ein Internetzugang viele Vorteile bietet. Einer ist zum Beispiel, dass man sich zu jedem Thema Informationen beschaffen und dass man das zu jeder Tages- und Nachtzeit tun kann. Besonders gefällt mir, dass ich nicht nur Texte lesen oder herunterladen kann, son-
5 dern dass ich auch Bilder oder Musikdateien finde. Das Gute daran ist, dass die Materialien aus dem Internet gleich weiterverarbeitet werden können, sodass ein Referat z. B. sehr anschaulich gestaltet werden kann. Dabei sollte der Surfer aber darauf achten, dass er keine unerlaubten Raubkopien verbreitet.

10 (B) Jeder, der einen Internetzugang hat, weiß die Vorteile zu schätzen. Zum Beispiel ist es möglich, sich zu jedem Thema Informationen zu beschaffen.

Nominal- und Verbalstil / dass-Sätze, Infinitivgruppe

Das Internet bietet auch die Gelegenheit, zu jeder Tages- oder Nachtzeit zu surfen. Besonders gefällt es mir, nicht nur Texte zu lesen, sondern auch Bilder oder Musikdateien herunterzuladen. Einen besonderen Vorteil sehe ich
5 darin, die Materialien aus dem Internet gleich weiterverarbeiten zu können und dadurch z. B. ein Referat anschaulich zu gestalten. Dabei sollte der Surfer aber darauf achten, keine unerlaubten Raubkopien zu verbreiten.

a Lies beide Texte und beurteile ihre Wirkung!

b Welche Satzmuster kommen jeweils gehäuft vor?

c Niemand wird bestreiten, dass ein Internetzugang viele Vorteile bietet. Zum Beispiel ist es möglich, sich zu jedem Thema Informationen zu beschaffen. ...

Schreibe weiter und achte auf wechselnde Satzmuster! Ergänze deinen Text um zwei weitere Argumentationen!

▶ **G** S. 209, Nebensatz; S. 207, Infinitivgruppe

▶ S. 58, Erörtern

★2 Jedermann müsste klar sein, dass ein Urlaubsaufenthalt im Ausland einem Jugendlichen großen Gewinn bringt. Da ist zunächst zu erwähnen, dass jedes Land seine besonderen Sehenswürdigkeiten vorzuweisen hat, die von der Vergangenheit zeugen, und dass es viel zur Allgemein-
5 bildung eines jungen Menschen beiträgt, wenn er sich für Bauwerke und Kunstschätze aus früheren Zeiten interessiert. Dass er vor Ort aber meist nur Erläuterungen in der Landessprache erhält, könnte ein Grund sein, dass er sich schon zu Hause mit der Sprache des Urlaubslandes befasst. Sei es, dass er einen Kurs an der Volkshochschule belegt, sei
10 es, dass er sich einen Sprachführer kauft. Auch ist klar, dass ein Urlauber, der Sprachkenntnisse hat, sich besser verständigen kann und noch dazu die Chance hat, dass er nette Einheimische kennenlernt. Diese werden sich sicher freuen, dass sie einem Feriengast allerhand Wissenswertes über ihr Land nahebringen können. Und das macht einen
15 Urlaub im Ausland gerade für einen interessierten Jugendlichen erst richtig reizvoll.

a Welche Satzmuster häufen sich?

b Überarbeite den Text! Vergleicht verschiedene Ergebnisse!

c Schreibe weitere Argumentationen zum Thema!

Meine Sprache – deine Sprache

 Eintönigen Satzbau vermeiden

(A) Es kann unter Umständen auch sein Gutes haben, wenn die Jugendlichen ihr Elternhaus frühzeitig verlassen.
Die Jugendlichen werden möglicherweise früher selbstständig. Sie müssen sich ohne die Hilfe der Eltern um eine Arbeitsstelle kümmern. Sie können nicht mit der gleichen Selbstverständlichkeit wie früher mit der finanziellen Unterstützung ihrer Familie rechnen. Sie müssen das Geld, das sie verdienen, richtig einteilen.

(B) Wenn die Jugendlichen ihr Elternhaus frühzeitig verlassen, kann dies auch sein Gutes haben.
Möglicherweise werden die Jugendlichen früher selbstständig. Denn sie müssen sich ohne die Hilfe der Eltern um eine Arbeitsstelle kümmern und können nicht mit der gleichen Selbstverständlichkeit wie früher mit der Unterstützung ihrer Familie rechnen. Vielmehr müssen sie das Geld, das sie verdienen, richtig einteilen.

 Vergleicht beide Texte! Welcher wirkt eintönig?

 Manchem Lehrer fällt es schwer zu akzeptieren, dass viele Schüler und Schülerinnen ihm am Computer überlegen sind.

Schreibe den Satz mit verschiedenen Satzanfängen!
Es fällt … – Dass ihm … – Schwer fällt es …

 (1) Schüler aus den höheren Jahrgangsstufen sehen manchmal nicht ein, warum sie auf die kleinen Fünftklässler besonders Rücksicht nehmen sollten.
(2) Angst vor Schulaufgaben kann man neben regelmäßiger Mitarbeit im Unterricht am besten dann abbauen, wenn man sich gezielt vorbereitet.
(3) Die Lehrkräfte haben während des Schuljahres oft Anlass, sich über ihre Schüler und Schülerinnen zu freuen, wenn sie erleben, wie kreativ sie bei Gruppenarbeiten sein können.

Stelle jeden Satz so oft wie möglich um! Lies die Sätze laut und beurteile die Wirkung!

▶ G S. 215, Umstellprobe

Abwechslungsreicher Satzbau / Verknüpfungen

Tipps für abwechslungsreiche Sätze
- Beginne nicht immer mit dem Subjekt des Satzes!
- Du kannst in Satzgefügen auch den Nebensatz voranstellen!
- Mit folgenden Wörtern kannst du Sätze beginnen und Gedankengänge verdeutlichen:
  möglicherweise, öfter, selten, nie, häufig, auch, nun, trotzdem, außerdem, bald ...
  denn, sondern, deshalb, damit ...

▶ G S. 202, Adverb; S. 208, Konjunktionen

Alles hängt zusammen: Satzteile und Sätze verknüpfen

Immer wieder einmal schreibt deine Lehrerin/dein Lehrer unter deinen Aufsatz *Überleitungen fehlen!* oder *Zusammenhang?*. Häufig hast du aber gar nichts ausgelassen, sondern die Sätze einfach sprachlich nicht miteinander verbunden.
Im Folgenden werden dir einige Möglichkeiten gezeigt, wie man Sätze und Satzteile deutlich und grammatisch einwandfrei aufeinander bezieht.

1 Pronominaladverbien richtig verwenden

In einem gelungenen, „runden" Text sind die einzelnen Sätze nicht nur durch den Inhalt miteinander verknüpft, sondern auch mit Wörtern. Zu diesen gehören die **Pronominaladverbien,** die auf etwas Kommendes hinweisen und deshalb eine Art Spannung erzeugen.
Beispiel: *Wer bei Recherchen im Internet noch keine Erfahrung mit Suchmaschinen hat, sollte sich **darauf** einstellen, viel Unbrauchbares zu erhalten.*

Häufig wird von Schülern und Schülerinnen so formuliert:

Wie wir gesehen haben, spricht vieles für einen verstärkten Einsatz des Internets auch im Unterricht.
Neben diesen positiven Gesichtspunkten müssen wir aber auch einige Probleme bedenken, die sich beim Surfen im Internet ergeben.

Meine Sprache – deine Sprache

Flüssiger, weil kürzer, im zweiten Satz wäre:
Daneben müssen wir aber auch einige Probleme bedenken, die sich daraus ergeben können.

a Was wurde verändert?

b Gelungene Gruppenarbeit

Der Lehrplan verlangt in der 9. Klasse ein Projekt zur beruflichen Orientierung durchzuführen. ■ ist es erforderlich, dass mehrere Fächer zusammenarbeiten. Wir haben das Projekt gemeinsam mit unseren Lehrern in WR und Deutsch geplant. Ein Ziel solcher Projekte liegt auch ■, dass jedes Fach seinen Teil zum Ganzen beiträgt. Wir diskutierten in unserer Gruppe zuerst, wie wir den Arbeitsauftrag angehen wollten. ■ richtete sich dann die Verteilung der einzelnen Aufgaben an die Teammitglieder. Jeder sollte seinen Beitrag zu einer guten Präsentation leisten. ■ gehören auch weniger beliebte Aufgaben, wie das Kopieren der Hand-outs. Wir müssen ■ rechnen, dass bei der Präsentation der Beamer ausfällt. Man sollte also immer ■ denken, für diesen Fall auch Folien für den Tageslichtprojektor bereitzuhalten.

In den Sätzen bzw. Satzpaaren fehlt jeweils das verbindende Wort. Schreibe ab und ergänze es aus dem Wortspeicher!

> **daran, darauf, daraufhin, daraus, dabei, dafür, dahinter, darin, damit, danach, daneben, darunter, davon, dazu**

c Bilde selbst Sätze, in denen diese Wörter vorkommen!

d Stelle die Sätze aus Aufgabe b so oft wie möglich um und vergleiche die Wirkung!

*e Schreibe die folgenden Sätze ab und setze jeweils das passende Pronominaladverb ein!

(1) Auf den ersten Blick scheint das rasante Wachstum des Internets nur Vorteile zu bringen. ■ verbirgt sich jedoch eine Menge von Problemen.
(2) Wir haben uns letzte Stunde mit der wirtschaftlichen Situation in den neuen Bundesländern beschäftigt. ■ sollten wir uns eigentlich noch viel ausführlicher befassen.
(3) Es sollte auch im Deutschunterricht der Realschule wieder mehr Literatur gelesen werden. ■ verstehe ich zum Beispiel auch, dass jeder Schüler sein Lieblingsbuch der Klasse vorstellt.

Verknüpfungen: Pronominaladverbien

(4) Es kommt ■ an, dass jede/-r Einzelne zum Gelingen des Projekttages beiträgt.
(5) Man sollte die Planung der neuen Umgehungsstraße auch ■ überprüfen, ob sie sich nicht nachteilig auf das Biotop auswirkt.

2 Verbindungen von Präpositionen und *was*, die einen Nebensatz einleiten, werden standardsprachlich ebenfalls durch Pronominaladverbien (*wobei, womit ...*) ersetzt.

Beispiel: *Mir war nicht ganz klar, von was er redete.*
Besser: ..., ***wovon*** *er redete.*

Die gebräuchlichsten davon sind:

woran	(an was)	worauf	(auf was)
wobei	(bei was)	wodurch	(durch was)
wofür	(für was)	wogegen	(gegen was)
worin	(in was)	womit	(mit was)
wonach	(nach was)	worüber	(über was)
worum	(um was)	wovon	(von was)
worunter	(unter was)	wozu	(zu was)
wovor	(vor was)		

a **Vorbereitung der Schulparty**

Der SMV war klar, ■ sie sich mit der Organisation der Schulparty eingelassen hatte. ■ unsere Schülersprecher die Schulparty finanzieren wollen, ist aber allen noch ein Rätsel. Marion, die die SMV-Sitzung leitete, erläuterte, ■ das Helferteam da sein sollte. Jeder von ihnen müsste ein T-Shirt und ein
5 Namensschild tragen, ■ auf eine einheitliche Beschriftung und eine auffällige Farbe zu achten wäre. Dann wüsste jeder Besucher gleich, an wen er sich wenden könne. Es gab vieles, ■ wir noch hätten diskutieren müssen. Es war auch noch unklar, ■ sich der Musikverantwortliche und sein Team entscheiden werden: zwei Räume mit unterschiedlicher Musik oder die größere
10 Aula mit nur einer Musikrichtung. ■ sich viele aussprachen, war eine zu einseitige Ausrichtung auf Rap. Es war Stefan nicht anzusehen, ■ er gerade dachte, als er als Security-Chef vorgeschlagen wurde. Zum Schluss fasste Marion nochmals zusammen, ■ man in der nächsten Sitzung nochmals reden müsste.

Schreibe die Sätze ab und setze das passende Pronominaladverb ein!

Meine Sprache – deine Sprache

b *Seine Freundin weiß nicht, mit wem er unterwegs ist.
Seine Freundin weiß nicht, womit er unterwegs ist.*

Vergleiche und erkläre den unterschiedlichen Sinn!

3 Relativpronomen

> **Die Pronomen** *deren – dessen – denen*
>
> Sie werden dazu verwendet,
> - Relativsätze einzuleiten (1),
> - auf etwas Folgendes vorauszuweisen (2),
> - bestimmte Beziehungen zu verdeutlichen (3).
>
> Beispiele:
> (1) *Die Neuntklässler betreuten die künftigen Fünftklässler,* **deren** *Eltern sich den Vortrag der Schulleiterin anhörten. Viele der Mütter und Väter bedankten sich anschließend bei Herrn Wild, durch* **dessen** *Einsatz die Schulhausrallye zu einem vollen Erfolg wurde. Die meisten Ideen kamen von den Schülern der 9a,* **denen** *man das zuerst gar nicht zugetraut hatte.*
> (2) *Die Schulleiterin erlaubte all* **denen***, die den Informationsabend mitgestaltet hatten, am nächsten Tag eine Stunde später zu kommen.*
> (3) *Katrin, Özlem und* **deren** *Freundin Sabine freuen sich schon auf den ersten Schultag an der neuen Schule.*

Poetischer Realismus

(1) **Annette v. Droste-Hülshoff**, ■ Vorfahren in Westfalen zu Hause waren, verbrachte ihre letzten Jahre auf Schloss Meersburg am Bodensee. Ihre Gedichte, in ■ sie ihrer Heimat dichterische Gestalt gegeben hat, gehören zur bedeutendsten Lyrik des 19. Jahr-
5 hunderts. Ihre Balladen gefallen vor allem ■, die sich an geheimnisvollen Traumwelten begeistern (zum Beispiel „Der Knabe im Moor").

(2) **Adalbert Stifter**, ■ Romane und Erzäh-
10 lungen oft im Böhmerwald spielen, studierte in Wien, war Privatlehrer und später Schulrat in Linz an der Donau. Seine Naturverbundenheit zeigt sich vor allem in der Schilderung des Böhmerwaldes, ■ „Rauschen man in vielen seiner Werke hört".

*Annette v. Droste-Hülshoff
(1797–1848)*

*Adalbert Stifter
(1805–1868)*

Verknüpfungen: Relativpronomen / Bezüge

Wilhelm Raabe (1831–1910)

15 (3) **Wilhelm Raabe**, **Gottfried Keller** und ■ Landsmann **Conrad Ferdinand Meyer** gehören ebenfalls zu den großen Erzählern des poetischen Realismus, ■ man heute wieder mehr Beachtung schenken sollte.
(4) **Jeremias Gotthelf**, ■ eigentlicher Name Albert
20 Bitzius ist, müsste all ■ zusagen, die Schweizer Mundart mögen. Die beiden Romane „Wie Uli der Knecht glücklich wird" und „Uli der Pächter", ■ er seinen Spitznamen „Shakespeare der Bauernwelt" verdankt, gehören zu seinen Hauptwerken.

▶ S. 109, Poetischer Realismus

a Schreibe ab und setze richtig ein!

∗b Bilde selbst Sätze mit *deren*, *denen* und *dessen*!

Die richtigen Beziehungen herstellen

1 Subjekt und Prädikat in Übereinstimmung bringen

(1) In jedem Beruf wird Flexibilität, Selbstständigkeit und Teamfähigkeit verlangt.
(2) Die Bereitschaft zur Weiterbildung und ein gewisses Urteilsvermögen soll nicht fehlen.

a Welcher grammatische Fehler liegt jeweils vor?

b Übertrage die Sätze in dein Heft und verbessere sie!

2 Die Personalform des Verbs muss dem Subjekt entsprechen.
Beispiel: *Der Honig schmeckt süß.*
Singular
Der Honig und der Lutscher schmecken süß.
Plural

▶ **G** S. 214, Subjekt; S. 211, Prädikat

Meine Sprache – deine Sprache

Anfangsschwierigkeiten im neuen Schulhaus
Im alten Schulgebäude ■ das Geschrei, die Enge und die trübe Beleuchtung nur schwer auszuhalten. (sein) Einer der Nachteile im neuen Schulgebäude aber ■ der Teppichboden. (sein) Der Schulbus nach Neustadt und die Linie nach Altdorf ■ wegen der Umstellung und der neuen
5 Zufahrtsstraße noch nicht pünktlich. (fahren) Eine Reihe von Kindern ■ deswegen häufig noch zu spät. (kommen) Nach Angaben der Schulleitung ■ ein Drittel der Schüler und Schülerinnen Fahrschüler. (sein)

Übertrage den Text in dein Heft und setze die richtige Personalform ein!

▶ G S. 211, Personalform

  Aus einem Aufsatz:

Sobald er auf die Autobahn kommt, wird er sich sagen, jetzt teste ich mal, wie schnell du fährst. Und die Folge ist meistens, dass der Fahrer dann voll aufs Gaspedal drückt, aber nicht überlegt, dass man dabei zu schnell wird.

a Was ist unklar?

b Überarbeite den Text so, dass er inhaltlich eindeutig und stilistisch einwandfrei ist!

(1) Oft merkt man in der Ausbildung erst sehr spät, welche Anforderungen an sich gestellt werden.
(2) Fehlende Bewegung kann zu Herz- und Kreislaufbeschwerden führen, das viele Menschen nicht wahrhaben wollen.
(3) Wenn ein Nichtraucher zu einer Gruppe gehört, wo es nur Raucher gibt, wird er auf die Dauer Qualen erleiden und gesundheitliche Schäden davontragen, wenn sie keine Rücksicht nehmen.
(4) Es gibt ein Problem im Schullandheim, für das die Schüler verantwortlich sind.
(5) Die Eltern sollten ihre Kinder nicht zu streng erziehen, sondern ihm auch Freiheit lassen.

Jeder Satz enthält mindestens einen Bezugsfehler. Übertrage die Sätze richtig in dein Heft!

Bezüge zwischen Satzgliedern / Präpositionen

(1) Wer in der Großstadt wohnt, kann in vielen Vereinen Mitglied werden, zum Beispiel Fußballklubs.
(2) Wer in der Großstadt wohnt, kann in vielen Vereinen Mitglied werden, zum Beispiel *in einem* Fußballklub.

a Vergleiche beide Sätze und beschreibe den Fehler in Satz 1!

b Aus einem Aufsatz zum Thema Drogenmissbrauch

Auch in der unmittelbaren Umgebung, zum Beispiel Freundeskreis, kann es Gewalt und Drogenmissbrauch geben. Denn nicht selten wollen Jugendliche Probleme mit Drogen lösen, oft Alkohol und Zigaretten. Die Einnahme von Rauschgift aber verursacht Schäden an den Organen, wie die Nieren oder die Leber.

Verbessere!

> ### Tipp für richtige Bezüge
> Greife in nachgestellten näheren Bestimmungen die Präposition im gleichen Fall wieder auf! Sie kann sich dabei verändern.
> Beispiele: *Am Wochenende geht Thorsten mit Freunden **in** typische Jugendtreffs, wie **ins** Big Boat.*

Klare Verhältnisse durch Präpositionen

1 Präpositionen richtig verwenden

Bye-bye – aber nicht fürs Lesen!

Bei den männlichen Jugendlichen lesen leider nur wenige regelmäßig eine Tageszeitung. Wenn dann Zeitungsartikel auch noch Fremdwörter enthalten, bei denen sich der Leser nichts vorstellen kann, erlischt die „Lesebegeisterung" sehr schnell. Bei Mädchen wird häufiger gelesen, auch Bücher. Sie
5 geben bei Büchern mehr Geld aus und wenden mehr Zeit beim Lesen auf. Es ist erwiesen, dass bei guten Noten in Deutsch häufiges Lesen eine der wichtigsten Ursachen ist. Deshalb sollten sich auch möglichst viele Schüler bei den Vorlesewettbewer-
10 ben beteiligen. Bei diesen Gründen sollte man nicht vergessen, dass Lesen einfach Spaß macht. Bei vielen Fällen standen bei Kindern die Bücher über Harry Potter am Beginn einer „Leserkarriere". Bei ihnen fanden sie zum erstenmal Zugang in
15 eine neue fantastische Welt, die des Lesens.

Meine Sprache – deine Sprache

a Die Präposition *bei* ist entweder überflüssig, falsch oder nicht treffend genug. Verbessere, indem du folgende Präpositionen verwendest: *an, unter, neben, in, für, von, mit*! Vergleicht mehrere Ergebnisse!

▶ G S. 212, Präpositon

∗b Schreibe in einem kurzen Text deine Meinung zum Lesen auf!

▶ S. 73, Kommentar

2
(1) Die Aussicht ■ einen Gewinn verführt viele Jugendliche immer wieder ■ Automatenspiel.
(2) Mancher Teenager hofft ■ eine Glückssträhne.
(3) ■ Automaten und nicht ■ der Schulbank fühlt er sich stark.
(4) Ein wesentlicher Gesichtspunkt ist, dass ■ die moderne Kühltechnik Waren haltbar gemacht werden können.
(5) ■ der schlechten Witterungsverhältnisse kann es leicht zu Unfällen kommen.
(6) ■ zu langes Zögern hat sich schon mancher Börsenspekulant ■ einen Gewinn gebracht.
(7) Manche Schüler sind neidisch ■ die guten Noten ihrer Schulkameraden.
(8) Der Zeitungsbericht erschien ■ der Jugendseite der WAZ.

Setze die richtigen Präpositionen ein!

∗3

Kirche	zu		auf	Schule
Konzert	?		?	Ferien
Fest		**gehen**		Kino
Party				Kirchweih
Arbeit		?		höhere Schule
Markt		**in**		

Probiert aus, welche Präpositionen möglich sind, und bildet Sätze!

Wiederholungen vermeiden

1 Häufung von *man* vermeiden

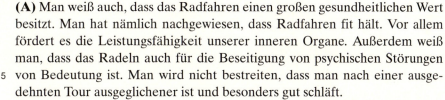

(A) Man weiß auch, dass das Radfahren einen großen gesundheitlichen Wert besitzt. Man hat nämlich nachgewiesen, dass Radfahren fit hält. Vor allem fördert es die Leistungsfähigkeit unserer inneren Organe. Außerdem weiß man, dass das Radeln auch für die Beseitigung von psychischen Störungen
5 von Bedeutung ist. Man wird nicht bestreiten, dass man nach einer ausgedehnten Tour ausgeglichener ist und besonders gut schläft.
(B) Radfahren besitzt einen hohen gesundheitlichen Wert, weil es fit hält. Vor allem fördert es die Leistungsfähigkeit unserer inneren Organe und ist auch für die Beseitigung von psychischen Störungen von Bedeutung. Nach
10 einer ausgedehnten Radtour ist man nämlich ausgeglichener und schläft besonders gut.

a Vergleiche und beurteile beide Argumentationen!

b Man kann behaupten, dass die ausdauernde Bewegung beim Radfahren auch noch aus einem anderen Grund nützlich ist. Sie wirkt nämlich ganz anders nach, als wenn man sich nur entspannt und nichts tut. Man kann nämlich nicht bestreiten, dass man durch diese sportliche Betätigung neue Ener-
5 gie bekommt, was unserer Arbeit in Beruf und Schule gut tut. Man kann also deutlich sehen, dass Fahrradfahren eine große Bedeutung für die Gesundheit hat.

Überarbeitet in Partnerarbeit!

c Fährt man schließlich fort und gerät in einen Stau, wünscht man sich, man wäre lieber zu Hause geblieben. Auch ist der Urlaub insgesamt wenig erholsam, beginnt man ihn schon mit Stress. Wenn dann noch dazukommt, dass man am Urlaubsort auf viele Menschen trifft und man Mühe hat, einen Platz
5 am Strand oder im Restaurant zu ergattern, ist es kein Wunder, wenn man bald vom Urlaub die Nase voll hat.

Überarbeite den Text mithilfe der Tipps! Vergleiche mit deinem Nachbarn/ deiner Nachbarin die Ergebnisse!

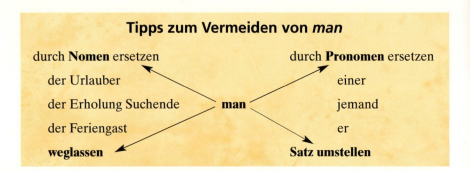

2 Häufung von „Schlüsselwörtern" vermeiden

Aus einem Textgebundenen Aufsatz:

Der Text umfasst eine DIN-A4-Seite. Der in sieben Absätze gegliederte Text erleichtert das Lesen. In der rechten Textspalte fällt einem beim Betrachten des Textes ein Foto auf. Die einzeilige Überschrift steht mittig über dem Text. Am Ende des Textes erfahren wir den Namen der Verfasserin und dass der Text aus der NZ stammt.

a Welches „Schlüsselwort" tritt gehäuft auf?

b Übertrage die Tipps aus Aufgabe 1 so weit wie möglich auf das Schlüsselwort und verbessere!

3 Einleitungen zur Erörterung

Text 1:
In vielen Zeitschriften und Zeitungen kann man lesen, dass immer mehr Jugendliche weglaufen. Diese Jugendlichen werden dann meist von der Polizei aufgegriffen und zurückgebracht oder dem Jugendamt übergeben. Da auch ich schon erlebt habe, dass Jugendliche sich überlegen, von zu Hause zu
5 verschwinden, sollte man sich fragen: Welche Schwierigkeiten gibt es für Jugendliche, dass sie keine andere Lösung mehr wissen als von zu Hause auszureißen?

Text 2:
In vielen Zeitschriften und Zeitungen kann man lesen, dass immer mehr Jugendliche weglaufen. Meist werden sie dann von der Polizei aufgegriffen und zurückgebracht oder den zuständigen Behörden übergeben. Da auch ich schon erlebt habe, dass junge Menschen sich überlegen, von zu Hause zu ver-
5 schwinden, sollte man sich fragen: Welche Schwierigkeiten haben sie, dass sie keine andere Lösung mehr wissen als von zu Hause auszureißen?

Wiederholungen vermeiden

a Zu welchem Thema könnten die Einleitungen gehören?

b Wie wurde Text 2 verbessert?

▶ S. 51 ff., 54 f., Einleitung

4 Häufungen von *auch – sind – ist* vermeiden

Auch darf nicht vergessen werden, dass ein Mofa viel kostet. Der Jugendliche sollte bedenken, dass er neben dem Anschaffungspreis auch Geld für den Unterhalt seines Fahrzeuges braucht. So muss es z.B. auch regelmäßig gewartet werden. Häufig braucht man dazu auch Ersatzteile, die es auch nicht umsonst gibt. Viel
5 *kostet heute auch das Benzin.*

a Überarbeite den Text, indem du *auch, auch nicht* ersetzt:

> außerdem, ferner, weiter, ebenfalls, ebenso wenig,
> sowie, genauso wie, sowohl … als auch, zudem, darüber hinaus

b Was von Auszubildenden erwartet wird:

> Eigeninitiative entwickeln – planen und organisieren –
> Entscheidungen treffen – sich auf neue Situationen einstellen –
> logisch denken – zielgerichtet handeln – Verantwortung
> übernehmen – im Team arbeiten können

Verbinde die Stichpunkte zu einem zusammenhängenden Text! Vermeide Wiederholungen!

 Der gesamte Artikel ist eine DIN-A4-Seite groß. Links neben der Überschrift ist das Bild der Verfasserin. Rechts daneben ist das fett gedruckte Wort „Extra". Der Text selbst ist in drei Spalten gegliedert. Der erste Buchstabe der linken Spalte ist eine Initiale.

Überarbeite den Auszug aus der Textbeschreibung!

Meine Sprache – deine Sprache

Nicht so einfach! Differenziert argumentieren

1 Immer die Eltern?

(A) Die Eltern sind viel zu streng zu den Kindern oder versuchen, indem sie jede Woche Hausarrest anordnen, ihre Kinder zu tadellosem Verhalten zu bringen.
(B) Manchmal sind Eltern viel zu streng zu ihren Kindern. Sie ordnen womöglich jede Woche Hausarrest an und glauben ihre Kinder so zu tadellosem Verhalten zu bringen.

a Vergleiche beide Texte und beschreibe die Unterschiede!

b Warum ist Text (B) besser?

c So kannst du Verallgemeinerungen vermeiden:

(1) Manchmal sind Eltern viel zu streng ■ …
(2) Möglicherweise sind Eltern viel zu streng ■ …
(3) Vielleicht ■ …
(4) Nicht selten ■ …
(5) Es kommt vor, dass ■ …
(6) Es ist durchaus denkbar, dass ■ …
(7) Es entspricht der Erfahrung, dass ■ …
(8) Vermutlich sind ■ …
(9) Gut vorstellbar ist, dass ■ …
(10) Manche Eltern ■ …

Schreibe mehrere Fassungen von Text (A) und verwende möglichst unterschiedliche Formulierungen!

2 Immer die Jugendlichen?

(A) Jugendliche werden schnell gewalttätig, wenn sie Eltern haben, die schlechte Vorbilder sind. Sie müssen zusehen, wie die Erwachsenen aufeinander losgehen. Wenn zum Beispiel der Vater betrunken nach Hause kommt, wird erst die Mutter angeschrien und dann werden die Kinder
5 verprügelt.
(B) Jugendliche, die während ihrer Lehrzeit wenig verdienen und denen das Geld nicht reicht, weil sie hohe Mieten bezahlen müssen, haben kein Vertrauen in die Regierung, da alles übertauert ist. Aus diesem Grund achten sie die Gesetze nicht und versuchen, sich auf illegale Weise Geld zu beschaffen.
10 Dabei schrecken sie nicht davor zurück, gewalttätig zu werden.

Überarbeitet in Partnerarbeit beide Texte!

Rechtschreibmeister/-in

Du hast in den letzten Jahren die Grundregeln der Rechtschreibung gelernt und ihre Anwendung geübt. Dabei hast du sicherlich gemerkt, dass – wie in so vielen Bereichen – besonders beim richtigen Schreiben der Grundsatz gilt: Übung macht den Meister. Rechtschreibmeister und Rechtschreibmeisterinnen haben viel geübt und sie kennen vor allem Hilfen, Tipps und Strategien, mit denen sie Fehler vermeiden können.

In diesem Jahr sollst du ein weiteres Stück auf dem Weg zum Rechtschreibmeister, zur Rechtschreibmeisterin zurücklegen. Dabei wirst du Hilfen und Strategien wiederholen und neue erlernen, mit denen du deine individuellen Fehlerschwerpunkte vermeiden und vorhandenes Wissen festigen kannst. Du wirst auch einige besondere Rechtschreibphänomene kennenlernen.

Lass dir helfen!

Der gute Rechtschreiber oder die „Rechtschreibkönnerin" wissen sich zu helfen, wenn sie Zweifel haben, wie ein Wort geschrieben wird. Sie schlagen vor allem im Wörterbuch nach. Sie wissen auch genau, wann sie dem Rechtschreibprogramm im Computer vertrauen dürfen und wann nicht. Diese Hilfen nützen aber nur, wenn man mit ihnen schnell und routiniert umgehen kann. Dazu bekommst du im folgenden Kapitel Tipps und Anregungen.

Gewusst, wo! Richtig und effektiv nachschlagen

1 Kennst du dich noch aus?

a Befasst euch mit dem Inhaltsverzeichnis eures Wörterbuchs! Welche weiteren Kapitel außer dem Wörterverzeichnis enthält es?

b Beschäftigt euch in Gruppenarbeit mit den einzelnen Teilen (außer dem Wörterverzeichnis)! Jede Gruppe stellt kurz ihr Kapitel den anderen vor. Besprecht dabei, welche Kapitel euch in der Schule oder im Beruf hilfreich sein können!

∗c Bereitet im Team einen Kurzvortrag vor, in dem ihr der Klasse an ausgewählten Stichwörtern erklärt, was man alles aus dem Wörterbuch erfahren kann!

Im Wörterbuch nachschlagen

2 Übung macht den Meister/die Meisterin – im Nachschlagen

> Schaschlik, Laster, Verdienst, Bäuerin, Kompromiss, Couch, Sofa, Virus, Poster, Radio, Filter, Tacho, Abscheu, Ersatzteil, Gullydeckel, Feuchtbiotop, Keks, Joghurt, Count-down, Schild, Curry, Currypulver

a Bestimme mit Hilfe des Wörterbuchs das grammatische Geschlecht (Genus) der Nomen und den bestimmten Artikel!

▶ S. 183 ff., Fremdwörter

b Nach welchem Wortteil richtet sich der Artikel bei zusammengesetzten Nomen?

c
> Autor, Bauer, Deutsch, Elefant, Geheimnis, Mai, Mensch, Oberst, Opa, Bau, Polizist, Familienname, Überfluss, Tag, Spatz, Frieden

Bestimme den Genitiv Singular der Nomen und bilde damit Sätze!

▶ G S. 206, Genitiv; S. 214, Singular

d
> Atlas, Auspuff, Zirkus, Lexikon, Museum, Herbstferien, Interesse, Balkon, Bank, Masern, Saal, Pizza, Quiz, Party, Computer, Denkmal, Aquarium, Reichtum, Haupt, Obst, Komma, Praktikum, Tunnel

Wie lautet die richtige Pluralform der Wörter? Beachte dabei auch den manchmal unterschiedlichen Sinn eines Begriffs.

3 Nicht nur Nomen kann man nachschlagen

> spinnen, wiegen, fechten, backen, atmen, saugen, hauen, erschrecken, mahlen, malen, schleifen, schwimmen, versenden, absenden, klimmen, glimmen, schenken, schwören, triefen

a Wie heißt jeweils die Präteritumsform und das Partizip Perfekt?

▶ G S. 212, Präteritum; S. 210, Partizip

b Welche der folgenden Formen ist standardsprachlich (hochsprachlich) korrekt?

(1) Gebe/Geb/Gib mir bitte meinen Kugelschreiber zurück!
(2) Lese/Lies/Les den nächsten Absatz!

(3) Rufe/Ruf heute Nachmittag bei mir an!
(4) Sprech/Sprich nicht so laut!

▶ G S. 141 f., Standardsprache (Hochsprache)

 Aus einem elektronischen Wörterbuch

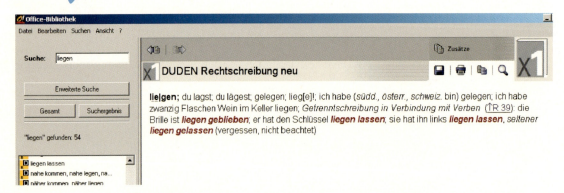

  Was erfährst du in einem elektronischen Rechtschreibwörterbuch über das Stichwort *liegen*?

  Wer hat Erfahrung mit elektronischen Wörterbüchern? Berichtet der Klasse über Vorteile und Nachteile!

Tipp: Hier findest du ein englisch-deutsches bzw. deutsch-englisches Wörterbuch der Technischen Universität München: http://dict.leo.org/

Internet

In|ter|net, das; -s [engl. internet, zu: inter- = zwischen, unter(einander) u. network, ↑Network (2) (im Sinne von »Gruppe untereinander verbundener Netzwerke«)]: *weltweiter Verbund von Computersystemen, in dem verschiedene Dienste angeboten werden:* Anschluss ans I.; Informationen ins I. stellen; ab sofort können Sie uns im I. erreichen; etw. im I. suchen, finden, nachlesen; im I. surfen, werben, einkaufen; sich einen Konkurrenzkampf im I. liefern; Buchungsservice per I.

Ein Tandem befasst sich mit dem Stichwort *Internet* aus einem elektronischen Wörterbuch. Welche Informationen erhaltet ihr? Berichtet der Klasse! Gliedert eure Kurzvorstellung in rechtschriftliche, grammatische und inhaltliche Informationen! Weitere Stichwörter zur Recherche: *fahren, acht, Abend, Exzerpt, Konflikt, Demokratie* …

Elektronisches Wörterbuch / Internetrecherche

Weiß der Computer alles?

 Im Internet findest du (fast) alles

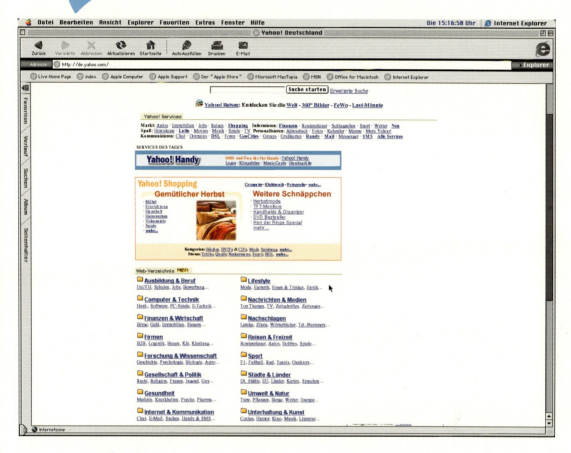

   Auf der Startseite dieser Suchmaschine findest du über _Links_ Zugänge zu den verschiedensten Themenbereichen.
Mit welchem Link würdest du zu folgenden Aufgaben recherchieren (nachforschen):
– Was ist ein Impressum?
– Wo finde ich etwas über Gerhart Hauptmann?
– Wo kann ich etwas über den Buddhismus erfahren?
– Ich brauche für ein Kurzreferat Informationen über die Schadstoffe in unserer Luft.

   Ein Expertenteam erklärt der Klasse, wie eine Suchmaschine funktioniert, und führt vor, wie man die Begriffe sucht und findet.

Rechtschreibmeister/-in

*c Bildet Tandems (am besten mit jeweils einem Könner/einer Könnerin) und sucht mithilfe einer Suchmaschine Dichter der Romantik (Name, Geburts- und Sterbejahr)! Notiert euch dabei den Weg durchs Internet, indem ihr die Links aufschreibt!

▶ S. 101, Romantik

*d Stellt mit euren Erfahrungen aus Aufgabe c wichtige Regeln und Tipps zum schnellen Suchen und Finden übersichtlich und kurz zusammen!

2 Das Rechtschreibprogramm

Marina hat am Computer ihre Bewerbung geschrieben und überprüft sie mit dem Rechtschreibprogramm.

Ausschnitte aus der Bewerbung:

> In der PZ vom Samstag, 10.06., habe ich ihre Anonce gelesen.
> Ich möchte mich bei Ihnen um den Ausbildungsplatz als Industriekauffrau bewerben.
>
> Zur Zeit besuche ich die neunte Klasse der Raelschule im wirtschafts-
> 5 wissenschaftlichen Zweig. In den letzten Monaten habe ich durch den Berufsberater, unsere Beratungslehrerin und im BIZ viel über den Beruf des Industriekaufmanns erfahren. Auch beim arbeiten in den Ferien in der Firma meines Vaters habe ich schon einen guten Einblick bekommen.
>
> 10 Ich glaube, das mir dieser Beruf Spaß macht, den in der Schule sind Betriebswirtschaftslehre/Rechnungswesen und Wirtschaft und Recht meine Lieblingsfächer.

a Welche Rechtschreibfehler sind Marina unterlaufen? (Hinweis: Es sind acht Fehler.)

b Stufe diese Fehler in die Kategorien auf S. 168 ein!

▶ R S. 168 f., Fehler erkennen

c Schreibt den Text mit den Fehlern am Computer und überprüft ihn mit eurem Rechtschreibprogramm! Welche Fehler werden erkannt, welche nicht? Warum wohl?

Rechtschreibprogramme

d Schreibt die nächste Hausaufgabe am Computer und überprüft, welche Wörter vom Rechtschreibprogramm als fehlerhaft oder unbekannt gemeldet werden! Erarbeitet Tipps für das richtige Umgehen mit der Rechtschreibhilfe!

*e Im Textverarbeitungsprogramm gibt es eine Suchen-Ersetzen-Funktion. Überlegt, wie man diese für die Rechtschreibung sinnvoll nützen kann!

*3 Tim lässt das Rechtschreibprogramm über einen Text laufen und erhält folgende Korrekturvorschläge:

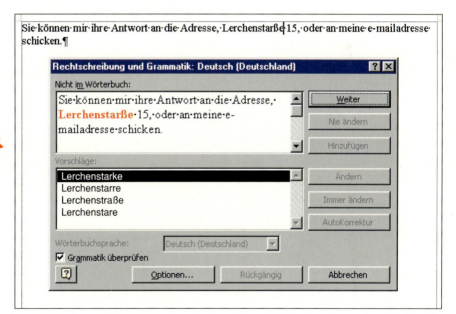

a Besprecht die Ergebnisse, welche Folgerungen könnt ihr daraus ziehen? Welche Fehler hat Tim noch geschrieben?

b Tippt eine Reihe Wörter eurer Wahl falsch in den Computer und lasst die Rechtschreibhilfe darüberlaufen. Wer findet lustige oder komische „Korrekturvorschläge"?

c Das Textverarbeitungsprogramm hat eine Trennhilfe. Wer kann erklären und demonstrieren, wie man sie verwendet?

167

★ 4 Müheloses Schreiben?

Wenn du einen Text mit dem Stift entwirfst, zeigt dein Entwurf deutliche Spuren deiner „Arbeit": Streichungen, Überschreibungen, Einfügungen usw. Ein Text, der am Computer entsteht, sieht immer perfekt aus, weil die Korrekturen normalerweise sofort durchgeführt werden.

a Das ist doch eigentlich fantastisch, oder …?

b Beobachte dein Verhalten beim Schreiben am Computer! Worauf verwendest du die Zeit: Nachdenken über den Textinhalt – Eintippen – Überarbeiten (Inhalt, Ausdruck, Rechtschreiben) – Gestalten (Schriftarten, Farbe, Bilder usw.)?

Die eigenen Fehlerschwerpunkte erkennen

In den letzten Jahren hast du schon verschiedene Fehlerkategorien kennengelernt:

Fehlerkategorie	Fehler
1. Flüchtigkeits- und Konzentrationsfehler	nich
2. Wortbild und Wortstamm unbekannt	Maschiene
3. Fehler, bei dem eine Rechtschreibregel missachtet wurde	Mahler
	udn
4. Fehler, bei dem eine grammatische Regel missachtet wurde	Wassertemeratur
	Narung
5. Tippfehler	Gewisheit
	der Große Sportler
	leemig
	Er hoffte, das er …

a Ordnet die Fehler den einzelnen Kategorien zu!

b Besprecht Tipps, die gegen die einzelnen Fehlerkategorien helfen!

c Untersuche einen deiner Aufsätze und prüfe, ob die Fehler einer bestimmten Kategorie sich auffallend häufen! Besprich das Ergebnis mit deinem Lehrer/deiner Lehrerin!

Die eigenen Fehlerschwerpunkte erkennen

★ 2 Erkenne dich selbst!

Gestern Morgen wurde endlich ein lang gesuchter Räuber gestellt und von der Polizei festgenommen. Dies war einem Schüler zu verdanken, der beim Aussteigen aus dem Omnibus den ihm aus den Nachrichten bekannten gewalttätigen Dieb wiedererkannte und seine Beobachtungen sofort mit
5 Handy der nächsten Polizeidienststelle meldete.
Der Dieb, der beschuldigt wird, dass er mehrere Lottoannahmestellen überfallen habe, wunderte sich sehr, dass er plötzlich und unvermutet auf der Straße verhaftet wurde. Laut fluchend und schimpfend, wehrte er sich gegen das Verhaften, ließ sich dann aber doch widerstandslos abführen. Neben dem
10 Lob für sein hervorragendes Gedächtnis bekam der aufmerksame Schüler auch eine kleine Belohnung, die für das Ergreifen des Einbrechers ausgesetzt worden war.

a Lass dir den Text diktieren! Lege ihn ohne zu korrigieren beiseite und lass ihn dir nach einigen Tagen nochmals diktieren!

b Korrigiere beide Diktate sorgfältig und ordne die Fehler den Kategorien aus Aufgabe 1 zu!
Wenn in beiden Diktaten die gleichen Fehlerkategorien auftauchen, solltest du gegen diese Fehler etwas tun.

Immer wieder: Wiederholung

Im folgenden Kapitel werden wichtige Regeln der Rechtschreibung wiederholt, die du alle schon aus den letzten Jahren kennst. Sie gehören zu den Grundlagen des Deutschunterrichts. Du solltest in diesem Kapitel selbstständig nachschlagen und arbeiten, wenn du merkst, dass du in diesen Bereichen noch Rechtschreibunsicherheiten hast. Und denke daran: Übung macht den Meister!

Groß- und Kleinschreibung

1 Regelsalat

Simon hat begonnen, die Grundregeln zur Großschreibung auf einem Wandplakat zu veranschaulichen.

Groß- und Kleinschreibung

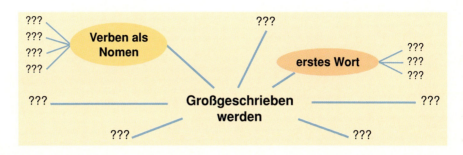

a Überlegt in Partnerarbeit, wie Simon die Regeln zur Großschreibung zusammensetzen kann!

b Erstellt für die Klasse eine Mindmap zur Großschreibung als Lernplakat! Tipp: Experten/Expertinnen machen das am Computer.

c Sucht zu jeder Regel ein Beispiel und ergänzt die Mindmap!

2 Zeitangaben

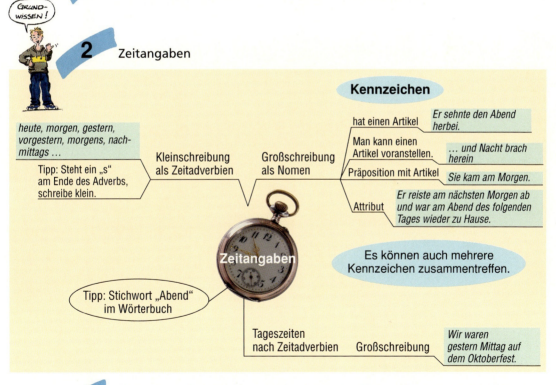

a Formuliere die Regeln zur Schreibung der Zeitangaben in ganzen Sätzen!

b Schreibe zu jeder Regel weitere Beispielsätze!

★c Erstellt das Lernplakat mit Beispielen zum Aushang im Klassenzimmer!

3 Zahlenangaben

Die Faust und der Handschuh

*John L. Sullivan
(1858–1918)*

John Sullivan hieß der e/Eine und Paddy Ryan der a/Andere. Die b/Beiden bestritten im Februar 1882 als e/Erste den Kampf um die Box-Weltmeisterschaft mit Handschuhen, und zwar am s/Siebten des Monats. In der seitdem langen Reihe der Boxweltmeister war Sullivan, genannt „Ironman", der e/Erste. 1889 fand noch einmal eine Weltmeisterschaft ohne Boxhandschuhe statt, es war die l/Letzte. Sullivan gewann in Runde f/Fünfundsiebzig, er war damals unter den Schwergewichtlern der b/Beste. In Deutschland war Boxen bis 1918 offiziell verboten.

 a Entscheide über Groß- oder Kleinschreibung!

★b Boxing champion John L. Sullivan was the son of Irish immigrants. His father Mike Sullivan emigrated from County Kerry around 1850 and married Katherine Kelly, whose family had immigrated from Athlone in 1853. They married on November 6, 1856, and John L. was born on October 12, 1858. […]

Most Irish boys during this time seemed to follow in their fathers' footsteps. John dropped out of school at age 15 and seemed destined to be a laborer like his father and thousands of other young Irish men living in Boston. […]

By the time he was 17 John weighed over two hundred pounds and impressed his friends with feats of strength that earned him the nickname Strong Boy. He was lured into the forbidden, outlawed world of boxing in 1878 at the Dudley Street Opera House, when he knocked out Jack Scannell in one punch. […]

Übersetzt in Partnerarbeit den Text! Ihr dürft ein Wörterbuch verwenden. Schreibt dabei alle Zahlenangaben aus, mit Ausnahme der Jahreszahlen!

Zusammen- und Getrenntschreibung

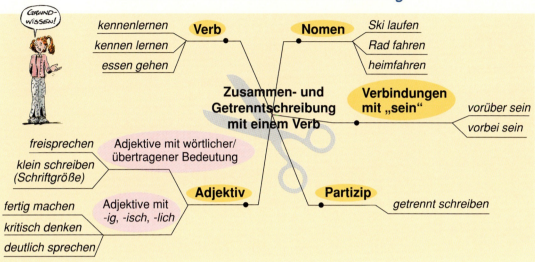

 Formuliert die Regeln aus dieser Mindmap! Überprüft eure Ergebnisse im Regelteil des Wörterbuchs!

 Sucht zu jeder Regel weitere Beispiele und schreibt Übungssätze!

*c Ergänzt die Regel-Mindmap und hängt sie im Klassenzimmer als Wandzeitung auf!

 Am Samstag kann ich endlich einmal im Bett ■ . Nach dem Einkaufen will ich mit Tina dann in die Pizzeria ■ . Hoffentlich läuft uns nicht Thomas über den Weg. Wenn der eine Pizza isst, will er immer den Käse mit der Gabel ■ . Das letzte Mal hat er ständig ■ und die halbe Pizza ■ . Am letzten Samstag sind wir ■ und am Abend noch an der Isar ■ . Von meinem Taschengeld werde ich wohl nichts mehr ■ .

Stelle aus der folgenden Tabelle die passenden Wortgruppen zusammen und setze sie jeweils richtig in den Text ein!

liegen	lang	lassen	gehen
ziehen	gehen	behalten	fahren
essen	bleiben	Rad	übrig
spazieren	übrig	reden	laut

Rechtschreibmeister/-in

2 Worträtsel

> fern – bereit – bloß – fest – frei – gut –
> hoch – schwarz – tot – wahr
> schreiben – rechnen – arbeiten – schlagen – sagen – setzen –
> stellen – machen – halten – gehen – sprechen – sehen

a Aus den Wörtern könnt ihr getrennt- und zusammengeschriebene Verben bilden. Verwendet das Wörterbuch!

b Wann werden die Verben zusammengeschrieben, wann nicht?

Tipp: Die Regel könnt ihr auch in der Mindmap von Aufgabe 1 erschließen.

 G S. 202, Adjektiv, Adverb

★ 3 Bildrätsel

Finde die Wortverbindungen mit Verben!
Tipp: In der linken Hälfte sind die Adjektive *tot, rot, krank, glatt, heiß* versteckt.

Schwierigere Rechtschreibfälle leicht gemacht

Adjektive mit Präpositionen

Manchmal werden **Adjektive kleingeschrieben**, obwohl sie auf den ersten Blick die Merkmale eines Nomens (davor stehende Präposition [+ Artikel]) aufweisen.
Dazu gehören:
- bestimmte **feste Verbindungen aus Präposition und Adjektiv** ohne vorangehenden Artikel
  Beispiele: *Wir hörten **von fern** ein Gewitter rumoren.*
  *Das werde ich dir **über kurz oder lang** beweisen.*

Diese Verbindungen solltest du im Zweifel im Wörterbuch nachschlagen und dir einprägen.

Hinweis: Schlage beim Adjektiv nach!

1 von nah und fern – gegen bar – von klein auf – grau in grau – von n/Neuem – seit l/Längerem – von w/Weitem – vor kurzem

a Präge dir die Verbindungen ein und schreibe mit ihnen Sätze!

b (1) Thomas hat mir OHNE WEITERES bei den Hausaufgaben geholfen.
(2) Die Ausgaben für die Wintersportwoche sind um ein BETRÄCHTLICHES gestiegen.
(3) Im GEHEIMEN wünschten wir uns, der Englischlehrer sei krank.
(4) Ich habe nicht im ENTFERNTESTEN daran gedacht, dich mit meiner Bemerkung zu kränken.
(5) Er war aufs HÖCHSTE über die Eins in Mathematik erfreut.
(6) Christian hat beim Kugelstoßen am BESTEN abgeschnitten.
(7) Mit meinem Freund kann ich durch DICK UND DÜNN gehen.
(8) Für Tanja wäre es sicher das BESSERE gewesen, sie hätte sich mit Claudia auf die Schulaufgabe vorbereitet, statt ins Kino zu gehen.
(9) An unserer Schule gibt es im ALLGEMEINEN keine größeren Sachbeschädigungen.

Schlage im Wörterbuch nach und schreibe die Sätze richtig ab!
Hinweis: Schlage jeweils beim unterstrichenen Wort/Wortteil nach!

Mehrteilige Konjunktionen, Präpositionen und Pronomen

1 **Mehrteilige Konjunktionen, Präpositionen und Pronomen** schreibt man zusammen, wenn die Wortart oder die Bedeutung der einzelnen Bestandteile nicht mehr deutlich erkennbar ist.
Beispiele: **Soviel** ich weiß, hat Sonja heute Geburtstag.
　　　　　　↑
　　　　Konjunktion (Ein Satz wird eingeleitet.)

*Ich habe das **irgendwo** gelesen.*
　　　　　　↑
　　　　Pronomen

a Sucht im Wörterbuch Konjunktionen in der Verbindung mit *so-* und Pronomen in der Verbindung mit *irgend-*! Schreibt damit zehn Sätze und diktiert sie euch gegenseitig! Achtet darauf, dass die Verbindungen mit *so* einen Satz einleiten oder Sätze verbinden!

Ausnahme: *sodass*, auch: *so dass*. Du kannst kaum etwas falsch machen.

▶ **G** S. 212, Präposition; S. 208, Konjunktion; S. 212, Pronomen

b
*Er zeigte mir den Weg **anhand** der Karte.*
　　　　　　　　　　　　　　↑
　　　　　　　　　Präposition (aus: *an* + *Hand*)

anhand – anstatt – infolge – inmitten – zufolge – zuliebe

Schreibe mit den Präpositionen Sätze!

✶c

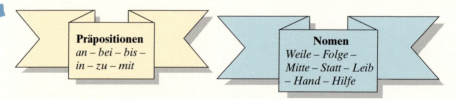

Präpositionen	Nomen
an – bei – bis – in – zu – mit	Weile – Folge – Mitte – Statt – Leib – Hand – Hilfe

Bilde mit den Präpositionen und Nomen durch Zusammensetzungen neue Präpositionen oder Adverbien. Dabei werden die Nomen teilweise verändert.
Schreibe mit jedem der neuen Wörter einen Satz!

▶ **G** S. 202, Adverb

Mehrteilige Konjunktionen, Präpositionen und Pronomen

2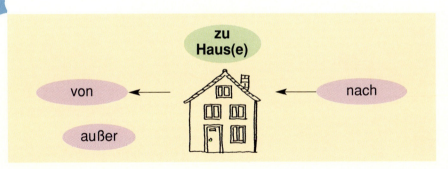

 Unter welchem Stichwort musst du im Wörterbuch nachschlagen, um die Schreibweise zu klären?

(1) Wir waren gestern Abend nicht ZUHAUSE.
(2) Nach dem Unterricht gingen wir noch nicht NACHHAUSE.
(3) Judith ist VONHAUSAUS eine gute Schwimmerin.
(4) Tina ist AUSSERHAUS.
(5) Wir gingen VONHAUSZUHAUS und erbaten Spenden.

Schreibe die Sätze in der richtigen Schreibweise in dein Heft!

▶ **G** S. 212, Präposition

  Achtung: Wir haben ein tolles **Zuhause.**

Schreibe Sätze, in denen *Zuhause* als Nomen gebraucht wird!

3 Werden *so, wie* oder *zu* mit einem Adjektiv oder Adverb gebraucht, wird die Verbindung getrennt geschrieben.

Beispiele: *Ich habe schon* **so oft** *über seine tollen Witze gelacht.*
↑
Adverb
Du gibst einfach ***zu viel*** *Geld für CDs aus.*
↑
Adjektiv
Zu hohe *Anforderungen in der Schulaufgabe mag ich gar nicht.*
↑
Adjektiv

Tipp: Achte auf die Betonung! Betont man beide Wörter, schreibt man meist getrennt.

Rechtschreibmeister/-in

(1) Wir kommen SOOFT, wie du willst, und helfen dir SOLANGE, bis du es kannst, egal, WIEVIEL Zeit uns das kostet.
(2) WIEVIEL muss noch passieren, bis du das endlich kapierst?
(3) WIEOFT habe ich dir schon gesagt, dass du nicht SOVIELE Fehlpässe machen darfst.
(4) Du darfst nicht ZUWENIG Wasser nehmen, sonst kannst du den Gips vergessen.
(5) Ich habe Jens schon SOOFT gefragt, er weiß nie etwas.
(6) Wir bleiben heute abend SOLANGE weg, wie es uns Spaß macht.

Schreibe die Sätze richtig in dein Heft! Begründet mithilfe der Regeln in Partnerarbeit die richtige Schreibweise!

Wann werden *sooft, solange, soviel* zusammengeschrieben?
Vergleicht mit den Regeln bei Aufgabe 1 und formuliert Sätze, in denen man zusammenschreibt!

Ein Zeichen setzen

Komma vor entgegensetzenden Konjunktionen

1 Mach keinen Punkt**, aber** ein Komma

Marion ist sehr schnell, **aber** <u>nicht ausdauernd genug</u>. Sie trainiert deswegen sehr viel, **jedoch** <u>nicht immer regelmäßig</u>. Doch sie gibt nicht auf, **sondern** <u>macht verbissen weiter</u>.

Sind die unterstrichenen Teile Nebensätze? Begründet!
▶ G S. 209, Nebensatz

Welcher Wortart gehören die fettgedruckten Wörter an? Was bewirken sie inhaltlich?

Das Komma steht vor ■ , wie ■, ■, ■, wenn sie einen Gegensatz einleiten und den Fluss des Satzes unterbrechen.

Ergänzt die Regel!
Sucht weitere solcher Wörter und formuliert Sätze!

2 Die Geschichte des prügelnden Lehrers

Schule war nie frei von Gewalt aber in 5000 Jahren Schulgeschichte lag das Gewaltmonopol praktisch immer beim Lehrer. Nicht nur bei den Ägyptern und Sumerern schlug der
5 Lehrer seine Schüler sondern auch bei den Griechen und Römern. Das spiegelt sich im ägyptischen Schriftzeichen für „Erziehen" wider in dem das Bild eines Mannes mit Stock enthalten ist. Im Mittelalter wurde der
10 Lehrer grundsätzlich ähnlich dargestellt aber mit Rute oder Rutenbüschel. An den Schulen nahm die Gewalt gegen Kinder und Jugendliche brutale Formen an jedoch besann man sich in der Neuzeit eines Besseren. Die Vertreter
15 der Aufklärung wollten die Prügelstrafe aus der Schule verbannen doch laut einer bayerischen Verordnung von 1857 durften die Lehrer weiter zuschlagen jedoch sollte es dabei zu keiner Körperverletzung der Schüler kommen. Erst 1972 verbot das Bundesverfassungsgericht die körperliche Züchtigung an
20 allen Schulen.

a Wo müssen Kommas gesetzt werden? Warum?

★b Was versteht man heute unter Gewalt an Schulen?

Kommas in längeren Sätzen

1 Zeichensetzung zwischen Haupt- und Nebensätzen

> Wir erinnern uns: **Zwischen Haupt- und Nebensätzen müssen Kommas gesetzt werden**. Einen Nebensatz erkennt man in erster Linie daran, dass sein finites Verb fast immer am Ende steht.
>
> Beispiel:
> Ich bin überzeugt , <u>dass die Kommasetzung nicht so schwierig **ist**</u> , <u>wie viele Menschen **glauben**</u>.
>
> **Tipp in Form eines Beispiels**
> *Du findest die finite Verbform heraus , <u>indem du das Subjekt des Nebensatzes vom Singular in den Plural/Singular setzt und **beobachtest**</u> , <u>welche Verben im Satz sich daraufhin **verändern**</u>.*

(1) Florian dem wir vertrauen wählen wir zum Klassensprecher.
(2) Staaten in denen das Bruttosozialprodukt sehr niedrig ist bezeichnen wir als Entwicklungsländer.
(3) Das Ozonloch wird als einer der Gründe dafür angesehen warum die Zahl der Hautkrebserkrankungen immer mehr zunimmt.
(4) Wovon viele träumen ist für Manuela wahr geworden.
(5) Wer zu spät kommt den bestraft das Leben.
(6) Man kann sich viel Zeit sparen wenn man den ICE benutzt.
(7) Wir gehen sofort nach Hause wenn die Vorstellung zu Ende ist.
(8) Ohne dass sie darüber informiert waren wurden die Zuschauer gefilmt.
(9) Unsere Vorfahren fürchteten tatsächlich dass der Himmel herunterfallen könnte.

a Schreibe ab, stelle die Nebensätze fest und setze die Kommas!

b Bilde sinnvolle Satzgefüge und setze die Satzzeichen! Unterstreiche die Nebensätze!

(1) Ich ging nicht fort …   (a) durften wir eher in die Pause

(2) Nachdem wir die Schulaufgabe geschrieben hatten …   (b) dass Jens seine Hausaufgabe nicht hatte

(3) Herr Maier … sah darüber hinweg …   (c) der sein Notenbuch vergessen hatte

(d) weil es regnete

Kommas in längeren Sätzen

Jetzt wird es etwas komplizierter

Bei längeren Satzfolgen, die aus mehr als einem Haupt- und einem Nebensatz bestehen, musst du dir genau überlegen, wo die einzelnen Neben- bzw. Hauptsätze jeweils beginnen und enden, damit du die Kommas richtig setzt. Nebensätze gleichen Grades werden in der Regel nicht durch Komma voneinander getrennt, wenn sie durch *und* oder *oder* miteinander verbunden sind.

Beispiele:

(1) *Jasmin glaubt,* *dass sie die Lehrstelle sicher bekommt.*
     HS   NS 1
Satzbauplan: HS, NS.

(2) *Jasmin glaubt,* *dass sie die Lehrstelle sicher bekommt*(,)
     HS   NS 1
(und)dass sie deshalb in der Schule etwas „lockerer" sein könne.
                        NS 2
Satzbauplan: HS, NS 1, NS 2. Oder: HS, NS 1, und NS 2.

(3) *Jasmin glaubt,* *dass sie die Lehrstelle sicher bekommt,*
     HS   NS 1
weil der Personalchef so freundlich gewesen ist,
               NS 2
(und)dass sie deshalb in der Schule etwas „lockerer" sein könne.
                        NS 3
Satzbauplan: HS, NS 1, NS 2, *und* NS 3.

(1) Damit man sich auch wirklich vorstellen kann wie viel Verkehrsraum gespart werden könnte wenn die Autofahrer alle auf öffentliche Verkehrsmittel umsteigen würden haben die Fotografen dieselbe Anzahl Menschen erst in ihren Autos sitzend aufgenommen dann haben sie sie alle in einen Bus gesetzt und erneut ein Foto gemacht.

(2) Wer heute noch glaubt dass alle diejenigen die sich für die Bahn entscheiden zu den Minderbemittelten gehören und sich einen PKW nur nicht leisten könnten schätzt die Situation völlig falsch ein und übersieht dass viele Menschen ökologische Gesichtspunkte in den Vordergrund stellen.

(3) Ich habe Jochen den ich letztes Jahr im Betriebspraktikum kennengelernt habe und der mir auf Anhieb gefallen hat seither oft besucht und mit ihm viele Ausflüge gemacht.

(4) Es ist immer wieder erfreulich wenn man sieht dass Realschüler die Rechtschreibung besonders gut beherrschen und auch mit den Kommaregeln sicher umzugehen wissen.

(5) Wenn man einmal genau betrachtet wie viele Menschen tagtäglich mit dem Auto zur Arbeit fahren obwohl sie ohne Weiteres auch öffentliche Verkehrsmittel benutzen könnten dann müsste man am Umweltverständnis unserer Zeitgenossen verzweifeln.

a Schreibe die Satzgefüge ab und setze die notwendigen Kommas! Schreibe auch die Satzbaupläne auf!

b Beurteilt die Verständlichkeit solcher Satzgefüge! Bildet sie in Partnerarbeit um!

★ 3 (1) Dass es uns heute in der Bundesrepublik Deutschland gegenüber anderen Staaten dieser Welt sehr gut geht, ■
(2) Ein Realschüler sollte im Deutschunterricht lernen, ■
(3) Eltern hoffen häufig, ■

a Bildet in Partnerarbeit zu den Satzanfängen selbst Satzfolgen mit jeweils mindestens drei Nebensätzen! Achtet darauf, dass die Satzgefüge noch verständlich bleiben und die Kommas richtig gesetzt werden!

b (1) Ein spannendes Jugendbuch, wie ■, kann viel Freude machen.
(2) Schüler sollten dazu angehalten werden, dass ■ und dass ■, weil ■, dass ■ .
(3) Man fragt sich oft, warum ■, obwohl ■ .

Vervollständige die Satzgefüge mit Nebensätzen!

Immigranten – Fremdwörter

Du hast in den letzten Jahren viele Fremdwörter kennengelernt und erfahren, dass unsere Sprache sich durch deren Aufnahme ständig weiterentwickelt. Oft sind sie dir schon so vertraut, dass du sie als solche gar nicht mehr erkennst. Viele brauchen wir, weil es keine entsprechenden deutschen Begriffe oder nur umständliche Umschreibungen gibt, andere sind so genannte Modewörter oder stammen aus Fachsprachen. Manche fremdsprachigen Modewörter kann man durch deutsche Ausdrücke ersetzen.

Lernzirkel

Anleitung

Mit dem folgenden Lernzirkel könnt ihr eure Kenntnisse über Fremdwörter erweitern und vertiefen. Die Stationen 1–3 durchlauft ihr am besten in Partnerarbeit, bei Station 4 müsst ihr zu zweit arbeiten. Die Reihenfolge der ersten vier Stationen ist beliebig. Die Station 5 findet gemeinsam nach Abschluss des Lernzirkels in der Klasse statt. Die Lösungen für die Stationen bekommt ihr von eurer Lehrkraft.

Station 1: Fremdwortdetektive

Der Meteorit „Neuschwanstein" schlug am 6.4.2002 sechs Kilometer entfernt von Schloss Neuschwanstein ein. Gewicht: 1750 Gramm.

Nicht aus den extremen Tiefen des Universums stammen die Meteoriten, sondern aus nächster Nachbarschaft: aus unserem eigenen Sonnensystem! Es besteht nicht nur aus der Sonne, den Planeten und ihren Trabanten, den Monden; hier vagabundieren diverse „planetare Klein-
5 körper" in großer Zahl: Sie können mikroskopisch kleine Partikel sein, aber auch Volumen mit einigen Kilometern Radius erreichen. Die meisten stammen aus dem großen Bereich zwischen Mars und Jupiter, dem so genannten Asteroidengürtel.
Durch Gravitationseinflüsse oder Kollisionen der kleinen Himmels-
10 körper untereinander können sie abdriften und auf recht abenteuerlichen Wegen die Sonne umrunden. Manchmal kollidieren sie mit anderen Planeten – auch mit der Erde!
Bis zu 1000 Tonnen solcher Materie fallen täglich auf unseren Globus, zum allergrößten Teil jedoch nur als feiner „kosmischer Staub": Doch
15 manchmal ist auch ein nussgroßes oder noch größeres Stück dabei, das

> beim Eintauchen in die Atmosphäre mit kosmischer Geschwindigkeit (bis zu 260 000 Kilometer pro Stunde!) eine glühende Leuchtspur hinterlässt: ein „Meteor" (also eine Sternschnuppe).

1. Schreibt alle Fremdwörter in unflektierter Form aus dem Text heraus!
2. Schlagt ihre Bedeutung im Wörterbuch nach!
3. Kontrolliert, ob ihr alle gefunden habt! Ergänzt gegebenenfalls eure Liste!
4. Fragt euch gegenseitig die Fremdwörter und ihre Bedeutung ab!

Station 2: Ordnung muss sein

Ordnet die Fremdwörter aus dem Wortspeicher inhaltlich den folgenden Gruppen zu! Unbekannte Wörter nachschlagen! Markiert Wörter der gleichen Herkunftssprache mit gleicher Farbe!

COMPUTER   SPORT   ESSEN/TRINKEN

MUSIK   MODE

Croissant, Porree, Bonbon, Boutique, Büfett, Champagner, Dessert, Dessous, elegant, extravagant, Hotline, Barbecue, Filet, frittieren, Jeans, Garderobe, Gelee, Gratin, Jackett, Homepage, Hyperlink, Mayonnaise, Hip-Hop, Mousse, Omelett, User, Provider, Likör, Püree, Monitor, Beat, Revers, Roulade, Administrator, Salon, Trikot, Intranet, Vanille, Adapter, Aerobic, Fastfood, Fitness, chatten, Foul, Icon, Frame, Dunking, Akkord, Pasta, Violine, Inliner, Grog, Halfpipe, Handheld, Hattrick, Hit, Homebanking, Joystick, Keyboard, mailen, Medley, online, Overall, Pixel, Sandwich, Sherry, Snowboard, Song, Toast, Update

Station 3: Fremdwörter für Deutsch-Fachleute

1. Setzt aus dem Silbenrätsel möglichst viele deutsche Fachbegriffe aus der Grammatik zusammen!
2. Schreibe die lateinischen Fachbegriffe für die deutschen Bezeichnungen auf!
3. Überprüft mit dem Anhang im Sprachbuch!

Station 4: Fremdwörtermemory in Partnerarbeit

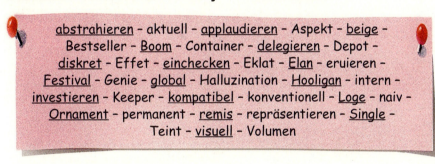

1. Partner 1 klärt die Bedeutung der unterstrichenen Wörter, Partner 2 die anderen. Jeder schreibt jeweils einen Satz mit dem Fremdwort. Ihr könnt das Wörterbuch zu Hilfe nehmen.
2. Tauscht die Sätze aus, überprüft die Richtigkeit und prägt euch die Fremdwörter ein!
3. Die Sätze werden beiseite gelegt. Partner 1 diktiert „seine" Wörter, Partner 2 schreibt sie auf und erklärt sie jeweils mit eigenen Worten. Anschließend wird gewechselt.

Station 5: Gemeinsame Arbeit der Klasse

Sprachhüter wollen den Cent „Zent" genannt haben

Jeder, wie er mag

Endlich. Die Sprachhüter melden sich zu Wort. Es wäre auch befremdlich gewesen, würden sie sich angesichts eines derart gewichtigen Themas in Schweigen hüllen. Wir haben neues Geld – und das gilt es nicht nur auszugeben, sondern auch auszusprechen. Der Verein Deutsche Sprache stört sich am Cent, besser gesagt daran, dass er Sent genannt wird. Sent – schon wieder hat sich ein Anglizismus eingeschlichen. Zent sollte man das Kleingeld hierzulande aussprechen – im Angedenken an den deutschen Zehnten.

Aber wenn wir es schon genaunehmen, dann bitte schön doch ganz genau. Dann müssen wir nämlich Kent sagen, gemäß des lateinischen Ursprungs von Cent: Centum hieß bei den Römern hundert und sie sagten nun einmal Kentum und nicht Zentum.

Kent – klingt das gut? 30 Kent für ein Brötchen? Geschmackssache. Wer will, der soll. Der soll auch Zent sagen, wenn ihm das besser gefällt oder leichter über die Lippen geht. Was sich schließlich durchsetzen wird, entscheidet ohnehin die Volksmehrheit, und sie wird sich auf wissenschaftliche Kleinkrämerei nicht einlassen. Sie wird klarkommen, auch ohne etymologische und phonetische Belehrungen. Sprache mag in Regelwerken festgeschrieben sein, doch glücklicherweise hat sie sich – gerade in gesprochener Form – nie davon gängeln lassen. Deshalb werden wir Franken auch Send sagen oder Zend – Kent aber ganz bestimmt nicht.

GABI SEITZ

1. Könnt ihr mithilfe des Wörterbuchs einen Beitrag zum Aussprachestreit leisten?
2. Wertet eure im Lernzirkel gesammelten Fremdwörter aus:
   – Welche werden in der Klasse als Fremdwörter eingeschätzt, welche nicht?
   – Haltet das Ergebnis statistisch fest! (Diagramm, Datenbank im Computer!)
   – Welche Folgerungen könnt ihr daraus ziehen?

Hinweis: Euer Lehrer/eure Lehrerin hat alle Fremdwörter aus dem Zirkeltraining parat.

Das solltest du wissen und können

Im folgenden Nachschlageteil findest du das Grundwissen und die Grundfertigkeiten, die du am Ende der Jahrgangsstufe 9 wissen und beherrschen solltest. Der Nachschlageteil ist in Texte verfassen, Textsorten, Literaturepochen, Arbeitstechniken und Grammatik gegliedert. In den einzelnen Teilen sind die Begriffe alphabetisch geordnet. So kannst du durch Nachschlagen Unverstandenes klären und Vergessenes wiederholen. Mit Querverweisen wird auf Zusammenhänge aufmerksam gemacht. Ein ↑ vor einem Begriff weist darauf hin, dass es zu diesem Begriff ein eigenes Stichwort gibt. Ein ▶ besagt, dass du an der angegebenen Stelle im Buch ausführliche Erklärungen, Aufgaben oder Übungen findest.

Texte verfassen

Erzählerische Formen

1. Eine Erzählung schreiben

Je nach Aufgabenstellung kannst du eine Geschichte als eigenes Erlebnis (Ich-Erzählung) oder in der dritten Person (Er-Erzählung) erzählen. Sie kann wirklich, wahrscheinlich, erfunden oder fantastisch sein.

Erzählungen werden geschrieben: zu einer Überschrift, einem Bild oder einer Bilderfolge, zu Sprichwörtern, Redensarten, Reizwörtern, zu einem Erzählausschnitt (Erzählanfang, Erzählschluss oder Höhepunkt) oder Erzählkern.

Für alle Erzählungen gilt:
- Deine Geschichte sollte eine Einleitung haben, du kannst aber auch direkt in die Handlung einsteigen. Für den Schluss eignet sich ein (unerwarteter) Wendepunkt oder eine Pointe.
- Überlege, was der Höhepunkt deiner Geschichte sein soll und welche Handlungsschritte zum Höhepunkt hinführen!
- Schreibe im Präteritum! Wähle treffende Wörter und verwende wörtliche Rede (auch ohne Begleitsatz)! Personifiziere deine Wahrnehmungen! Stelle Vergleiche an! Schreibe so anschaulich, dass andere sich die Geschichte vorstellen können!
- Überarbeite deinen Aufsatz! (↑ Texte überarbeiten)

2. Nach literarischen Vorlagen erzählen
- Überlege, welche Merkmale für das Vorbild (↑ Fabel, ↑ Märchen, ↑ Sage) bezeichnend sind!
- Denke dir einen entsprechenden Erzählkern aus!

Das solltest du wissen und können

- Versetze dich in die umrissene Situation und erzähle den Handlungsverlauf möglichst anschaulich! Gestalte dabei deine Erzählung aus! Schreibe im Präteritum!
- Überarbeite deinen Text! (↑ Texte überarbeiten)

3. Einen Text nacherzählen

- Bedenke: Die beste Nacherzählung ist eine möglichst getreue Wiedergabe des Originals.
- Stell dir den Ablauf der Geschichte noch einmal vor, überlege, wer eine Rolle spielt, und notiere dir die Handlungsschritte in der richtigen Reihenfolge!
- Vergiss nichts Wichtiges und erfinde nichts Neues!
- Schreibe im Präteritum!
- Überarbeite deinen Aufsatz! (↑ Texte überarbeiten)

4. Einen persönlichen Brief verfassen

- Überlege dir, was du der Person, die deinen Brief erhält, mitteilen möchtest!
- Rede diese Person in deinem Brieftext an, gehe auf ihre Fragen, Worte und Wünsche ein!
- Überlege dir eine sinnvolle Reihenfolge deiner Gedanken!
- Beachte die besondere äußere Form eines Briefes!

5. Schildern

Beim Schildern verbinden sich Elemente des Beschreibens mit ganz persönlichen Eindrücken und Empfindungen. Die Schilderung ist sehr anschaulich.

- Verdeutliche in den ersten Sätzen die Situation!
- Runde am Ende deinen Aufsatz ab (abschließende Handlung, Zurückgreifen auf den Anfang, überraschende Wende …)!
- Stelle dir eine Person und/oder eine Situation vor oder beobachte sie genau! Achte auf Einzelheiten und versuche, Typisches zu erfassen:
  – bei Personen: Äußeres, Haltung, Mimik, Gestik, Sprache,
  – bei Situationen: Geräusche, Gerüche, Farben, Licht, Eindrücke.
- Schildere deine Gedanken und Gefühle!
- Verwende möglichst treffende Verben und Adjektive sowie Vergleiche und Metaphern! Verwende auch Personifikationen!
- Schreibe im Präsens!
- Überarbeite deinen Text! (↑ Texte überarbeiten)

Sachliche Formen

1. Appellieren

Beim appellierenden Schreiben wendest du dich an eine Einzelperson oder an ein größeres Publikum (zum Beispiel an alle Schüler/-innen der Schule). Im letzteren Fall wird der Appell dann meist von einer Gruppe (zum Beispiel deiner Klasse) verfasst. Die Beeinflussung der

Leser/-innen steht dabei eindeutig im Vordergrund (zum Beispiel, wenn ihr in einem Aufruf mehr Sauberkeit im Schulhaus fordert). Daher kommt es darauf an, dass ein Aufruf wahrgenommen wird, d. h., er muss „attraktiv" sein, er muss überzeugen und er darf nicht zu lang sein, damit er gelesen wird. Soll er an eine Einzelperson gerichtet sein, ist er meistens in Form eines ↑ sachlichen Briefs verfasst, bei einem Appell an ein größeres Publikum kann die Form sehr unterschiedlich sein (zum Beispiel ein gestaltetes Plakat mit grafischen Elementen).

2. Argumentieren

Mit Argumenten kannst du ein Problem oder einen Sachverhalt, zu dem es unterschiedliche Meinungen gibt, klären, eine Meinung begründen oder eine Entscheidung treffen. Argumentative Schreibformen werden auch verwendet, um Anliegen vorzubringen, zum Beispiel Beschwerden, Anfragen (↑ sachlicher Brief) oder Stellungnahmen. Eine überzeugende Argumentation besteht aus einer Behauptung und einer Erläuterung.

- **eine Erörterung schreiben**
– Erschließe das Thema und suche den Themabegriff!
– Sammle Argumente!
– Ordne sie in einem Arbeitsplan oder einer Gliederung so, dass sie logisch aufeinander folgen! Bilde dabei – wo nötig – Ober- und Unterpunkte!
– Formuliere im Hauptteil die Argumente zu Argumentationen aus!
– Verknüpfe die Einzelargumentationen inhaltlich und mit entsprechenden Konjunktionen, Adverbien und Wendungen, um die Zusammenhänge herauszustellen!
– Entwirf eine Einleitung! Überlege dir dafür eine Einleitungsmöglichkeit: eigenes Erlebnis/persönliche Erfahrung, historischer Rückblick, aktuelles Ereignis, Erklärung des Themabegriffs, statistisches Zahlenmaterial, Zitat …! Notiere die Einleitungsmöglichkeit oder ihren Kerngedanken in dem ↑ Arbeitsplan oder der Gliederung! Führe in der Ausarbeitung zielstrebig zum Thema hin und schließe mit der Themafrage oder einem entsprechenden Aussagesatz!
– Entwirf einen Schluss, der deinen Aufsatz abrundet: eine Zusammenfassung, eine persönliche Stellungnahme, eine Wiederaufnahme eines Gedankens aus der Einleitung. Schreibe den Schlussgedanken in den Arbeitsplan oder die Gliederung!
– Überarbeite deinen Text! (↑ Texte überarbeiten)
- **einen Leserbrief schreiben**

Du beziehst dich auf einen Zeitungsartikel oder ein aktuelles Thema und nimmst dazu argumentativ Stellung.
– Benenne das Thema und drücke deine Meinung in einem Satz aus (Hauptthese)!
– Begründe deine Meinung argumentativ!
– Fasse deine Meinung zum Schluss noch einmal zusammen!
– Beachte die besondere äußere Form eines sachlichen Briefes, verwende nach Möglichkeit den Computer!

3. Berichten

- Beantworte zur Vorbereitung die W-Fragen: Wer? Wann? Wo? Was? Wie? Warum? Welche Folgen?

Das solltest du wissen und können

- Der Bericht gliedert sich in Einleitung (Ort, Personen, Zeit), Hauptteil (Darstellung des Geschehens in seiner zeitlichen Abfolge) und Schluss (Folgen oder Ausblick).
- Gib nur Tatsachen, aber keine Gefühle oder Meinungen wieder! Vermutungen müssen als solche gekennzeichnet sein!
- Berichte im Präteritum!
- Verwende den Sachstil: Wähle die treffende Benennung von Sachverhalten und Ereignissen; vermeide gefühlsbetonte Wörter; schreibe knapp und klar!
- Überarbeite deinen Text! (↑ Texte überarbeiten)

4. Ein Bewerbungsschreiben verfassen

- Begründe, warum du dich für diesen Beruf entschieden hast und warum du dich gerade bei dieser Firma bewirbst!
- Stelle deine Fähigkeiten positiv dar, aber ohne zu übertreiben!
- Formuliere kurze Sätze, vermeide „geschraubte" Redensarten!
- Beginne nach jedem wichtigen Gedanken eine neue Zeile!
- Schreibe fehlerfrei, sauber und ohne sichtbare Korrekturen!
- Richte dich bei der Gestaltung nach den DIN-Regeln, die für ein solches Schreiben gelten! Verwende nach Möglichkeit den Computer!
- Eine besondere Form des Bewerbungsschreibens ist die Online-Bewerbung. (▶ S. 22)

5. Einen sachlichen Brief schreiben

- Bedenke den Zweck deines Briefes und beachte, an wen du schreibst!
- Beschränke dich auf das Wesentliche und formuliere den Sachverhalt knapp und klar!
- Bringe dein Anliegen und die daraus zu ziehenden Folgerungen höflich vor!
- Beachte die besondere äußere Form des sachlichen Briefes, verwende nach Möglichkeit den Computer!
- Bevor du deinen Brief absenden kannst, musst du ihn überarbeiten! (↑ Texte überarbeiten)
- Eine besondere Form des sachlichen Briefes ist der Geschäftsbrief, bei dem du eine Bezug- und Betreffzeile über der Anrede ergänzen musst, und der Leserbrief. (↑ Argumentieren)

6. Inhalte zusammenfassen

Absicht und Zweck bestimmen, wie viel und wie du andere über den Inhalt eines Textes informierst. Erkundige dich deshalb im Zweifelsfall bei deiner Lehrkraft!

- Fasse das Wichtige zusammen: Hauptpersonen und ihr Verhalten, Schauplätze, Ereignisse und die Zusammenhänge, sodass andere die Geschichte nachvollziehen können.
- Lies dazu den Text genau durch und kläre Unverstandenes! Gliedere den Text in Handlungsschritte, in denen du das Wichtigste festhältst! Ordne die zeitliche Reihenfolge der Handlung! Schreibe mithilfe der Stichworte einen zusammenhängenden Text!
- Am Anfang – in der Einleitung – informierst du über den Titel des Werks, den Verfasser oder die Verfasserin, ggf. die Textsorte, Erscheinungsjahr und Ort und gibst in einem Kernsatz einen Überblick über das Geschehen.

- Im Schluss kannst du über die Absicht des Verfassers/der Verfasserin, die Wirkung der Geschichte, Hintergründe der Entstehung, den Verfasser/die Verfasserin informieren oder deine Meinung schreiben.
- Verwende Sachstil und Präsens! Schreibe durchgängig in der Er-Form! Direkte Rede wird nur im Ausnahmefall verwendet.
- Überarbeite deinen Text! (↑ Texte überarbeiten)

7. Einen Lebenslauf schreiben

Ein Lebenslauf wird in der Regel tabellarisch (mit dem Computer) verfasst. Nur wenn es extra verlangt wird, formulierst du ihn aus und/oder verfasst ihn handschriftlich.
- Mache folgende Angaben: Name, Vorname, Geburtsdatum, Geburtsort, Anschrift, Staatsangehörigkeit, Name des Vaters, der Mutter, ggf. Geschwister, Schulbildung, besondere Interessen (Lieblingsfächer, Hobbys), besondere Kenntnisse.
- Verwende ein DIN-A4-Blatt und gestalte deinen Lebenslauf mit dem Computer nach den DIN-Regeln!
- Versieh den Lebenslauf unten links mit Ort und Datum und unterschreibe ihn (handschriftlich) mit Vor- und Zunamen.
- Ergänze ihn mit einem guten Passbild, das du oben rechts auf dein Schreiben klebst!
- Achte auf eine ansprechende äußere Form!

8. Ein Protokoll schreiben

Voraussetzung für ein Protokoll ist eine möglichst aussagekräftige, übersichtliche und stimmige ↑ Mitschrift.
- In den Kopf des Protokolls gehören: Institution oder Gruppe, Ort und Zeit, Anwesende und Abwesende, Vorsitzende/-r (Gesprächsleiter/-in) und Schriftführer/-in sowie die Tagesordnung.
- Am Schluss des Protokolls unterschreiben Vorsitzende/-r (Gesprächsleiter/-in) und Schriftführer/-in.
- Die Tagesordnung legt fest, welche Themen in der Sitzung besprochen werden. Die Tagesordnungspunkte (TOP) bilden die Gliederung des Protokolls.
- Schreibe das Protokoll im Sachstil und verzichte auf jede Art persönlicher Wertung! Verwende kurze, einfache Sätze und beschränke dich auf das Wesentliche!
- Überarbeite deinen Text! (↑ Texte überarbeiten)

9. Texte beschreiben

- Lies den Text genau durch und kläre unbekannte Begriffe! Mach dir beim Durchlesen Notizen, markiere auf Textblättern wichtige Aussagen!
- Beantworte die folgenden Fragen stichwortartig oder lege dir einen ↑ Steckbrief an (Die kursiven Angaben brauchst du nur bei Sachtexten.):
  - *Wo und wann ist der Text erschienen?*
  - *Wer hat diesen Text geschrieben?*

Das solltest du wissen und können

- Wovon handelt dieser Text?
- *Wie ist dieser Text grafisch gestaltet?* (↑ *Textäußeres untersuchen*)
- *Sind Bilder und Illustrationen beim Text? Was ist darauf dargestellt? Welche Aufgaben haben die Abbildungen?* (↑ *Textäußeres untersuchen*)
- Um welche Textsorte handelt es sich? Wie kannst du sie nachweisen?
- In welche inhaltlichen Abschnitte gliedert sich der Text?
- Was will der Verfasser/die Verfasserin wohl erreichen? Will er/sie eher unterhalten oder informieren? *Hat er/sie noch andere Absichten?*
- *An wen wendet sich der Verfasser/die Verfasserin in erster Linie?*
- In welchem Stil ist der Text geschrieben? Welche Satztypen, welche Wortarten herrschen vor? Belege deine Aussagen durch ↑ Zitate aus dem Text!
- Hältst du den Text für gelungen? Wie gefällt er dir?
- Wenn du einen **Textgebundenen Aufsatz** anfertigen sollst (Textbeschreibung mit Einleitung und Schluss), kannst du eine Einleitung wie bei einer Inhaltszusammenfassung schreiben (↑ Texte zusammenfassen) und im Schluss deine eigene Meinung zum Text.
- Entwirf einen zusammenhängenden Text und überarbeite ihn! (↑ Texte überarbeiten)

Textsorten

Literarische Texte

Literarische Texte werden von Schriftstellern oder Schriftstellerinnen verfasst, dabei wird in der Regel besonderer Wert auf die sprachliche Gestaltung gelegt.
Man unterscheidet epische, dramatische und lyrische Texte. Zur **Epik** gehören alle erzählenden Textsorten. In der **Dramatik** wird die Handlung durch Schauspieler und Schauspielerinnen dargestellt. Die **Lyrik** umfasst als Begriff die Gesamtheit der Gedichte.
Literarische Texte wollen unterhalten, dich in eine andere Person, eine andere Zeit oder eine andere Welt versetzen. Sie wollen dich aber auch anregen, über Probleme des Lebens nachzudenken.

Anekdote
Eine Anekdote ist eine kurze Erzählung, die eine bekannte Persönlichkeit oder eine Zeit charakterisiert und mit einer Pointe, einer überraschenden, meist witzigen Wendung, endet. Die erzählte Begebenheit muss nicht wahr sein, sie könnte es aber sein, da sie typisch für die Person oder die Zeit ist.

Ballade
Eine Ballade ist ein längeres Gedicht, das von besonderen Taten mit erstaunlichem oder traurigem Ausgang erzählt, aber auch von geheimnisvollen Naturereignissen. Die meisten Balladen lassen sich gut „in Szene setzen".

Textsorten

Bänkelsang
Auf Jahrmärkten trugen Schausteller zu monotoner Drehorgelmusik Lieder in einfacher Reimform vor, die von rührseligen oder schauerlichen Vorfällen (zum Beispiel Verbrechen, Katastrophen) erzählten und oft mit einer Moral (Lehre) endeten. Ihre Geschichten illustrierten sie durch Bildtafeln. Da die Sänger bei ihrer Darbietung meist auf einer kleinen Bank (Bänkel) standen, wurden sie Bänkelsänger genannt und ihre Lieder Bänkelsang. Der Bänkelsang gehört zu den ↑ Balladen.

Drama
Als Drama wird eine (konfliktreiche) Handlung bezeichnet, die auf der Bühne in Dialogen (Zwiegesprächen, Wechselreden) und Monologen (Selbstgesprächen) für Zuschauer/-innen dargestellt wird. Ein Drama ist in größere Abschnitte, die Akte oder Aufzüge, eingeteilt, die jeweils aus mehreren Szenen bestehen. Regieanweisungen enthalten Hinweise zum Aussehen, zur Gestik und Mimik der Personen oder zum Bühnenbild.

Erzählung
Im engeren Sinn versteht man darunter einen kürzeren Erzähltext, der in mehrere Abschnitte gegliedert ist. Für die Spannung ist es wichtig, in welcher Reihenfolge etwas erzählt wird, wie der Höhepunkt vorbereitet und ausgestaltet wird, wie sie endet. Die Geschichte kann als eigenes Erlebnis (Ich-Erzählung) oder in der dritten Person (Er-Erzählung) erzählt werden und kann wirklich, wahrscheinlich, erfunden oder offensichtlich erlogen sein.

Fabel
Die Fabel ist eine Beispielgeschichte, die Menschen belehren oder kritisieren will. Tiere, manchmal auch Pflanzen, denken, reden und handeln wie Menschen. Meist haben Fabeln einen überraschenden Schluss, der oft sogar lustig erscheint. Die Lehre oder Kritik steht bei vielen Fabeln in einem eigenen Satz am Anfang oder am Ende der Geschichte.

Gedicht
Ein Gedicht ist ein kurzer Text aus mindestens einer Strophe; es ist in Versen (Zeilen) in einem bestimmten Rhythmus geschrieben und reimt sich meistens. Häufige Formen des Endreims sind der Paarreim (a a b b), der Kreuzreim (a b a b) und der umarmende Reim (a b b a).

Götter- und Heldensage
Götter- und Heldensagen gehören zu den ältesten Dichtungen eines Volkes. Göttersagen erzählen von der Entstehung der Welt und dem Wirken der Götter, Heldensagen von bedeutenden Taten. Die Helden stehen oft unter dem besonderen Schutz der Götter oder stammen sogar von ihnen ab. Im Laufe ihrer Überlieferung sind Stoffe der Götter- und Heldensagen miteinander verwoben worden und einzelne Sagen zu Sagenkreisen zusammengewachsen. Sie wurden von Sängern vorgetragen und bereits vor langer Zeit aufgeschrieben.

Das solltest du wissen und können

Heimatsage
Heimatsagen handeln meist von merkwürdigen oder unheimlichen Ereignissen, die wirklich passiert sein sollen. Dies soll mit Orts- und Zeitangaben, Hinweisen auf historische Personen und Naturerscheinungen belegt werden. Die Menschen früherer Zeiten konnten sich solche Geschehnisse nicht erklären, also dachten sie, dass übernatürliche Kräfte wie Gott, Teufel, Feen oder Wichtel im Spiel wären. Sie waren von den Vorfällen sehr beeindruckt und erzählten die Geschichte von Generation zu Generation weiter. Dabei wurde sie ausgeschmückt, manchmal sogar verändert. So entstand die Sage.

Kurzgeschichte
Eine Kurzgeschichte ist eine kurze Erzählung, die zunächst sehr alltäglich erscheint. Sie beginnt unvermittelt, das heißt ohne Einleitung, und schildert einen kurzen Ausschnitt aus dem Leben eines oder mehrerer Menschen. Die Handlung führt oft zu einer unerwarteten Wendung. An dieser Stelle bricht die Kurzgeschichte meist ab, das heißt, der Schluss bleibt offen. Häufig werden Kurzgeschichten in Alltagssprache verfasst. Der Unterschied zu einer Erzählung ist oft nicht sehr deutlich.

Märchen
Märchen sind kurze Erzählungen, in denen sich Natürliches mit Fantastischem vermischt:
- Menschen, Tiere, Pflanzen und Gegenstände haben oft übernatürliche Kräfte.
- Wesen aus dem Zauberreich helfen oder schaden.
- Magische Zahlen sind von Bedeutung.

Der gute Mensch/der Held/die Heldin muss im Märchen Schwierigkeiten überwinden oder schwere Aufgaben lösen. Dafür wird er/sie am Ende belohnt, während das Böse bestraft wird. „Es war einmal …" Mit diesen Worten beginnen viele Märchen und sie enden häufig mit der Verheißung: „Und wenn sie nicht gestorben sind, dann leben sie noch heute."

Novelle
Eine Novelle ist eine längere Erzählung, die ein merkwürdiges Geschehen mit einer oder mehreren unerwarteten Wendungen behandelt. Im Mittelpunkt stehen eine oder mehrere Personen, die in Konfliktsituationen geraten. Mit dem äußeren Geschehen ist oft die innere Entwicklung des Helden/der Heldin verknüpft. Am Ende steht der Untergang der Hauptperson oder die Lösung des Konflikts.

Sage
Eine Sage ist ein ursprünglich mündlich überlieferter Bericht über ein Geschehen, das nicht wirklich stattgefunden hat – obwohl meist genaue Angaben über Personen, Ort oder Zeit gemacht werden. Das Außerordentliche, Wunderbare und Unheimliche spielen eine wichtige Rolle.
Es gibt verschiedene Arten von Sagen, z. B. ↑ Heimatsagen oder ↑ Götter- und Heldensagen.

Schwank
Ein Schwank ist eine lustige, derbe Geschichte. Sie erzählt von Streichen, die sich Menschen – oft auch gegenseitig – spielen. Meist werden dabei menschliche Schwächen der Lächerlichkeit preisgegeben.

Sachtexte

Sachtexte wollen überwiegend informieren und belehren. Bei vielen Sachtexten findest du Zeichnungen, Fotos, Grafiken usw., die den Inhalt veranschaulichen oder ergänzen sollen.

Bericht
Berichte sind (auch) journalistische Textsorten. Mit der Überschrift wird auf den Kern der Information hingewiesen. Das Wichtigste, die ↑ Nachricht, steht im ersten Satz, im Vorspann oder im ersten Absatz. So wird das Interesse am Weiterlesen geweckt. Darauf folgen Zusatzinformationen von abnehmender Bedeutung. Berichte werden sachlich und objektiv verfasst und stehen überwiegend im Präteritum/Plusquamperfekt. Der Berichterstatter/die Berichterstatterin bleibt im Hintergrund. Sein/ihr Name wird oft mit einem Namenskürzel genannt.

Kommentar
Der Kommentar stellt die persönliche Meinungsäußerung eines Journalisten zu einem konkreten Tagesereignis dar. Er nimmt Stellung, indem er Hintergründe aufzeigt, das Ereignis in größere Zusammenhänge einbettet, mögliche Konsequenzen darstellt oder einfach nur Ablehnung oder Zustimmung ausdrückt. Kommentare können sehr ernsthaft, aggressiv oder amüsant sein. Meist werden sie durch das Lay-out besonders gekennzeichnet (Rahmen, Kursivdruck …). Der Name des Verfassers/der Verfasserin wird immer abgedruckt.

Leserbrief
Der Leserbrief ist die Stellungnahme eines Lesers/einer Leserin zu einem aktuellen Thema, die an eine Redaktion geschrieben wird.

Nachricht
Nachrichten gehören zu den journalistischen Textsorten. Sie sind kurz abgefasst und geben über folgende Fragen Aufschluss: Was? Wer? Wann? Wo? Wie? Warum?

Reportage
Die Reportage ist eine relativ subjektive Form der Berichterstattung, die auch die Gefühle des Lesers/der Leserin anspricht. Sie ist meist aus drei Elementen aufgebaut: persönlichen Eindrücken des Verfassers/der Verfasserin, anschaulichen Schilderungen oder Interviews und berichtend-beschreibenden Hintergrundinformationen, die Zusammenhänge herstellen sollen. Die Reportage beginnt mit Einzelheiten: einem Aufhänger, einer aktuellen Meldung oder einem ↑ Zitat. Erst im Verlauf des Textes wird das Thema/der Sachverhalt klar. Oft wird die Reportage

mit einer Schlusspointe abgerundet. Die Sprache ist abwechslungsreich (Ellipsen, direkte und indirekte Rede), das Tempus überwiegend Präsens/Perfekt. Der Verfasser/die Verfasserin ist immer vor Ort und stets namentlich genannt.

Literaturepochen

Der Begriff Epoche bezeichnet einen größeren Zeitabschnitt in Kunst, Gesellschaft und Politik, der durch jemanden oder etwas geprägt wurde. Von einer **Literaturepoche** spricht man dann, wenn die Werke eines Zeitraums viele gemeinsame Merkmale (Weltbild, Thema, Stil) aufweisen. Die Epochen sind zeitlich nicht immer streng voneinander getrennt.

Frühe Literaturepochen

Das **frühe Mittelalter** wird bestimmt von germanisch-heidnischer Dichtung – *wie Dietrich von Bern* – und christlich-geistlicher Dichtung.

Im **Hochmittelalter** erreicht die ritterlich-höfische Dichtung ihre Blütezeit. Ritterliche Ideale und die Verherrlichung der „edlen Frau" sind ihre Themen. Heldensagen, wie das *Nibelungenlied*, und der Minnesang, ein bedeutender Vertreter ist Walther von der Vogelweide, sind die Hauptformen der Dichtung.

Literaturepochen der Neuzeit

Im **16. Jahrhundert** beginnt die Neuzeit. Martin Luthers Bibelübersetzung bildet das Fundament einer einheitlichen Schriftsprache. Aus dieser Zeit stammen auch Volksbücher, wie *Das Lalenbuch*, das die Streiche der Schildbürger erzählt, und die Schwänke vom Meistersinger Hans Sachs.

Barock (ca. 1600 – 1720)

Die Epoche des Barock ist geprägt durch Glaubensauseinandersetzungen, den Dreißigjährigen Krieg und die Machtkämpfe der absolutistischen Fürsten. Die unsicheren Zeiten bedingen ein zwiespältiges Lebensgefühl: einerseits überschäumende Lebenslust und die Suche nach immer neuen Genüssen und andererseits Sehnsucht nach dem Jenseits, nach Zuflucht in der Ewigkeit Gottes.
Wichtiger Vertreter: Andreas Gryphius

Aufklärung (ca. 1700 – 1800)

In der Aufklärung wird die menschliche Vernunft zum Maßstab und Prüfstein aller Probleme gemacht. Idealismus, demokratische und liberale Gedanken prägen die Epoche. Politisches und moralisches Leitthema ist die Toleranz, d. h. die Aufforderung, die eigene Überzeugung und das

eigene Urteil in Bezug auf andere politische und religiöse Meinungen ständig zu überprüfen und zu korrigieren.
Wichtiger Vertreter: Gotthold Ephraim Lessing

Sturm und Drang (ca. 1770 – 1785)

Eine Generation von jungen Dichtern empört sich gegen die Herrschaft der Vernunft (↑ Aufklärung) und gegen die gesellschaftlichen und sozialen Verhältnisse. Die Dichter fordern die Freiheit des Gefühls und der Leidenschaften und verherrlichen das schöpferische Genie. Das Recht auf Selbstverwirklichung und die Freiheit des Individuums stellen sie über die herrschenden Ordnungsprinzipien.
Wichtige Vertreter: Johann Wolfgang v. Goethe, Friedrich Schiller (Jugendwerke)

Klassik (ca. 1780 – 1830)

Die Dichter der Klassik streben nach der Harmonie von Geist und Natur und dem Ideal der Vollendung, ihr Ziel ist das Wahre, Gute, Schöne. Menschliche Neigungen sollen sich freiwillig einem allgemeinen Sittengesetz unterordnen. Die Klassiker glauben an einen vernünftigen, sinnvoll geordneten Zusammenhang des Weltganzen, Staat und Gesellschaft werden als Naturgesetze bejaht. Die Kunst soll den Menschen zu echter Humanität erziehen – weltbürgerlich, ohne Ansehen des Volkes oder der Religion. Zur Veranschaulichung verwendet die Klassik häufig Personen und Motive der griechisch-römischen ↑ Götter- und Heldensagen.
Wichtige Vertreter: Johann Wolfgang v. Goethe, Friedrich Schiller

Romantik (ca. 1790 – 1840)

Die Romantiker wollen die Realität durch Fantasie und grenzenloses Gefühl überwinden. Das Leben wird zur Poesie, die Natur schwärmerisch verklärt. Im Fantastischen und im Traum versuchen die Dichter, das Unendliche zu erschließen. Grundstimmung ihrer Werke ist die oft unerfüllte Sehnsucht, Melancholie und das Fernweh, aber auch Sinnliches und Dämonisches. Die Romantiker besinnen sich auf die Vergangenheit, besonders das christliche Mittelalter, und unterstützen die nationale Einigung Deutschlands. Sagen und Märchen, Volkslieder, Balladen und Gedichte wurden die Hauptformen. Auch in der Musik und Malerei kennen wir die Epoche der Romantik.
Wichtige Vertreter: Josef v. Eichendorff, Clemens Brentano, Jakob und Wilhelm Grimm

Poetischer Realismus (ca. 1830 – 1880)

Der Realismus ist gekennzeichnet durch eine bewusste Wendung zur Gegenwart. Die Umwelt wird sachlich und wirklichkeitsgetreu dargestellt, Details werden liebevoll ausgestaltet. Der Mensch tritt in den Vordergrund. Sein persönliches Schicksal und sein Charakter werden – psychologisch vertieft – nachgezeichnet. Für die Dichtung neu entdeckt werden Beruf, Heimat und die konkrete Landschaft. Hauptformen der Dichtung sind der Roman, Novelle, Ballade und Gedicht.
Wichtige Vertreter: Theodor Storm, Annette v. Droste-Hülshoff

Naturalismus (ca. 1880 – 1900)

Der Naturalismus ist eine Literaturströmung, die auf eine naturgetreue Widerspiegelung der Wirklichkeit abzielt und sich der sozialen Umwelt, vor allem den ärmeren Bevölkerungsschichten, zuwendet. Deshalb werden Dialekt und Umgangssprache literaturfähig, die Schattenseiten der Gesellschaft und des Lebens das Thema der Dichtung. Eine wichtige Voraussetzung für die Entwicklung des Naturalismus waren die Industrialisierung und ihre Auswirkungen (erbarmungsloser Konkurrenzkampf, Verelendung der Arbeitermassen). Der Mensch wird erstmals als Produkt von Vererbung und Milieu gesehen.
Wichtiger Vertreter: Gerhart Hauptmann

Arbeitstechniken

Aktiv zuhören, ▶ S. 28

Anzeigen auswerten, ▶ S. 14 f.

Arbeitsplan erstellen, ▶ S. 12, 127

Argumentieren, ▶ S. 12 f., 34 ff.

einen Aufruf gestalten, ▶ S. 41

Brainstorming, ▶ S. 8, 80

Cluster, ▶ S. 16
Mit einem Cluster kannst du dir den Anfang des Schreibens erleichtern. In die Mitte setzt du als erstes Wort das Thema. Anschließend notierst du Begriffe, die dir dazu einfallen. Zusammengehörige Gedanken werden durch Striche verbunden. So kannst du deine Ideen ordnen.

Diagramm in Text umsetzen, ▶ S. 9 f.

Dialoge schreiben, ▶ S. 122
Der Name der Person, die spricht, wird an den Anfang der Zeile gesetzt. In anderer Schrift wird das angefügt, was sie sagt, ohne Anführungs- und Schlusszeichen und ohne Begleitsatz. Wie die Person sprechen soll, kannst du als Regieanweisung einfügen.

Diskutieren, ▶ S. 26 ff., 34 ff.

Elfchen schreiben
Ein Elfchen besteht aus elf Wörtern, die in fünf Verszeilen angeordnet sind. Es gibt keinen Reim, aber einen „Bauplan": Zeile 1: Adjektiv, meist eine Farbe, Z. 2: Artikel und Nomen, Z. 3: Satz aus drei Wörtern, Z. 4: Satz aus vier Wörtern, Z. 5: Nomen, das einen Gedanken, ein Gefühl ausdrückt.

Fragebogen erstellen, ▶ S. 80

Arbeitstechniken

Gliederung erstellen, ↑ Arbeitsplan

Grafik in Text umsetzen, ▶ S. 9 f.

Hörspielszenen schreiben, ▶ S. 122
Kulissen, Schauspieler/-innen und ihre Bewegungen und Gesten, kurz, alles, was man auf der Bühne sehen kann, müsst ihr in Hörspielszenen auf andere Weise vermitteln: durch typische Geräusche, Musik, überleitende Zwischentexte … Die Wirkung der Szenen könnt ihr am besten mithilfe eines Kassettenrekorders überprüfen.

Informieren
- **andere informieren**, ↑ referieren

Überlege dir vorher, wen du informieren willst (jemanden, der sich gut auskennt, oder jemanden, dem das Thema neu ist). Bedenke auch, was der Zweck deiner Information ist, ein kurzer Überblick, eine Anregung …!
- **sich informieren**

Frage einen Experten/eine Expertin.
Schlage in einem Wörterbuch, in einem Lexikon, im Atlas … nach.
Beschaffe dir entsprechendes Material, ▶ S. 45.
Bei der ↑ Internetrecherche kann dir eine Suchmaschine helfen.

ein Informationsblatt gestalten, ▶ S. 78 ff.

Internetrecherche, ▶ S. 165 f., ↑ Informieren, sich informieren

Internet, sprachliche Mittel untersuchen, ▶ S. 139

Interview, ▶ S. 88

Lay-out untersuchen, ↑ Textäußeres untersuchen

Lernspirale, ▶ S. 77 ff.

Lernzirkel, ▶ S. 109, 183
In der Klasse werden mehrere Lern- und Arbeitsstationen aufgebaut. An jeder Station findet sich eine Arbeitsaufgabe. Diese könnt ihr allein oder in Partnerarbeit lösen. Ihr könnt an jeder Station beginnen, wenn ein Platz frei ist.

Materialsammlung anlegen, ▶ S. 46

Mindmap, ▶ S. 22, 171, 173

Mitschrift/Mitschreiben, ▶ S. 91

Präsentieren von Ergebnissen, ▶ S. 78 ff., ↑ Veranschaulichen

ein Protokoll gestalten, ▶ S. 84

Das solltest du wissen und können

Rechtschreiben üben
Mache dir anhand von deinen Texten, die korrigiert wurden, deine Fehlerschwerpunkte bewusst. Dann kannst du gezielt üben. Tägliches kurzes Üben ist besser, als gelegentlich stundenlang zu üben!
- abschreiben
- Diktate: Partnerdiktat, Kassettendiktat

Das Geschriebene solltest du sorgfältig korrigieren und sinnvoll verbessern.
- eine Rechtschreibkartei oder ein Wörter- und Merkheft führen
- mit entsprechender Lernsoftware am Computer üben

Rechtschreibhilfen
- im Wörterbuch nachschlagen, ▶ S. 162 ff.
- Rechtschreibkartei
- Rechtschreibprogramm des Computers, ▶ S. 164, 166 f.
  Vorsicht: Manche Rechtschreibfehler kann das Programm nicht erkennen!
- verlängern und ableiten

Referat/Referieren, ▶ S. 45, 60, 103

Rollenspiel, ▶ S. 16, 24 f., 35 f.

Schreibkonferenz
In einer kleineren Gruppe könnt ihr gemeinsam Texte verfassen oder überprüfen, was ihr an euren Textentwürfen verbessern könnt. Dazu liest ein Gruppenmitglied seinen Text zweimal vor, die anderen achten auf Inhalt, Satzbau, Wortwahl, Tempus … und machen Verbesserungsvorschläge. Diese Hinweise notiert sich der Schreiber/die Schreiberin und ↑ überarbeitet anschließend den eigenen Text.

Spielszenen schreiben, ▶ S. 122, ↑ Dialoge, ↑ Hörspielszenen

Sprachliche Mittel und ihre Wirkung beschreiben, ▶ S. 70 f., 107, 121, 139 ff.

einen Steckbrief für Texte erstellen
Lege ihn zweispaltig mit entsprechenden Absätzen an. In die linke Spalte (die kursiven Angaben brauchst du nur bei Sachtexten) schreibst du jeweils untereinander: Titel, Autor/-in, *Erscheinungsort, Herausgeber, Datum/Jahr,* Textsorte, Thema, innerer Aufbau, *grafische Gestaltung, Bilder/Illustrationen,* auffällige Wortarten, besondere Satzformen, Stil, *Zielgruppe, Absicht/Zweck, ggf. Meinung des Autors/der Autorin,* eigene Meinung. Ergänze anschließend die rechte Spalte inhaltlich.

Stilebenen unterscheiden
- **Standardsprache**, ▶ S. 141 f.
- **Umgangssprache**, ▶ S. 141 f.
- **Dialekt/Mundart**, ▶ S. 113 ff.
- **Jugendsprache**, ▶ S. 139 f.

- **Sprache im Internet**, ▶ S. 139 f.
- **Amtssprache**, ▶ S. 92 ff., 145 f.
- **Nominalstil**, ▶ S. 144 ff.
- **Verbalstil**, ▶ S. 144 ff.

Telefonische Kontaktaufnahme, ▶ S. 16

Texte erschließen
- literarische Texte erschließen, ▶ S. 96 ff., 102 ff., 113 ff., 119 ff.
- **Sachtexte erschließen**, ▶ S. 61 ff., 63 ff., 68 f. , 72 ff.

Texte überarbeiten, ▶ S. 54 ff., 142 ff.

Texte vergleichen, ▶ S. 63, 73

Textäußeres und seine Wirkung untersuchen, ▶ S. 70
Zur äußeren Gestaltung eines Textes, dem Lay-out, gehören:
- **grafische Gestaltung**: Titel – Schlagzeile – **Überschrift** – Untertitel – Leitsatz – Umfang – Spalten – Zwischenüberschriften – Gliederung in **Absätze** – Länge der einzelnen **Absätze**
- besondere Gestaltung der **Schrift**: Großbuchstaben – Kursiv-, Fettdruck
- **Illustrationen**: Grafik – Bild – Diagramm – Anzahl – Größe – Platzierung – schwarz-weiß – farbig – Inhalt – Bildunterschrift

Veranschaulichen kannst du deine Ergebnisse mithilfe von Wandzeitung, Plakat, Folie. ↑ Präsentieren

Vortragen und Vorlesen
Lies den Text vor dem Vortrag ein paarmal laut für dich alleine! Achte auf deutliche Aussprache und richtige Betonung! Vermeide zu schnelles Lesetempo! Satzzeichen zeigen dir die richtigen Stellen für Pausen und die entsprechende Tonhöhe. Achte darauf, immer wieder Blickkontakt zu deiner Zuhörerschaft zu halten!

Zitieren
Zitieren heißt Textstellen wortwörtlich wiedergeben. Zitate werden durch Anführungszeichen eingeleitet und geschlossen. Lässt man beim Zitieren etwas von der Textstelle weg, muss man dies durch … oder […] kennzeichnen. Fügt man etwas ein, was nicht im Text steht, wird das in eckige Klammern gesetzt [xxx]. Bei jedem Zitat muss eine Zeilenangabe (bzw. Quellenangabe als Fußnote) erfolgen.

Das solltest du wissen und können

Grammatik

Im folgenden Nachschlageteil findest du alle grammatischen Begriffe, die in deinem Sprachbuch vorkommen oder die du bisher in der Realschule gelernt hast, alphabetisch geordnet. Mit Querverweisen wird auf Zusammenhänge mit anderen grammatischen Begriffen aufmerksam gemacht. Ein ↑ vor einem Begriff weist darauf hin, dass es zu diesem Begriff ein eigenes Stichwort gibt, wo du Genaueres dazu nachlesen kannst.

ableiten/Ableitung
Möglichkeit der Wortbildung und Hilfe beim Rechtschreiben. Ein abgeleitetes Wort besteht aus Stammwort, Vorsilbe und/oder Nachsilbe.

lang	*-sam*	*un*	*-glaub*	*-lich*
↑	↑	↑	↑	↑
Stammwort	+ Nachsilbe	Vorsilbe +	Stammwort +	Nachsilbe

Adjektiv
Eigenschaftswort (Wortart)
– als Beifügung zu einem ↑Nomen deklinierbar:
*Der **kleine** Junge weint. Die **kleinen** Jungen weinen.*
– als Teil des ↑Prädikats (beim ↑Verb) nicht deklinierbar:
*Der Junge ist **klein**. Die Jungen sind **klein**.*
Die meisten Adjektive können gesteigert werden:
schön – schöner – am schönsten
Die drei Steigerungsformen heißen: Positiv – Komparativ – Superlativ.

Adverb
Umstandswort (↑Wortart); ↑nicht flektierbar; Plural: Adverbien. Sie bestimmen die Aussage eines Satzes näher.
Im Satz häufig ↑adverbiale Bestimmung:
↓
*In dem Haus möchte ich **gerne** wohnen, denn es gefällt mir **sehr**.*
Im Satz Verwendung als ↑Attribut:
*Das Haus ← **drüben** ist groß und deshalb **sehr** → geräumig.*
Im Deutschen werden keine abgeleiteten Adverbien wie im Englischen gebildet.
*Mehmet singt **laut**.* Englisch: *Mehmet sings **loudly**.* (loud + ly)
D: undekliniertes Adjektiv als ↑adverbiale Bestimmung
E: abgeleitetes Adverb als ↑adverbiale Bestimmung
Siehe auch adverbiale Bestimmung, Pronominaladverb!

Grammatik

adverbiale Bestimmung (Adverbial)
Satzglied (Umstandsbestimmung). Es bestimmt die Aussage eines ganzen Satzes näher.
- Lokaladverbial (Umstandsbestimmung des Ortes):
  *Er kommt **aus dem Kino**.* Woher kommt er?
- Kausaladverbial (Umstandsbestimmung des Grundes):
  *Klaus erzählt einen Witz. **Deshalb** lacht Timo.* Warum lacht Timo?
- Temporaladverbial (Umstandsbestimmung der Zeit):
  *Claudia spielte erst am Computer, **nachdem sie gelernt hatte**.* Wann spielte Claudia am Computer?
- Modaladverbial (Umstandsbestimmung der Art und Weise):
  *Wir sangen **laut und kräftig** mit.* Wie sangen wir mit?

Adverbiale können mit der ↑Umstellprobe und Fragen erkannt werden.
Siehe auch Gliedsatz!

Akkusativ
4. Fall bei der ↑Deklination (Wortform von ↑Nomen, ↑Artikeln, ↑Adjektiven und ↑Pronomen)
den Mann, die Frau, das Kind (↑Singular)
die Männer, die Frauen, die Kinder (↑Plural)
*Ich sah **den Mann**, **die Frauen** und **die Kinder**.*
Siehe auch Nominativ, Genitiv, Dativ!

Akkusativobjekt
Siehe Objekt!

Aktiv
Form des ↑Verbs. Es zeigt die Darstellung des Geschehens aus der Sicht des/der Handelnden.
*Die Polizei **sperrte** die Straße.*
Siehe auch Passiv!

Apposition
Siehe Attribut!

Artikel
Begleiter beim ↑Nomen, der mit diesem dekliniert wird (Wortart)
bestimmter Artikel:
der Junge,   *die* Frau,   *das* Mädchen
die Jungen,   *die* Frauen,   *die* Mädchen
unbestimmter Artikel:
ein Junge,   *eine* Frau,   *ein* Mädchen
Siehe auch Deklination!

Das solltest du wissen und können

Attribut (Attributsatz, Apposition)

Einzelwörter, Wortgruppen oder ↑Nebensätze (Attribut- oder Relativsätze), die Nomen oder ihre Stellvertreter näher beschreiben. ↑Possessivpronomen, ↑Artikel und Zahlwörter gehören nicht zu den Attributen.

Das **rote** Kleid **im Schaufenster** gefiel ihr gut.
     ↓   ↓   ↓
Attribut → Bezugswort ← Attribut

Die **jüngere** Schwester **Petras** und ihre **beste** Freundin gehen ins Kino.
    ↓   ↓   ↓   ↓   ↓
Attribut → Bezugswort ← Attribut   Attribut → Bezugswort

Das Unfallauto, **ein Sportwagen**, war nicht mehr zu reparieren.
             ↓
Bezugswort ← nachgestelltes Attribut (Apposition)

Die Eins, **die (welche) du geschrieben hast**, hat mich sehr gefreut.
     ↓   ↓
Bezugswort ← Attribut (als Attributsatz)

Attributsätze weisen meist mit einem ↑Relativpronomen auf ihr Bezugswort hin.

Attribute sind Bestandteile eines Satzgliedes und werden bei der Umstellprobe mit diesem verschoben. Sie können mit der Frage „Was für + Nomen" erfragt werden.
Siehe auch Nebensatz!

Aufforderungssatz

Satzart
Siehe Satzarten!

Aussagesatz

Satzart
Siehe Satzarten!

Dativ

3. Fall bei der ↑Deklination (Wortform von ↑Nomen, ↑Artikeln, ↑Adjektiven und ↑Pronomen)
dem Mann(e), der Frau, dem Kind(e) (↑Singular)
den Männern, den Frauen, den Kindern (↑Plural)
Ich gebe **dem Mann, der Frau** und **den Kindern** den Ball zurück.
Siehe auch Nominativ, Genitiv, Akkusativ!

Dativobjekt

Siehe Objekt!

Grammatik

Deklination, deklinieren
Die Wortveränderungen von ↑Nomen, ↑Adjektiv, ↑Artikel und ↑Pronomen in den vier Fällen
↑Nominativ: **Das scheue Reh** grast am Waldrand.
↑Genitiv: Sie erinnert sich **des scheuen Rehs** am Waldrand.
↑Dativ: Er begegnete **einem scheuen Reh**.
↑Akkusativ: Er sah **das scheue Reh**.
Siehe auch Nominativ, Genitiv, Dativ, Akkusativ!

deklinierbar
Veränderbarkeit von ↑Nomen, ↑Adjektiv, ↑Artikel und ↑Pronomen in den vier Fällen
Siehe Deklination!

Demonstrativpronomen
Siehe Pronomen!

Diphthong
Siehe Vokal!

Doppelkonsonant
Siehe Konsonant!

Doppelvokal
Siehe Vokal!

einfache Verben
Siehe Verb!

finite Form
↑konjugierte Form des ↑Verbs; auch ↑Personalform des Verbs
Siehe Personalform!

flektierbar
Veränderbarkeit von Wörtern, je nach Stellung im Satz
Zu den flektierbaren Wörtern gehören:
– ↑Verben (↑konjugierbar): *liegen – liegt – liege – lag – gelegen – ...*
– ↑Nomen (↑deklinierbar): *Haus – Hauses – Häuser – ...*
– ↑Adjektive, ↑Artikel und ↑Pronomen (↑deklinierbar)
Siehe auch nicht flektierbar!

Fragesatz
Satzart
Siehe Satzarten!

Futur I/II
Siehe Tempus!

Genitiv
2. Fall bei der Deklination (Wortform von ↑Nomen, ↑Artikeln, ↑Adjektiven und ↑Pronomen)
des Mannes, der Frau, des Kindes (↑Singular)
der Männer, der Frauen, der Kinder (↑Plural)
Es ist das Haus **des Mannes, der Frau** und **ihrer Kinder**.
Siehe auch Nominativ, Dativ, Akkusativ!

Genitivobjekt
Siehe Objekt!

Gliedsatz
Unselbstständiger, von einem Hauptsatz abhängiger Satz. Die Personalform des Verbs steht an letzter Stelle. Im Unterschied zu einem ↑Nebensatz übernimmt er im Satz die Aufgabe eines ↑Satzglieds.
Jedes ↑Satzglied (ausgenommen das ↑Prädikat) kann als Gliedsatz vorkommen.
Subjektsatz: **Wer nicht hören will,** muss fühlen.
          ↑Subjekt im Satz

Objektsatz: *Ich habe gehört,* **dass du im Lotto gewonnen hast.**
          ↑
          ↑Akkusativobjekt im Satz

Adverbialsatz: *Ich komme,* **wenn ich gegessen habe**.
          ↑
          ↑Temporaladverbial im Satz

Siehe auch Nebensatz!

Hauptsatz
Selbstständiger, von anderen Sätzen unabhängiger Satz
Die ↑finite Form (↑Personalform) des ↑Verbs steht in der Regel an zweiter Stelle.
Der Unterricht **endete** *um 13.00 Uhr. Alle* **lachten**.

Grammatik

Indikativ
Verbform, mit der eine Feststellung als tatsächlich und wirklich dargestellt wird (Normalform in allen Texten)
*Ich **komme** heute Abend zu euch, wenn ich meine Hausaufgaben **erledigt** habe.*
Siehe auch Konjunktiv!

infinite Form
nicht ↑konjugierte Formen des ↑Verbs: ↑Infinitiv, ↑Partizip Perfekt
gehen – gegangen
Siehe Infinitiv, Partizip Perfekt!

Infinitiv
Grundform des Verbs; ↑infinite (nicht ↑konjugierte) Form
gehen, laufen, springen

Infinitivgruppe (Infinitivsatz)
Wortgruppe, bei der das ↑Verb im ↑Infinitiv an letzter Stelle steht
Bestandteile:
Er hat uns erlaubt (,)   ***später***   ***zu***   ***kommen***.
                                          ↓   ↓   ↓
                               Erweiterung   *zu*   Infinitiv
                                        ↑
                         (mindestens ein Wort)
Die Kommasetzung ist freigestellt.
Siehe auch Infinitiv!

Kausaladverbial
Siehe adverbiale Bestimmung!

Konjugation, konjugieren
Die Wortveränderungen des Verbs im Satz in Abhängigkeit von ↑Subjekt (↑Person, ↑Zahl) und ↑Tempus
*singen: ich sing**e** – du sing**st** – wir sing**en** – ihr sing**t** – sie sing**en** – sie s**a**ngen*

konjugierbar
Veränderbarkeit des ↑Verbs im Satz nach ↑Person, ↑Zahl, ↑Tempus
Siehe auch Konjugation!

Das solltest du wissen und können

Konjunktion
Bindewort (Wortart), das Satzgliedteile, ↑Satzglieder, ↑Haupt- und ↑Nebensätze verbindet
Verbindung von
- Satzgliedern: Sie riskierten alles **und** gewannen verdient. Sie können ein Auto **oder** 10 000 Euro gewinnen.
- Satzgliedteilen: Der ruhige **und** fleißige Schüler …
- Hauptsätzen: Nadine liest **und** Anna löst Rätsel.
- Nebensätzen mit dem Hauptsatz:
  Sie wusste, **dass** er etwas falsch gemacht hatte.

Konjunktiv (I/II)
Verbform. Mit dem Konjunktiv kann etwas Nicht-Wirkliches, nur Vorgestelltes bezeichnet werden. Außerdem wird er als Höflichkeitsform verwendet.
Nicht-Wirkliches/Vorgestelltes: Ich **wäre** gerne zu dir **gekommen**. Er **hätte** gerne gesungen.
Höflichkeitsform: **Könnten** Sie mir bitte helfen?
Der wichtigste Anwendungsbereich des Konjunktivs ist die ↑indirekte Rede.
Gregor sagte: „Es tut mir leid, ich entschuldige mich."
        ↓   ↓
Gregor sagte, dass es ihm leid **tue** und er sich **entschuldige**.
Formen:
er sing**t**   er sing**e**   er säng**e**
   ↓   ↓   ↓
Indikativ   Konjunktiv I   Konjunktiv II
Daneben gibt es noch die Umschreibung mit *würde*.
Er **würde** gerne kommen.
Siehe auch Indikativ!

Konsonant
Mitlaut; ↑Plural: Konsonanten
Beispiele: *b – d – l – m*
Doppelkonsonanten: *ll – mm – …*

Lokaladverbial
Siehe adverbiale Bestimmung!

Modaladverbial
Siehe adverbiale Bestimmung!

Nebensatz
Unselbstständiger, von einem Hauptsatz abhängiger Satz
Die ↑finite Form (↑Personalform) des ↑Verbs steht an letzter Stelle.
Er kam verspätet, **weil der Bus in einen Stau geriet.**
     HS   NS
Der Nebensatz wird häufig durch eine ↑Konjunktion, ein ↑Relativpronomen oder eine Präposition mit Relativpronomen eingeleitet.
Siehe auch Attributsatz und Gliedsatz!

nicht flektierbar
Unveränderbarkeit von Wörtern im Satz
sehr, dort, auf, zu
Siehe auch flektierbar!

Nomen
Hauptwort oder Substantiv (Wortart)
↑Deklinierbare Wortart, die mit einem ↑Artikel verbunden werden kann und großgeschrieben wird
(das) Haus, (die) Erde

Nominativ
1. Fall bei der ↑Deklination (Wortform von ↑Nomen, ↑Artikeln, ↑Adjektiven und ↑Pronomen)
der Mann, die Frau, das Kind (↑Singular)
die Männer, die Frauen, die Kinder (↑Plural)
Der Mann, die Frau und **die Kinder** *verreisen.*
Siehe auch Genitiv, Dativ, Akkusativ!

Objekt
Satzglied (Satzergänzung), das vom ↑Verb abhängig ist
↑Akkusativobjekt: *Er zog* **den Schlitten.**
↑Dativobjekt: *Er dankte* **seinem Retter.**
↑Genitivobjekt: *Er wehrte sich* **seiner Haut.**
Objekte können mit der ↑Umstellprobe und Fragen erkannt werden.
↑Akkusativobjekt: Wen (oder Was) + Prädikat + Subjekt?
↑Dativobjekt: Wem + Prädikat + Subjekt?
↑Genitivobjekt: Wessen + Prädikat + Subjekt?
Siehe auch Gliedsatz!

Das solltest du wissen und können

Partizipgruppe (Partizipsatz)
Wortgruppe, bei der am Ende das ↑Verb als ↑Partizip steht
Bestandteile:
***Von dem Gewitter überrascht**(,) brachen wir den Ausflug ab.*
     ↓   ↓
    Erweiterung 2. Partizip
***Am ganzen Körper zitternd**(,) warteten wir in der Kälte.*
     ↓
    Erweiterung 1. Partizip
Die Kommasetzung ist freigestellt, außer die Partizipgruppe ist nachgestellt, dann wird ein Beistrich gesetzt.
*Wir kamen spät nach Hause**, vollkommen durchnässt**.*
Siehe auch Partizip!

Partizip Präsens
Mittelwort der Gegenwart oder 1. Partizip. Es wird mit der Endung *-d* gebildet und meistens wie ein ↑Adjektiv bei einem ↑Nomen gebraucht.
*brems**d** : ein **bremsendes** Auto; lächel**d** : **lächelnde** Kinder*

Partizip Perfekt
Mittelwort der Vergangenheit oder 2. Partizip; ↑infinite Verbform. Es wird in der Regel mit der Vorsilbe *ge-* und der Endung *-t, -et* oder *-en* gebildet.
ge**-lob-**t**, **ge**-red-**et**, **ge**-sung-**en
Es gibt auch ↑Verben, die das Partizip Perfekt ohne Vorsilbe *ge-* bilden.
verreist, entlaufen
Das Partizip Perfekt wird innerhalb des ↑Prädikats zur Bildung der ↑Tempora Perfekt, Plusquamperfekt und Futur II gebraucht.
*Er hat viel **geredet**. Wir waren **verreist**. Wir werden **gegessen** haben.*

Passiv
Form des ↑Verbs. Es zeigt die Darstellung des Geschehens vom betroffenen Gegenstand oder der betroffenen Person aus. Der Handelnde wird verschwiegen, weil er unbekannt, unwichtig oder selbstverständlich ist.
*Der Spieler **wurde** nur leicht **verletzt**. Die Schulaufgabe **wird** auf morgen **verlegt**.*
Der Handelnde kann jedoch auch genannt werden: *Der Torwart **wurde** (vom gegnerischen Mittelstürmer) **verletzt**.*

Perfekt
Siehe Tempus!

Person (1./2./3.)

Ein Merkmal der ↑finiten Form (↑Personalform) des ↑Verbs im ↑Singular/↑Plural und in allen ↑Tempora. Man unterscheidet drei Personen.
Beispiel im ↑Präsens:

	↑Singular	↑Plural
1. Person:	*ich* **gehe**	*wir* **gehen**
2. Person:	*du* **gehst**	*ihr* **geht**
3. Person:	*er/sie/es* **geht**	*sie* **gehen**
	Das Auto *fährt.*	***Die Autos*** *fahren.*

Personalform

Form des ↑Verbs (↑finite Form), die ↑Tempus, ↑Person und ↑Zahl angibt und in ↑Person und ↑Zahl durch das ↑Subjekt bestimmt wird
ich **gehe**, *du* **läufst**, *der Chor* **singt**, *die Schüler* **lachen**
Zur Stellung der Personalform des ↑Verbs im Satz siehe auch Hauptsatz und Nebensatz!

Personalpronomen

Siehe Pronomen!

Plural

Mehrzahl; eines der Merkmale des ↑finiten Verbs, das durch das ↑Subjekt festgelegt wird

Plusquamperfekt

Siehe Tempus!

Possessivpronomen

Siehe Pronomen!

Prädikat

Satzglied, das aus einem oder mehreren ↑Verben (↑finiten und ↑infiniten) besteht
Gita **lernt** *Englisch.*
Carsten **spielt** *in einer erfolgreichen Mannschaft* **mit**.
Till **hat** *seine Hausaufgaben* **gemacht**.

Präposition
Verhältniswort (Wortart), das Auskunft über das Verhältnis zweier Wörter oder Wortgruppen gibt. Präpositionen legen den Kasus (Fall) des folgenden Ausdrucks fest.
Er verspätete sich **trotz** *schnellen Laufens.* (↑Genitiv)
Sie stand **vor** *dem Eingang.* (↑Dativ)
Er trat **gegen** *den Ball.* (↑Akkusativ)
Manche Präpositionen können auch verschiedene Fälle nach sich ziehen.
Die Stifte lagen **auf** *dem Tisch.* (↑Dativ)
Hans legte die Füße **auf** *den Tisch.* (↑Akkusativ)

Präsens
Siehe Tempus!

Präteritum
Siehe Tempus!

Pronomen
Fürwort (↑deklinierbare Wortart). Stellvertreter oder Begleiter eines ↑Nomens:
– Personalpronomen (persönliches Fürwort): *ich, du, er, sie, es, wir …*
– Possessivpronomen (besitzanzeigendes Fürwort): *mein, dein, sein, ihr, unser …*
– Demonstrativpronomen (hinweisendes Fürwort): *dieser, diese, dieses; jener, jene, jenes;* weist auf ↑Nomen hin
– Relativpronomen (bezügliches Fürwort); leitet einen Nebensatz ein
der, die, das …
Ich suche das Buch, **das** *du gelesen hast.*
Relativpronomen stehen oft zusammen mit einer ↑Präposition:
Wo ist der Stift, **mit dem** *ich eben noch geschrieben habe?*

Präposition Relativpronomen

Pronominaladverb
Umstandswort (↑Adverb) (Wortart), ↑nicht flektierbar
wird gebildet aus den Adverbien *da, hier, wo* und Präpositionen wie *an, auf,* …
dabei, dafür, wobei, wodurch, womit, hierzu, …

Grammatik

Rede (direkte oder wörtliche)
Wörtlich wiedergegebene Rede (Zitat)
Daniela sagte: „Der Wandertag war große Klasse." „Wo seid ihr denn gewesen?", fragte Stefan.

Rede (indirekte oder nichtwörtliche)
Nichtwörtlich wiedergegebene Rede
*Daniela sagte, **dass der Wandertag große Klasse gewesen sei**.*
Siehe auch Konjunktiv!

Relativpronomen
Siehe Pronomen!

Relativsatz
Siehe Attributsatz!

Satzarten
- Aufforderungssatz: ***Gib** mir das Heft!*
  Das ↑Verb steht immer am Anfang.
- Aussagesatz: *Theo **feierte** Geburtstag. Er **hat** sein Heft vergessen.*
  Die ↑Personalform des Verbs steht an zweiter Stelle.
- Fragesatz: ***Wer leiht** mir einen Kugelschreiber?* (Wortfrage)
  ***Hilfst** du mir bei den Hausaufgaben?* (Satzfrage)
  Bei der Satzfrage steht die ↑Personalform des ↑Verbs an erster Stelle, bei der Wortfrage an zweiter Stelle.
- Ausrufesatz: *Wie gut das geklappt hat!*

Die Satzarten sind auch an den Satzschlusszeichen zu erkennen.

Satzgefüge
Verbindung von ↑Haupt- und ↑Nebensätzen
Wir gingen ins Kino, nachdem wir gegessen hatten. (HS, NS.)
Nachdem wir gegessen hatten, gingen wir ins Kino. (NS, HS.)
Wir gingen, nachdem wir gegessen hatten, ins Kino. (H, NS, S.)

Satzglieder
Wörter oder Wortgruppen, aus denen sich ein Satz zusammensetzt.
Die Satzglieder sind innerhalb des Aussagesatzes umstellbar.
Siehe auch Umstellprobe, Subjekt, Objekt, Prädikat, Gliedsatz!

Satzreihe
Verbindung von mindestens zwei Hauptsätzen
Tanja erzählte einen Witz(,) und die Klasse lachte.

Das solltest du wissen und können

Singular
Einzahl; eines der Merkmale des ↑finiten Verbs, das durch das ↑Subjekt festgelegt wird

Subjekt
Das Satzglied im ↑Nominativ, das sich durch die Frage „Wer oder Was + Prädikat?" erfragen lässt. Es bestimmt die ↑finite Form (↑Personalform) des ↑Verbs im Satz.
Meine Eltern *waren nicht zu Hause.* Frage: **Wer war** *nicht zu Hause?* Antwort: ***Meine Eltern*** → Subjekt
Siehe auch Gliedsatz!

Substantiv
Anderer Begriff für ↑Nomen (Wortart)

Tempora
Plural von Tempus
Siehe Tempus!

Temporaladverbial
Siehe adverbiale Bestimmung!

Tempus
Verbform (↑Plural: Tempora):

Präsens	*bindet*	*regnet*
(Gegenwart)	*geht*	
Präteritum	*band*	*regnete*
(1. Vergangenheit)	*ging*	
Perfekt	*hat gebunden*	*hat geregnet*
(2. Vergangenheit)	*ist gegangen*	
Plusquamperfekt	*hatte gebunden*	*hatte geregnet*
(3. Vergangenheit)	*war gegangen*	
Futur I	*wird binden*	*wird regnen*
(1. Zukunft)	*wird gehen*	
Futur II	*wird gebunden haben*	*wird geregnet haben*
(2. Zukunft)	*wird gegangen sein*	

Bildung der Tempora:
– Präteritum: Vokalwechsel im Wortstamm
ich laufe – ich ***lief***
oder eingeschobenes *t* bzw. *et* (schwache Verben)
ich lache – ich ***lachte***
ich arbeite – ich ***arbeitete***

– Perfekt:
Personalform von *haben* oder *sein* (↑Präsens) + ↑Partizip Perfekt
↓ ↓ ↓
ich **habe**   **gelacht**
ich **bin**   **gelaufen**

– Plusquamperfekt:
Personalform von *haben* oder *sein* (↑Präteritum) + ↑Partizip Perfekt
↓ ↓ ↓
ich **hatte**   **gelacht**
ich **war**   **gelaufen**

– Futur I: Personalform von *werden* (Präsens) + ↑Infinitiv
↓ ↓
ich **werde**   **kommen**

– Futur II: Personalform von
werden (↑Präsens) + ↑Partizip Perfekt + ↑Infinitiv von *haben/sein*
↓ ↓ ↓
er **wird**   *angekommen*   *sein*
er **wird**   *verschlafen*   *haben*

Umstellprobe
Methode zum Finden und Bestimmen von ↑Satzgliedern durch Umstellen von Wörtern oder Wortgruppen und zur Verbesserung eines Textes (Abwechslung im Satzbau)

Uwe   wohnt   seit drei Jahren in München.
Seit drei Jahren *wohnt   Uwe in München.*
In München *wohnt   Uwe seit drei Jahren.*

Wörter oder Wortgruppen, die zusammen umgestellt werden, sind ↑Satzglieder. Als Satzglieder lassen sich daher neben dem ↑Prädikat (↑Verb) bestimmen: *Uwe – seit drei Jahren – in München.*

Verb
↑Konjugierbare Wortart, die das ↑Prädikat im Satz bildet. Das ↑Verb bestimmt die ↑Objekte.
*Das Schulfest **gefiel** allen, weil wir viel **tanzen konnten**.*
Siehe auch Personalform und Prädikat!
Einfache ↑Verben: zum Beispiel *legen, stellen*
Zusammengesetzte ↑Verben: zum Beispiel *ablegen, wegstellen*
Starke Verben verändern beim ↑Konjugieren den ↑Vokal im Wortstamm:
ich springe – ich sprang – ich bin gesprungen
Schwache Verben bleiben beim Konjugieren im Wortstamm unverändert, sie bilden eine Endung: *ich höre – du hörst – ich hörte*

Das solltest du wissen und können

Vokal
Selbstlaut; ↑Plural: Vokale
a – e – i – o – u; Doppelvokale (Diphthong): *ei – au – eu – äu;* Umlaute: ä – ö – ü
Vokalverdoppelung: *aa – ee – oo*

Wortfamilie
Wörter, die auf ein gemeinsames Stammwort zurückzuführen sind, bilden eine Wortfamilie.
groß, Größe, Großbetrieb, riesengroß, vergrößern …

Wortfeld
Wenn Wörter einen gemeinsamen Teil an Bedeutung haben, bilden sie ein Wortfeld.
eng, schmal, dünn …

Zahl
Form des ↑finiten Verbs: Einzahl (↑Singular) oder Mehrzahl (↑Plural). Sie wird durch das ↑Subjekt bestimmt.

Zeit
Siehe Tempus!

Zeitstufe
Art der zeitlichen Einbettung aus der Sicht des Sprechers oder Schreibers zu dem Zeitpunkt, an dem er sich äußert
Man unterscheidet dabei drei Zeitstufen (Gegenwart, Vergangenheit und Zukunft), die nicht mit den ↑Tempora verwechselt werden dürfen.
Die Zeitstufen werden mit den ↑Tempora des ↑Verbs und anderen Wörtern ausgedrückt.
*Wir **gehen** morgen ins Kino.* (Zeitstufe *Zukunft* aus der Sicht des Sprechers, die mit dem ↑Tempus ↑Präsens und dem Wort *morgen* ausgedrückt wird)

zusammengesetzte Verben
Siehe Verb!

Stichwortregister

A
Adjektiv *175*
Adjektiv als Attribut *177*
Adverb *137, 150, 151, 177*
adverbiale Bestimmung *137*
Akt *113 f.*
Anekdote *136 f.*
Anfrage/Anliegen *31, 32, 40*
appellative Schreiben verfassen *41*
Arbeitsplan *49 f., 126 f.*
Argumentation *141 ff., 146 ff., 157 ff.*
    aufbauen *37*
    überarbeiten *56 f.*
    verknüpfen *47*
Argumente sammeln und ordnen *45*
argumentieren *33 ff., 100, 104, 110 f., 121, 128, 160*
Attribut *137*
Aufklärung *196 f.*
Aufruf *41*

B
Ballade *97 f., 101, 109, 152, 192*
Bänkelsang *193*
Barock *196*
Beobachtungsprotokoll *84*
Bericht *59 ff., 72 f., 75, 79, 127, 189 f., 195*
berichten *57, 60, 164*
    schriftlich *91, 107, 117, 127, 164*
Berufsfelder *11*
beschreiben *siehe* Texte beschreiben
Beschwerde *31, 41, 189*
bewerben *7 ff., 23 f.*
Bewerbung *166*
Bewerbungsschreiben *18 ff.*

Bilder *96*
    über Bilder sprechen *86, 96*
    zu Bildern schreiben *130 ff., 187*
Brainstorming *80*
Brief *189 ff.*
    persönlicher Brief *140, 188*
    sachlicher Brief *29 ff., 40 f.*

C
Cluster *170 f.*
Computer *164, 165 ff.*

D
„das" und „dass" *146 ff.*
Dialekt *113 ff., 117*
Dialog *113 ff., 193*
direkte Rede *60, 71*
Diskussion *36, 81 f., 90 f., 140*
diskutieren *8, 35 f., 81*
Drama *117 f., 193*
    naturalistisches Drama *113 ff., 117*
Droste-Hülshoff, Annette, von *siehe* poetischer Realismus *108 f.*

E
Einleitung *51 ff., 54 f., 158*
Einleitung und Schluss verbessern *54 f.*
Elfchen *127, 130*
Epoche *siehe* Literaturepochen
erörtern *8, 10, 17*
Erörterung *12, 58*
Erörterungen üben und überarbeiten *54 ff.*

erzählen *101*, *122*, *187*
    nach literarischen Vorlagen erzählen *101*, *122*, *187 f.*
    zu Bildern/Fotos *187*
Erzählung (literarisch) *99 ff.*, *102 ff.*, *187*
    eine Erzählung fortsetzen *122*
Evaluation *83*

F
Fabel *187*, *193*
Fähigkeiten *10 ff.*
Fernsehen *89 f.*
Fernsehverhalten *83*
flektierbare Wörter *136*, *205*
Fragebogen *80*
Fremdwörter *183 ff.*

G
Gebrauchstexte
    Informationsblatt *siehe dort*
    Sachtexte *siehe dort*
    „Steckbrief" von Texten *siehe dort*
Gedicht *96 ff.*, *192 f.*
    schreiben *97*
Gerichtsverhandlung *91 ff.*
Gespräch *36*
Gesprächssituation *16 f.*
Gliederung *siehe Arbeitsplan*
Goethe, Johann Wolfgang von *siehe Sturm und Drang, Klassik 136*, *197*
Götter- und Heldensage *193*
Gotthelf, Jeremias *siehe poetischer Realismus 108 f.*
grafische Gestaltung *70*
Groß- und Kleinschreibung *170 f.*
Grundwissen (kompakt) *187 ff.*
Gruppenarbeit *79*, *109*, *116*, *128*, *162*

H
Hauptmann, Gerhart *siehe Naturalismus 113 ff.*
Hauptsatz *180 ff.*
Heimatsage *194*
Hochsprache *143*, *164*
Homepage *39*, *111 f.*, *139*
Hörspielszenen schreiben *122*

I
Infinitivgruppe *145 ff.*
Informationsblatt *109*, *118*
Informationsquellen *58*
informieren, sich *98*, *111*, *112*, *117*, *122*
Inhalte zusammenfassen *54*, *58*, *114*, *118*, *190*
Inhaltsangabe *109*
Internet *97 f.*, *102 f.*, *111*, *116*, *118*, *139 f.*, *165 ff.*
Interview *112*, *195*

J
Jugendbuch *182*

K
Keller, Gottfried *siehe poetischer Realismus 108 f.*
Klassik *197*
Komma *siehe Zeichensetzung*
Kommentar *72 ff.*, *186*
kommentierende Textsorten *72 ff.*
Konjunktion *176 f.*, *178 f.*
Konjunktiv *208*
kreativer Umgang mit Texten *122*, *127 f.*
Kurzgeschichte *119 ff.*, *123 ff.*, *194*
Kurzreferat *45*, *103*, *165*

L

Lay-out *87*, *195*
Lebenslauf *20 f.*
Lernplakat *79*, *171*, *173*
Lernspirale *77 ff.*
Lernzirkel *109*, *183 ff.*
Lesefähigkeit *85 f.*
Lesekompetenz *siehe Lesefähigkeit*
Leserbrief *73*, *189*, *195*
Lessing, Gotthold Ephraim *siehe Aufklärung 196 f.*
Lied *99 f.*, *116*
literarische Texte *95 ff.*
   beschreiben *97 f.*, *100 f.*, *103*, *121 f.*, *125*, *128*
Literaturepochen *196 ff.*
   Romantik *95 ff.*, *101*
   poetischer Realismus *95*, *102 ff.*, *109*, *152 f.*
   Naturalismus *95*, *113 ff.*
Literaturwerkstatt *108*
Lyrik *97*, *152*, *192*
   Ballade *siehe dort*
   Gedicht *siehe dort*
   Lied *siehe dort*
   Naturlyrik *96*

M

Märchen *101*, *194*, *197*
Massenmedien *78*, *82*, *83*
Material sammeln und auswerten *45 f.*, *51*, *97*, *109*
Materialsammlung *46*
Meinung vertreten *34*
Meyer, Conrad Ferdinand *siehe poetischer Realismus 108 f.*
Mindmap *79*, *171*, *173*
Mittelalter *196*
Mundart *siehe Dialekt*

N

Nachricht *79*
Nachrichtensendung *81*, *84*
Naturalismus *95*, *113 ff.*
Nebensatz *180 ff.*
nicht flektierbare Wörter *136*, *209*
Nomen *136 f.*, *144 ff.*, *163*, *170 f.*, *173*, *176 f.*
Nominalstil *144 ff.*
Novelle *99 f.*, *102 ff.*, *107*

O

Online-Bewerbung *22*

P

Partizip *163*, *170*, *173*, *210*
Partnerarbeit *79*, *81*, *157*, *160*, *172*
persönlicher Brief *siehe Brief*
poetischer Realismus *95*, *102 ff.*, *109*, *152 f.*
Präposition *155 ff.*, *175 ff.*
Präsentation *79*
präsentieren/veranschaulichen *78 ff.*, *170*
produktionsorientierter Umgang mit Texten *106*, *116*, *122*
Projekt *112*
Pronomen *152 f.*, *176 f.*
Pronominaladverb *149 ff.*
Protokoll *91 f.*

R

Raabe, Wilhelm *siehe poetischer Realismus 108 f.*
Rahmenhandlung *102*
Realismus *siehe poetischer Realismus*
Rechtschreibhilfen *162 ff.*, *168 f.*
Rechtschreibprogramm *166 f.*
Referat *45*, *103*
   planen *31*, *45*
referieren *14*, *17*, *162*, *165*
Regieanweisung *113 ff.*

Reim *siehe* Gedicht
Reportage *60 ff., 68 f., 79, 116*
Rollenspiel *25, 107, 128*
Roman *109*
Romantik *95 ff., 101*

S

sachlicher Brief *siehe* Brief
Sachtexte *76*
Sage *98*
Satzanfang *148*
Satzgefüge *180 ff.*
Satzglieder *137 f., 153 ff.*
Satzverknüpfung *149 ff., 154 f., 178 f.*
schildern *129 ff.*
    Personen in Situationen *103, 121, 131*
Schiller, Friedrich *siehe* Sturm und Drang,
    Klassik *136*
Schluss *53 ff.*
Schreibabsicht *121*
Schreibkonferenz *69, 126*
Schreibwerkstatt *122, 127*
Schwank *195*
Spielszene *35*
Sprachbilder *96*
Sprache untersuchen *96, 98, 107, 121, 127,*
    139 ff., 184
Sprachebene *139 ff.*
    Standardsprache *siehe dort*
    Umgangssprache *siehe dort*
Sprachentwicklung *85 f., 98*
sprachliche Mittel *70*
Sprechertandem *79, 81*
Standardsprache *114, 141 ff.*
Steckbrief *63*
    „Steckbrief" von Texten *125, 191*
Stellung nehmen *107, 117, 128*
Stichwortzettel *107, 125*
Stifter, Adalbert *siehe poetischer Realismus*
    108 f.
Stil *144 ff., 157 ff.*

Stilmittel *107, 121*
Storm, Theodor *siehe poetischer Realismus*
    102 ff.
Strophe *116*
Sturm und Drang *197*
Symbol *121*
Szene *90, 122, 128*

T

Tageszeit *171*
Tageszeitung *78 ff.*
Team *77 ff.*
Teamarbeit *10, 12, 77 ff., 140*
Tempus *70, 196, 214*
Textbeschreibung *63, 66, 97 f., 100, 121, 159*
Texte
    aus anderer Sicht darstellen *117, 122*
    beschreiben *60, 63, 69, 73, 75, 76, 97 f.,*
    100 f., 103, 121, 123 ff., 191
    entwerfen *125*
    ergänzen *117*
    erschließen *14 f., 96 ff., 102 ff., 113 ff.,*
    119 ff., 123 f.
    gliedern *121*
    nacherzählen *96, 98*
    planen *125*
    überarbeiten *126 f., 158 ff.*
    übersetzen *104, 114*
    umformen *98, 107*
    verändern *107*
    verfassen *98, 107, 122, 128*
    vergleichen *103, 118*
    weiterschreiben *121 f., 128*
    zuordnen *108*
    zusammenfassen *114, 118*
Textgebundener Aufsatz *70 f., 76*
    zu literarischen Texten *119 ff., 123 ff.*
Textsorte nachweisen *121*
Textsorten im Überblick *192 ff.*
    Sachtexte *60, 73, 76*

Theater *110 f.*
   Abonnement *111*
   Schulplatzmiete *111*
   Theateraufführung *112*
   Theaterkritik *118*
   Theaterwerkstatt (Projekt) *112*
Themaverfehlung *42 ff.*

U
Umfrage *80*
Umgangssprache *141 ff.*
Umstellprobe *138, 148*

V
Verb *146, 153, 180*
Verbalstil *144 ff.*
Verfasserabsicht *82*
Vers *siehe Gedicht*
Vorabendserie *89 f.*
vorlesen und vortragen *96, 121*
Vorstellungsgespräch *25 ff.*
Vortrag *81*

W
Wandzeitung *171, 173*
Wortarten *136 f.*
Wörterbuch *162 ff.*
wörtliche Rede *siehe direkte Rede*

Z
Zahlenangaben *172*
Zeichensetzung *178 ff.*
Zeitangaben *171*
Zeitung *78, 87*
   Tageszeitung *siehe dort*
   Wandzeitung *siehe dort*
Zeitungsbericht *91, 107, 127*
Zeitungsredaktion *87, 88*
zitieren *126*
Zusammen- und Getrenntschreibung *173 f.*

Fachübergreifende Bildungs- und Erziehungsaufgaben

Berufliche Orientierung [BO] *7 ff., 166, 184*
Europa [EU] *172, 182 ff.*
Gesundheitserziehung [GU] *72 f.*
Gewaltfreies Zusammenleben [GZ] *34 f., 41, 52, 178 f.*
Informationstechnische Grundbildung [IB] *37 ff., 164 ff.*
Medienerziehung [ME] *43 f., 59 ff., 155*
Politische Bildung [PB] *102 ff., 113 ff.*
Umwelterziehung [UE] *102 ff.*
Verkehrs- und Sicherheitserziehung [VSE] *36, 52, 54 ff., 61 ff., 91 ff.*

Fachübergreifende Projekte *91 ff., 112*

Anhang

Textquellenverzeichnis

Hier nicht aufgeführte Texte sind Originalbeiträge der Verfasser/innen.

Seite 11: Berufsfelder. In: Blickpunkt Beruf, Die Bewerbungsmappe. Stuttgart: Deutscher Sparkassen Verlag GmbH (ohne Jahr), S. 2
Seite 22: Neun Tipps für eine Online-Bewerbung. In: LA Multimedia, Magazin für Medien und Bildung, Heft 3, Sept. 2001, S. 45 (verändert)
Seite 27: Beispielaufgaben für eine Gruppendiskussion – „Schulabschluss". In: be/werben, Unterrichtsmaterial rund um's Thema Bewerbung. Hrsg. v. Bausparkasse Schwäbisch Hall 2001, Care-Line-Verlag GmbH, Arbeitsblatt 7 (leicht verändert)
Seite 28: Tipps und Regeln für das Gruppengespräch. In: be/werben, Unterrichtsmaterial rund um's Thema Bewerbung. Hrsg. v. Bausparkasse Schwäbisch Hall 2001, Care-Line-Verlag GmbH, S. 24 (leicht verändert)
Seite 51: Daten über Kommunikationsverhalten Jugendlicher aus www.billigertelefonieren.de
Seite 61: Fahrerlager im Dießener Gewerbegebiet. In: Ammersee Kurier, 21.03.2001, Kürzel „rf", S. 5
Seite 62: Regina Hasler, Auf heißen Slicks um die Kurve brettern. In: Landsberger Tagblatt, 20.03.2001
Seite 64: Manuela Mayr, Die Chefin packt zu wie jeder Mann im Betrieb. In: Augsburger Allgemeine, 24.11.2001, S. 3
Seite 68: Marten Rolff, Die sanften Einpeitscher. In: Süddeutsche Zeitung, 02.01.2002, S. 50
Seite 72: Schule erst ab 9 Uhr? In: Bayerische Rundschau, 02.12.2000, S. 1
Seite 72: Heidi Ossenberg, Entspannter Start in den Tag. In: Bayerische Rundschau, 06.12.2000, S. 18
Seite 74: Werner Wagner, Lesen ist wie Kino. In: Landsberger Tagblatt, Nr. 288 57./205. Jahrgang
Seite 75: dpa, Schönheitskönigin abgeführt. In: Augsburger Allgemeine, 24.10.2001
Seite 85: Ulrich Wechsler, Erst laufen, dann Rad fahren. In: Süddeutsche Zeitung, 06./07.04.2002 Nr. 80
Seite 96: Ludwig Tieck, Mondbeglänzte Zaubernacht (Ruf der Romantik). In: Deutsche Literaturepochen. Hrsg. v. Hans-Joachim Willberg. Bonn: Ferdinand Dümmler Verlag 1972, S. 49
Seite 96: Clemens v. Brentano, Hörst du wie die Brunnen rauschen (aus „Das Märchen von dem Myrtenfräulein"). In: Clemens Brentano. Werke in zwei Bänden. Hrsg. v. Friedhelm Kemp unter Mitwirkung von Wolfgang Frühwald. München: Carl Hanser Verlag 1972, S. 130
Seite 97: Adalbert v. Chamisso, Die Weiber von Winsperg. In: Deutsche Balladen. Hrsg. v. Harald Haselbach. Klagenfurt: Eduard Kaiser Verlag (ohne Jahr), S. 127 f.
Seite 99: Joseph von Eichendorff, Aus dem Leben eines Taugenichts. In: Joseph von Eichendorff, Werke, Band II. München: Winkler Verlag (ohne Jahr), S. 565 f.
Seite 102: Theodor Storm, Der Schimmelreiter. Berlin: Verlag Neues Leben, 1963, S. 255 f., S. 292 f., S. 334

Anhang

Seite 113: Gerhart Hauptmann, Die Weber. In: Gerhart Hauptmann, Auswahl für die Jugend. Berlin: Verlag Neues Leben, 1962, S. 157 f., S. 196 f., S. 173 f.

Seite 119: Wolfgang Borchert, Die Küchenuhr. In: Wolfgang Borchert, Das Gesamtwerk. Hamburg: Rowohlt Verlag, 1949, S. 201 ff.

Seite 123: Josef Reding, Fahrerflucht. In: Josef Reding, Nennt mich nicht Nigger. Kurzgeschichten aus zwei Jahrhunderten. Recklinghausen: Georg Bitter Verlag KG, 1978, S. 45 ff.

Seite 136: Verfasser unbekannt, Eine Anekdote zu Goethe und Schiller. In: http://www.zum.de/Faecher/D/Saar/gymgoetsch4.htm. Ohne Quellenangabe (stark verändert)

Seite 137: Eine Anekdote vom Sonnenkönig. In: Von Adam bis Adenauer. Ein Anekdotenbrevier. Hrsg. v. Wilhelm Schlüsser. Stuttgart: Europäischer Buchclub 1957, S. 24 (verändert)

S. 140: Emoticon. In: Duden, 22. Auflage (2002), S. 336

Seite 169: Erkenne dich selbst. In: Bernd-R. Zabel, Diktat plus. Paderborn: Schöningh, 1987, S. 75 (stark verändert)

Seite 172: Die Faust und der Handschuh. http://www.irishheritagetrail.com/jlsullivan.htm

Seite 183: Fremdwortdetektive. In: Kristallmuseum Riedenburg, Informationsblatt 1997 (verändert und gekürzt)

Seite 186: Gabi Seitz, Jeder, wie er mag. In: Nürnberger Zeitung, 04.01.2002, S. 2

Trotz entsprechender Bemühungen ist es nicht in allen Fällen gelungen, den Rechtsinhaber ausfindig zu machen. Gegen Nachweis der Rechte zahlt der Verlag für die Abdruckerlaubnis die gesetzlich geschuldete Vergütung.

Sämtliche in diesem Buch angegebene Internetadressen beziehen sich auf den Stand Februar 2003.

Anhang

Bildquellenverzeichnis

Seite 7: Hans-Jürgen Feldhaus, Münster; *Seite 9*: Globus Infografik, Hamburg; *Seite 13*: Werner Bachmeier, Ebersberg; *Seite 17*: Caro Fotoagentur/Dirk Dobiey, Berlin; *Seite 20*: Bernhard Zwick, Hohenwarth; *Seite 23*: Phalanx Fotoagentur, Radevormwald; *Seite 26*: Johann Jilka, Altenstadt; *Seite 33*: Hans-Jürgen Feldhaus, Münster; *Seite 38*: Bilderbox, Thening; *Seite 39*: SAMPHOTO, Zornheim; *Seite 43*: Dagmar Geisler, Ebersberg; *Seite 48*: J. Reincke, München; *Seite 59*: Hans-Jürgen Feldhaus, Münster; *Seite 61+62*: Thorsten Jordan, Landsberg a. Lech; *Seite 64*: Augsburger Allgemeine, Foto Mayr; *Seite 68*: Peter Schatz, Ebersberg; *Seite 71*: Heidi Ossenberg, Nordheim; *Seite 83*: Sony Deutschland GmbH, München; *Seite 84*: Interfoto, München; *Seite 89:* (1) images.de/Matthias Littwin, (2) ARD, München; *Seite 91*: Bildagentur Mauritius/Rawi, Mittenwald; *Seite 95:* (1) Interfoto, München, (2) Artothek, Weilheim, (3) Artothek, Weilheim, (4) Hans-Jürgen Feldhaus, Münster, (5) Käthe Kollwitz Museum, Berlin; *Seite 96*: Artothek, Weilheim; *Seite 97*: Rolf Hauser, Weinsberg; *Seite 102*: Interfoto, München; *Seite 106*: Hans-Jürgen Feldhaus, Münster; *Seite 109*: Bernhard Zwick, Hohenwarth; *Seite 110*: Landestheater Coburg; *Seite 112*: Deutsche Presse Agentur, Frankfurt; *Seite 114*: Käthe Kollwitz Museum, Berlin; *Seite 116*: Horst Binder, Berlin; *Seite 118:* (1) Deutsche Presse Agentur, Frankfurt, (2) Interfoto, München; *Seite 122*: Interfoto, München; *Seite 129*: (1) Hans-Jürgen Feldhaus, Münster, (2) Bildagentur Mauritius/Thonig, Mittenwald; *Seite 131:* (1+2) Deutsche Presse Agentur, Frankfurt; *Seite 134*: (1) Joker/Ralf Gerard, (2) Visum/A. Vossberg, Hamburg; *Seite 135*: Hans-Jürgen Feldhaus, Münster; *Seite 136*: Deutsche Presse Agentur, Frankfurt; *Seite 137*: Interfoto, München; *Seite 141*: Deutsche Presse Agentur, Frankfurt; *Seite 152*: (1) Archiv für Kunst und Geschichte, Berlin, (2) Interfoto, München; *Seite 153*: Interfoto, München; *Seite 155*: Caro Fotoagentur/Dirk Dobiey, Berlin; *Seite 156*: Bernhard Zwick, Hohenwarth; *Seite 161*: Hans-Jürgen Feldhaus, Münster; *Seite 162*: Johannes Schmidt-Thomé, München; *Seite 171*: MEV, Augsburg; *Seite 172*: Süddeutscher Verlag, München; *Seite 179*: Holzschnitt aus Brack, Vocabularius rerum, Augsburg, Schönsperger d. Ä., 1495. In: Emil Reiche, Magister und Scholaren, Eugen Diederichs Verlag, fotomechanischer Nachdruck der Ausgabe Leipzig 1901, Eugen Diederichs Verlag 1971, S. 15; *Seite 183*: Astrofoto, Sörth; *Seite 186*: Europäische Zentralbank, Frankfurt a. Main

Bilder auf Seite 95:
Oben links: Nachkriegsjahre in München; oben rechts: Moritz von Schwind, Ein Spielmann bei einem Einsiedler (um 1846); unten links: Hans Thoma, Taunuslandschaft (1890); unten rechts: Käthe Kollwitz, Die Straße (1908)